Doris Brenner

Neue Mitarbeiter – suchen, auswählen, einstellen

Für Dick Bolles, einen großen Lehrmeister und beeindruckenden Menschen

Doris Brenner

Neue Mitarbeiter

suchen auswählen einstellen

Luchterhand

Bibliografische Information Der Deutschen Bibliothek

Die Deutsche Bibliothek verzeichnet diese Publikation in der Deutschen Nationalbibliografie; detaillierte bibliografische Daten sind im Internet über http://dnb.ddb.de abrufbar.

ISBN: 3-472-05395-X

Lektorat: Dipl.-Kfm. Richard Kastl

Umschlaggestaltung: Reckels, Schneider-Reckels, Wiesbaden
Zeichnungen: Roland Beier, Berlin, Katja Reichert, Rom
Titelbild: Brigitte Loschert, Langenfeld
Satz: TypoScript GmbH, München
Druck: Wilhelm & Adam, Heusenstamm

Printed in Germany, Juli 2003

Vorwort

Herzlich willkommen! Sie gehören zu denjenigen, die, wie es so schön heißt, Mitarbeiterverantwortung haben. Sie sollen Menschen führen, sei es in der Funktion als Abteilungsleiter, Projektleiter, Prozessverantwortlicher, Geschäftsführer oder weil Sie im Bereich Human Resources arbeiten und damit als zentraler Ansprechpartner für alles, was mit dem Thema Personal zu tun hat, gelten. Schön, wenn Sie Ihr Team beisammen haben. Aber was tun, wenn nicht alle benötigten Mitarbeiter an Bord sind? Wenn Sie sich erst Ihre „Mannschaft" suchen, aufbauen oder erweitern müssen, oder drücken wir es positiv aus, erweitern können?

Mit diesem Handbuch möchte ich Ihnen einen Begleiter an die Hand geben, der Sie in allen Phasen des Rekrutierungs- und Einstellprozesses unterstützt. Es ist ein „roter Faden" mit vielen Anregungen, Checklisten, Erfahrungsberichten aus der Praxis und Tipps, die ein Ziel verfolgen: Sie bei der erfolgreichen Personalrekrutierung zu unterstützen.

Wie schwierig diese Aufgabe ist, wird sicherlich von den konjunkturellen und marktspezifischen Gegebenheiten, dem Image Ihres Unternehmens und der Attraktivität der Rahmenbedingungen abhängen. Gerade in wirtschaftlich schwierigen Zeiten sollte man nicht dem Irrglauben verfallen, dass die Rekrutierung von Mitarbeitern besonders einfach sei. Aus Hunderten von Bewerbern den Richtigen zu finden, ist nicht nur ausgesprochen aufwändig, sondern birgt auch eine hohe Gefahr des Fehlgriffs in sich.

Im Zusammenhang mit dem Rekrutierungs- und Auswahlprozess stellen sich Ihnen folgende Aufgaben:

- Wie sieht das Anforderungsprofil aus?
- Welche Möglichkeiten gibt es, um an geeignete Bewerber zu kommen?
- Welche Suchwege sind in der gegebenen Situation die effizientesten?
- Wie interessiere ich potenzielle Kandidaten für mein Unternehmen und die Aufgabe?
- Wie wähle ich den am besten geeigneten Kandidaten aus?

All dies muss vor dem Hintergrund eines klar definierten Kosten- und Zeitrahmens geschehen.

Leider ist in der Praxis immer wieder festzustellen, dass es Unternehmen und damit Führungskräften nicht gelingt, diese klassische Führungsaufgabe professionell zu meistern. Da wird der nächstbeste Kandidat genommen, nur weil man unter Zeitdruck steht. In wirtschaftlich guten Zeiten wird geglaubt, über „Wahnsinnsgehälter" Bewerber ködern zu können, auch auf die Gefahr hin, dass der neu gewonnene Mitarbeiter bald das noch lukrativere Angebot erhält und dann wieder seinen Hut nimmt. In der Rezession wird versucht, Top-Kandidaten zu Dumpingpreisen anzuheuern, was nicht gerade positiven Einfluss auf deren

Arbeitsmotivation hat. Als Patentlösung wird der Gang zum Personalberater angesehen, der dann schon die richtigen Kandidaten bringen wird.

Nach der Lektüre dieses Buches werden Sie

- den Rekrutierungs- und Auswahlprozess mit seinen Chancen und Risiken verstehen,
- ein Portfolio an konkreten Maßnahmen zur Mitarbeitergewinnung kennen,
- die für Ihre Zwecke am besten geeignete Vorgehensweise ermitteln können,
- das Handwerkszeug für den Auswahlprozess beherrschen.

Entscheidend ist, dass Sie das Grundprinzip verinnerlichen, auf das sich der gesamte Rekrutierungs- und Auswahlprozess immer wieder zurückführen lässt. Dazu ist es notwendig, diesen Prozess aus unterschiedlichen Blickwinkeln zu betrachten: dem des Vorgesetzten, der Personalabteilung sowie, und das ist entscheidend, der Perspektive des Bewerbers. All diese Personengruppen werden in diesem Buch zu Wort kommen. Sie werden ihre Erwartungen, aber auch Befürchtungen zum Ausdruck bringen.

An dieser Stelle möchte ich allen danken, die mir bei der Erstellung dieses Buches geholfen haben: Den mehr als 2.000 Bewerbern und Coaching-Teilnehmern, mit denen ich bisher Einstellinterviews geführt habe, sowie den zahlreichen Führungskräften und Kollegen, die ihre Erfahrungen beisteuerten.

Last but not least danke ich meinem Mann Frank für seine fachliche Expertise als Führungskraft und seine Unterstützung sowie meinen Kindern Jörg und Karin für die Bereitschaft, mir den zeitlichen Freiraum zu gewähren, ohne den dieses Buch nicht möglich gewesen wäre.

Noch eine kurze Anmerkung: Ich habe aus Gründen der einfacheren Lesbarkeit darauf verzichtet, jeweils die weibliche und männliche Anredeform zu wählen. Seien Sie jedoch davon überzeugt, dass ich mit diesem Buch in gleicher Weise weibliche wie männliche Leser anspreche.

Ihre Meinung als Leser interessiert mich sehr. Ich freue mich deshalb über Ihre Erfahrungsberichte, Kommentare und Anregungen. Besuchen Sie mich auf meiner Homepage unter www.dorisbrenner.de oder schicken Sie mir eine E-Mail an Doris.Brenner@t-online.de.

Ich wünsche Ihnen viel Erfolg.

Herzlichst Ihre

Doris Brenner

Inhalt

Seite

1 Womit alles anfängt: „Wir brauchen einen neuen Mitarbeiter“

Wahrscheinlich hätten Sie dieses Buch nicht in die Hand genommen, wenn bei Ihnen nicht die Notwendigkeit, neue Mitarbeiter finden zu müssen, im Raum stände. Sie haben Verantwortung. Verantwortung für ein bestimmtes Projekt, eine Abteilung, einen Prozess und damit verbunden klare Ziele, die Sie erreichen sollen. Um diese Ziele erreichen zu können, benötigen Sie die Unterstützung von anderen Menschen, die mit Ihnen gemeinsam an der Erreichung dieser Ziele arbeiten. Oftmals stehen Ihnen aber nicht die geeigneten Mitarbeiter in der notwendigen Anzahl zur Verfügung und es heißt Verstärkung zu beschaffen.

Das Problem besteht aber meistens darin, dass Sie der erste sind, der hautnah spürt, wie eng die Personaldecke ist und wie dringend zusätzliche Kapazitäten benötigt werden.

Die Herausforderung liegt im ersten Schritt darin, Ihrem Chef diesen Bedarf auch zu „verkaufen“ und das notwendige Budget sowie die Stellenfreigabe zu erhalten. Dazu bedarf es schlagkräftiger Argumente und einer überzeugenden Präsentation.

1.1 Gründe für den Personalbedarf

Gründe für den Bedarf an neuen Mitarbeitern gibt es viele, z. B.:

a) Wiederbesetzung einer Stelle

In der Regel wird Ihnen die Argumentation am leichtesten fallen, wenn es die zu besetzende Stelle in der Vergangenheit bereits gab und eine Wiederbesetzung erfolgen soll.

In der Checkliste 1 (Nr. 1) finden Sie einige Fragen, die Sie sich in diesem Zusammenhang stellen sollten.

b) Besetzung einer neuen Stelle

Aufwändiger ist es erfahrungsgemäß, wenn Sie eine Stelle neu schaffen wollen. Ihr Chef wird Ihnen sehr gründlich auf den Zahn fühlen, um herauszubekommen, ob eine zusätzliche Stelle wirklich gerechtfertigt ist, sprich „sich rechnet“.

Auch hierzu ein paar Fragen, auf die Sie gute Antworten vorbereiten sollten (Checkliste 1, Nr. 2).

c) Schaffung eines Nachwuchspools

Personalrekrutierung zur Schaffung eines Pools von Nachwuchskräften wird in der Regel hierarchisch sehr hoch im Unternehmen aufgehängt und von den zentralen Personalbereichen betreut.

Wenn Sie als Personalreferent für diesen Pool zuständig sind, sollten Sie auf die in Checkliste 1, Nr. 3 wiedergegebenen Fragen der Geschäftsführung vorbereitet sein.

Checkliste 1
Fragen zum Personalbedarf

		ja	nein
1	**Fragen zur Wiederbesetzung einer Stelle**		
(1)	Brauchen wir die Stelle noch, was ist ihr „added value“ im Hinblick auf unser Betriebsergebnis?	❒	❒
(2)	Lässt sich die Stelle mittels technischer Veränderungen nicht wegrationalisieren?	❒	❒
(3)	Kann die an diesem Arbeitsplatz anfallende Arbeit nicht auf die anderen Kollegen verteilt werden?	❒	❒
(4)	Kann die Stelle mit einem Mitarbeiter besetzt werden, der durch Rationalisierungsmaßnahmen an anderer Stelle freigesetzt wurde?	❒	❒
2	**Fragen zur Schaffung einer neuen Stelle**		
(1)	Wieso kommen Sie mit der bisherigen Personaldecke nicht hin? ____________________		
(2)	Lassen sich durch Effektivitätssteigerungen beim vorhandenen Mitarbeiterstamm zusätzliche Kapazitäten gewinnen?	❒	❒
(3)	Können Sie die Arbeit nicht so umverteilen, dass Sie mit dem bisherigen Mitarbeitern klar kommen?	❒	❒
(4)	Welchen „added value“ wird die zusätzliche Stelle für die Zielerreichung unseres Bereiches bringen? ____________________		
(5)	Welches Ergebnis steht den zusätzlichen Kosten gegenüber? ____________________		
(6)	Kann die Stelle mit einem Mitarbeiter besetzt werden, der durch Rationalisierungsmaßnahmen an anderer Stelle freigesetzt wurde?	❒	❒
(7)	Haben Sie die Kosten für die neue Stelle im Budget eingeplant?	❒	❒
3	**Schaffung eines Nachwuchspools**		
(1)	Haben Sie die Kosten für die neue Stelle im Budget eingeplant?	❒	❒
(2)	Ist der von Ihnen vorgeschlagene Bedarf mit den Bereichen abgestimmt?	❒	❒
(3)	Besteht eine entsprechende Personalplanung, aus der unser Bedarf an Nachwuchskräften in den einzelnen Bereichen auf die nächsten drei Jahre ersichtlich ist?	❒	❒
(4)	Haben Sie ein Budget für die Neueinstellungen eingeplant?	❒	❒

1.2 Zeitliche Formen des Personalbedarfs

Unter zeitlichen Gesichtspunkten lassen sich der akute und der schleichende Personalbedarf unterscheiden.

a) Akuter Bedarf

Akuter Bedarf kann entstehen, indem z. B. ein Mitarbeiter aufgrund von Kündigung oder Krankheit ausfällt. Plötzlicher Bedarf besteht auch, wenn z. B. ein großer Auftrag an Land gezogen wird, die Konjunktur anzieht oder der Markt, auf dem Sie tätig sind, einfach boomt.

Tipp

Reagieren Sie schnell und strukturieren Sie den Rekrutierungsprozess straff.

b) Schleichender Bedarf

Häufig entsteht Personalbedarf aber schleichend, d. h. die Arbeit nimmt zu und es wird zunächst versucht, diese ganz einfach „mitzumachen". Irgendwann kommt dann der Punkt, an dem die bisherigen Mitarbeiter meutern, die Abläufe ins Strudeln geraten, sich Kunden beschweren oder, noch schlimmer, einfach abspringen.

Tipp

Achten Sie frühzeitig auf Signale, loten Sie Alternativen aus und bringen Sie den Rekrutierungsprozess rechtzeitig in Gang, bevor es zu einem akuten Bedarf kommt.

Resümee

Bei der Mitarbeiterrekrutierung ist es wie überall im Leben: Wer unter Druck agieren muss, sieht sich oftmals gezwungen, auch faule Kompromisse zu machen oder sich mit der zweiten Wahl begnügen zu müssen.

Je frühzeitiger Sie das Thema Personalrekrutierung in Angriff nehmen, umso mehr Handlungsalternativen bieten sich an.

1.3 Erstellen eines Anforderungsprofils

Bisher haben wir nur darüber gesprochen, dass Sie Personalbedarf haben. Es war noch nicht die Rede davon, wie Ihr Wunschkandidat aussehen soll. Ist es der oftmals zitierte promovierte 30-Jährige, der Auslandserfahrung und fünf Jahre Berufserfahrung hat? Nein, so naiv sind Sie nun bestimmt nicht. Aber Hand aufs Herz, haben Sie wirklich eine klare Vorstellung davon, worauf Sie bei Ihrem zukünftigen Mitarbeiter besonders Wert legen?

Aufgabe:

Hier haben Sie Gelegenheit Ihren zukünftigen Mitarbeiter zu beschreiben. Welche Fähigkeiten und Eigenschaften sollte er mitbringen?

____

____

____

____

____

Nun, was haben Sie geschrieben? Schlagwörter wie dynamisch, teamfähig oder leistungsorientiert? Ich denke, so einfach können wir es uns nicht machen.

1.3.1 Definition

Zunächst einmal eine Definition des Begriffes:

Das Anforderungsprofil ist die möglichst genaue Beschreibung dessen, was auf der zu besetzenden Stelle als erfolgskritische Faktoren zu berücksichtigen ist.

1.3.2 Die Elemente eines Anforderungsprofils

Ein Anforderungsprofil muss drei zentrale Elemente ausweisen:

- **genaue Beschreibung**
  Dies bedeutet, dass es sich beim Anforderungsprofil um eine detaillierte Aufstellung handelt, keine Schlagwörter, die im luftleeren Raum stehen. Für alle Beteiligten muss klar sein, was unter den einzelnen Kriterien verstanden wird
- **zu besetzende Stelle**
  Entscheidend ist, dass Sie genau hinsehen und sich selbst zunächst einmal im Klaren darüber werden, wie die Stelle überhaupt aussehen soll, was die zentralen Aufgaben sind und welches Anforderungsniveau zugrunde liegt. Es macht einen Unterschied, ob Sie mit der Anforderung „Kundenfreundlichkeit" z. B. im Bereich Vertrieb einen Key-Accounter suchen, der zentraler Ansprechpartner Ihres Großkunden ist, oder einen Sachbearbeiter, der in erster Linie die Auftragsabwicklung durchführt und verfolgt.
- **erfolgskritische Faktoren**
  Was unterscheidet einen erfolgreichen von einem nicht erfolgreichen Mitarbeiter auf der zu besetzenden Position? Das ist die zentrale Frage, wenn es um erfolgskritische Faktoren geht. Der Mitarbeiter, der alles weiß und kann, wird für Sie entweder nicht bezahlbar sein oder nach kurzer Zeit die Lust verlieren, weil er sich in vielen seinen Fähigkeiten auf der Position einfach nicht gefordert sieht. Hier geht es um Passgenauigkeit, so viel wie nötig, so wenig wie möglich.

1.3.3 Anforderungsarten

Bei den Anforderungsprofilen lassen sich unterscheiden:

- **Muss-Anforderungen**
  Das sind Anforderungen, die der neue Mitarbeiter auf jeden Fall erfüllen muss, um eine realistische Chance zu haben, die Position innerhalb eines angemessenen Zeitraums erfolgreich ausfüllen zu können.
- **Kann-Anforderungen**
  Hier handelt es sich um Anforderungen, deren Erfüllung es dem neuen Mitarbeiter leichter machen, die Position schnell in den Griff zu bekommen. Er hat damit bessere Startchancen, ansonsten muss er sich die Qualifikation erst noch aneignen.

TIPP

Sehr hilfreich im Zusammenhang mit der Ermittlung von Anforderungskriterien kann es sein, Kunden, Kollegen und Mitarbeiter aus anderen Bereichen die von Ihnen erstellten Anforderungen mal durchlesen zu lassen und deren Einschätzung zu erfragen.

Übersicht 1:
Anforderungskatalog
(Beispiel für einen Back-Office-Mitarbeiter Vertrieb)

Diese Übersicht zeigt einen Anforderungskatalog am Beispiel eines Back-Office-Mitarbeiters im Bereich Vertrieb. Das Beispiel macht deutlich, dass die Muss-Anforderungen möglichst eng gefasst werden sollten. Die Entscheidung, ob ein Anforderungskriterium als Muss- oder Kann-Anforderung beschrieben werden soll, hängt in entscheidendem Maße davon ab, welche zeitlichen und finanziellen Möglichkeiten bestehen, um ggfs. die nicht vorhandenen Kenntnisse noch zu vermitteln.

Ferner sollten Sie zu jedem Anforderungskriterium dazuschreiben, warum dieses notwendig ist. Dies erhöht die Nachvollziehbarkeit für Ihre unternehmensinternen Partner, die an der Stellenbesetzung beteiligt sind.

Muss-Anforderungen:

(1) Wirtschaftswissenschaftliches Studium oder kaufmännische Ausbildung mit betriebswirtschaftlicher Zusatzqualifikation, z. B. Fachwirt (IHK):
Grund: Komplexe wirtschaftliche Zusammenhänge verstehen, kompetenter Ansprechpartner für Kunden sein. Erstellung von Angeboten und entsprechenden Kalkulationen.

(2) Einschlägige Berufserfahrung von mindestens 3 Jahren
Grund: Alleinkraft, die das gesamte Instrumentarium beherrschen muss. Es besteht nicht die Möglichkeit einer umfangreichen Einarbeitung.

(3) Verhandlungssichere Englischkenntnisse in Wort und Schrift (auf dem Niveau von TOEFL-Test 600 Punkte)
Grund: 70 % der Kundenkontakte sind auf Englisch und erstrecken sich auch auf die Ausarbeitung von Angeboten und vertraglichen Regelungen.

(4) Bereitschaft, regelmäßig bis in die frühen Abendstunden zu arbeiten
Grund: 45 % der Kunden haben ihren Sitz in den USA. Auf Grund der Zeitverschiebung ist es zwingend notwendig, zumindest bis 19 Uhr im Office erreichbar zu sein.

(5) Ausgeprägte Kundenorientierung
Grund: Direkter Ansprechpartner für unsere Kunden und damit „Visitenkarte“ des Unternehmens. Stelleninhaber muss in der Lage sein, die Kundenwünsche innerhalb des Unternehmen zu kommunizieren und Lösungen zu finden.

Kann-Anforderungen:

(1) Branchenerfahrung
Grund: Es handelt sich bei den Produkten um erklärungsbedürftige High-End-Produkte der Elektronikindustrie. Die Kunden erwarten auch von den kaufmännischen Mitarbeitern eine gewisse fachliche Kompetenz.

(2) SAP/R3-Kenntnisse
Grund: Die gesamte Auftragsabwicklung erfolgt über das System. Es besteht die Möglichkeit, den neuen Mitarbeiter über unseren IT-Dienstleister in einer circa einwöchigen Schulung mit den Grundzügen der entsprechenden SAP/R3-Module vertraut zu machen.

(3) Erfahrung im Telefonmarketing
Grund: Es ist daran gedacht, Telefonmarketingaktivitäten verstärkt auszubauen. Derzeit wird diese Aktivität über eine Call-Center-Agentur abgedeckt, Zielsetzung ist, diese Funktion im Haus zu integrieren und ggfs. eine zusätzliche Stelle zu schaffen, die dem neuen Mitarbeiter zugeordnet werden soll.

Tipp

Wir werden im weiteren Verlauf des Buches noch an anderen Beispielen sehen, dass neben den „hard facts“ vor allem die weichen Faktoren und die Persönlichkeit eines Kandidaten großen Einfluss auf die Einstellentscheidung haben. Dieses „Bauchgefühl“ sollte bei aller Professionalität der Auswahlinstrumente nicht unterschätzt werden, entscheidend ist nur, dass wir uns dessen auch bewusst sind und nicht so tun, als ob sich alles auf der Sachebene abspielt.

Wenn Sie die Anforderungskriterien zusammengestellt haben, sollten Sie nochmals kritisch prüfen, ob Sie alle wesentlichen Kriterien bedacht haben (Merkblatt 1).

Merkblatt 1
Anforderungskriterien

✔

(1) Denken Sie bei den Anforderungskriterien nicht nur an fachliche Kompetenzen. Auch das Sozialverhalten (z. B. Teamfähigkeit, Durchsetzungsvermögen), methodische Fähigkeiten (z. B. Projektmanagementkenntnisse, Zeitmanagement) oder persönliche Kompetenzen (z. B. Frustrationstoleranz, Kundenorientierung, Zuverlässigkeit) können für die erfolgreiche Bewältigung einer Aufgabe eine wichtige Rolle spielen. ❐

(2) Zur Selbstkontrolle und zur Argumentation gegenüber Ihrem Vorgesetzten ist es sehr hilfreich, bei der Formulierung der Muss- und Kann-Anforderungen jeweils dazuzuschreiben, warum Sie dieses Anforderungskriterium aufgestellt haben. ❐

(3) Berücksichtigen Sie auch zukünftige Entwicklungen, die Einfluss auf das Anforderungsprofil der Stelle haben. ❐

(4) Achten Sie besonders darauf, dass Sie Anforderungskriterien möglichst klar definieren. In unserem Beispiel sind die Englischkenntnisse mit einem TOEFL-Wert von 600 beschrieben. Bei dem TOEFL-Test handelt es sich um einen international üblichen Englischtest (Test of English as a foreign language), der eine klare Niveaueinstufung gibt. ❐

(5) Gleiches gilt für PC-Kenntnisse. Wenn Sie z. B. in Ihrem Anforderungsprofil MS-Excel Kenntnisse fordern, so sollten Sie das Niveau dieser Kenntnisse beschreiben. Es macht einen großen Unterschied, ob ein Bewerber in ein vorhandenes Formblatt Daten eingeben oder umfangreiche Kalkulationen unter Einsatz von Makroprogrammierung mit Excel erstellen kann. ❐

Special:
Alter als Kriterium

In vielen Anforderungsprofilen ist auch das Alter als Kriterium aufgeführt. Dabei wird Jugend mit Dynamik, Leistungsfähigkeit und Flexibilität gleichgesetzt. Kandidaten über 40 werden oft grundsätzlich ausgeschlossen. Ich erlebe in meiner beruflichen Praxis sehr häufig, dass das biologische Alter wenig damit zu tun hat, welches Verhalten ein Mitarbeiter an den Tag legt. Ich kenne viele Menschen über 50, die mit echter Power und Begeisterungsfähigkeit einen guten Job machen und Dreißigjährige, die man quasi „zum Jagen tragen muss". Überlegen Sie deshalb kritisch, ob Sie wirklich durch rigide Altersbegrenzungen ein großes Potenzial an Kandidaten von vorneherein ausschließen wollen. Häufig höre ich das Argument, dass der neue Mitarbeiter „ins Team passen muss“. Kann es einem jungen Team nicht auch gut tun, einen erfahrenen Kollegen zu bekommen, der andere Gesichtspunkte einbringen und Situationen aus einem etwas anderen Blickwinkel beurteilen kann? Gleiches gilt natürlich auch umgekehrt.

Checkliste 2
Prüfung der Anforderungskriterien

		ja	nein
1	**Grundsätzliche Fragen**		
(1)	Ist das dem Anforderungsprofil zugrunde liegende Aufgabengebiet klar definiert?	❐	❐
(2)	Sind die erfolgskritischen Faktoren für die zu besetzende Stelle ermittelt?	❐	❐
(3)	Wurden die für die Aufgabenerfüllung unerlässlichen Muss-Kriterien eng gefasst?	❐	❐
(4)	Wurden die Anforderungen detailliert beschrieben und wenn möglich quantifiziert?	❐	❐
2	**Spezielle Fragen**		
(1)	Ist die notwendige fachliche Kompetenz berücksichtigt?	❐	❐
(2)	Sind die Anforderungen im Hinblick auf die soziale Kompetenz erfasst (Zusammenarbeit mit anderen Menschen, Führungsverhalten, Durchsetzungsvermögen)?	❐	❐
(3)	Haben Sie sich Gedanken bezüglich der methodischen Kompetenzen gemacht (Projektmanagementkenntnisse, Zeitmanagement ...)?	❐	❐
(4)	Haben Sie auch Anforderungen berücksichtigt, die nicht die Qualifikation, also das Können einer Person, sondern das Wollen betreffen? Hierunter sind Persönlichkeitsmerkmale wie Zuverlässigkeit, Hartnäckigkeit, Frustrationstoleranz oder Dienstleistungsmentalität zu verstehen.	❐	❐

1.4 Erstellen einer Stellenbeschreibung

Wenn Sie sich über die Anforderungen Gedanken gemacht haben, heißt es auf dieser Basis ein abgerundetes Bild der Stelle, der damit verbundenen Verantwortung und der Eingliederung innerhalb der Gesamtstruktur zu erstellen. Aus dem Anforderungsprofil wird so eine Stellenbeschreibung.

Damit ist es notwendig, die Aufgaben zu beschreiben, festzulegen, an wen der Stelleninhaber berichtet, bzw. wenn es sich um eine Führungsaufgabe handelt, wer an ihn berichtet. Schließlich sollte in Verbindung mit dem Anforderungsprofil der Vergütungsrahmen festgelegt werden.

Wenn Sie in einem Großunternehmen arbeiten, bestehen in der Regel schon über Betriebsvereinbarungen konkrete Vorgaben, wie eine Stellenbeschreibung auszusehen hat. Häufig existieren Stellenbeschreibungen für jeden Arbeitsplatz, die als Grundlage herangezogen werden können. Aber auch hier ist Vorsicht geboten. Diese als lästige „Pflichtübung“ bekannten Stellenbeschreibungen sind oft veraltet und entsprechen nicht mehr den aktuellen, geschweige denn den zukünftigen Anforderungen oder orientieren sich nur an dem Qualifikationsniveau des bisherigen Stelleninhabers.

TIPP

Am besten ist es, wenn Sie im Hinblick auf die konkrete Stellenbesetzung eine existierende Stellenbeschreibung in jedem Punkt kritisch hinterfragen bzw. die Chance nutzen und die Stellenbeschreibung komplett neu machen.

Auch wenn es für Sie zunächst recht aufwändig klingen mag, eine solche Stellenbeschreibung zu erstellen, ist es doch für den weiteren Rekrutierungsprozess von zentraler Bedeutung, einen roten Faden zu haben, an dem Sie Ihre Auswahlentscheidung orientieren können. Die klare Formulierung dessen, was Sie brauchen, gibt auch Ihrem Vorgesetzten das Gefühl, dass Sie den Prozess im Griff haben und strukturiert vorgehen.

In Ergänzung zu den bereits gestellten Fragen der Anforderungskriterien sollten Sie für die Stellenbeschreibung noch folgenden Kriterien Ihre Aufmerksamkeit widmen:

- Ist die Eingliederung der Stelle klar definiert und nachvollziehbar?
- Sind der Vergütungsrahmen bzw. die Einstufung realistisch gewählt und sind aktuelle Marktgegebenheiten berücksichtigt?

Nachfolgend wieder am Beispiel unserer Back-Office-Stelle eine Stellenbeschreibung, die als Grundlage für die weiteren Aktivitäten des Rekrutierungsprozesses dienen kann (Formblatt 1).

Formblatt 1
Stellenbeschreibung (Beispiel)

Positionsbezeichnung:	*Back-Office-Mitarbeiter Vertrieb*
Eingliederung der Stelle:	*Vertriebsbereich*
Vorgesetzter:	*Vertriebsleiter*

Aufgaben:

Eigenständige Betreuung des Kundenstammes als Vertriebsinnendienst.

Erstellung von Angeboten in Abstimmung mit den Key-Accountern und Verkäufern. Auftragsbearbeitung und -verfolgung, Rechnungsstellung, hausinterne Koordination von Kundenanfragen, Beschwerdemanagement

Anforderungskriterien:

Muss-Anforderungen:

- ▷ *Wirtschaftswissenschaftliches Studium oder kaufmännische Ausbildung mit betriebswirtschaftlicher Zusatzqualifikation, z. B. Fachwirt (IHK)*
- ▷ *einschlägige Berufserfahrung von mindestens 3 Jahren*
- ▷ *verhandlungssichere Englischkenntnisse (TOEFL 600 Punkte)*
- ▷ *Bereitschaft, bis mindestens 19 Uhr täglich zu arbeiten*

Kann-Anforderungen (wünschenswert):

- ▷ *Branchenerfahrung*
- ▷ *SAP-Erfahrung*
- ▷ *Erfahrung im Telefonmarketing*

Vergütungsrahmen:

€ 3.000.– bis € 3.600.–/Monat je nach Kandidatenprofil

Perspektiven:

Aufbau des Bereiches Telefonmarketing und Übernahme von Mitarbeiterverantwortung

Besetzungstermin:

sofort

Praxis-Statement: **Eine kleine Geschichte zum Thema Anforderungsprofil und Stellenbeschreibung.**

Während meiner Zeit als Personalverantwortliche erhielt ich von einem unserer Bereichsleiter eine Stellenanforderung für einen Projektingenieur.

Als Muss-Anforderungen waren ein Studium als Wirtschaftsingenieur, einschlägige Berufserfahrung und sehr gute Englischkenntnisse formuliert.

Die Suche gestaltete sich zum damaligen Zeitpunkt aufgrund der Marktsituation recht schwierig. Eines Tages kam der Bereichsleiter freudestrahlend zu mir und berichtete, dass er den passenden Kandidaten nun selbst gefunden hätte. Auf meine diesbezügliche Frage, wer es denn sei, erzählte der Bereichsleiter, dass er sich für den Werkstudenten Müller entschieden hätte. Dieser arbeitete seit drei Monaten bei ihm im Bereich studienbegleitend und stand nun unmittelbar vor seinem Examen.

Den Werkstudenten hatten wir seitens des Personalwesens über eine Hochschulkontaktmesse kennen gelernt, als einen interessanten Kandidaten eingestuft und ihm deshalb das Angebot eines Werkstudentenvertrages gemacht.

Als ich mir die Unterlagen von Herrn Müller nochmals ansah, bestätigte sich, dass es sich bei ihm um einen Maschinenbauer handelte, der außer einem dreimonatigen Praktikum und der Tätigkeit in unserem Hause noch keine Praxiserfahrung vorweisen konnte, und sein Englisch beschränkte sich auf Schulkenntnisse.

Auf die Frage, was denn nun für ihn den Ausschlag für seine Entscheidung gegeben hätte, Herrn Müller einstellen zu wollen, entgegnete der Bereichsleiter: „Ach wissen Sie, der Müller ist ein echt patenter junger Mann. Er hat sich völlig problemlos in das Team integriert, ist auch bereit, kräftig mit anzupacken und ich habe sogar schon sehr positive Rückmeldungen von unseren Kunden über ihn erhalten. Dass sein Englisch noch nicht so gut ist, ist kein so großes Problem, da wächst er beim ersten richtigen Projekt im Ausland schnell rein."

Soweit zum Thema Formulierung eines klaren Anforderungsprofils.

1.5 Die Erwartungen der Bewerber

Im Rahmen des Rekrutierungsprozesses formulieren Sie als Unternehmensvertreter bestimmte Erwartungen an Ihren zukünftigen Mitarbeiter. Sie wollen ein schlagkräftiges Team aufbauen und Ihre gesteckten Ziele mit diesem Team erreichen. Auch Ihr persönlicher Erfolg als Führungskraft hängt in hohem Maße von Ihrer Fähigkeit ab, die richtigen Leute am richtigen Arbeitsplatz einzusetzen. Eine realistische Stellenbeschreibung kann Ihnen dabei helfen. Es ist ein wichtiges Mosaiksteinchen im Rahmen des Gesamtprozesses.

Achten Sie darauf, dass Sie Ihre Erwartungen klar vor Augen haben und auch entsprechend kommunizieren. Nicht nur Sie sollten wissen, worauf Sie wert legen. Auch der Bewerber muss eine Vorstellung davon erhalten, an welcher Messlatte er von Ihnen gemessen wird.

Ein Rekrutierungsprozess ist jedoch keine Einbahnstraße. Schließlich geht es darum, dass zwei gleichberechtigte Partner einen Vertrag miteinander schließen, den Arbeitsvertrag. Dies bedeutet, dass beide Seiten eine solide Informationsbasis benötigen, um diese Entscheidung auch fundiert treffen zu können. Es genügt deshalb nicht, dass Sie davon überzeugt sind, den passenden Mitarbeiter gefunden zu haben, und ihm einen Arbeitsvertrag anbieten. Gute Kandidaten haben selbst in schlechten konjunkturellen Zeiten oft mehrere Angebote, unter denen sie auswählen können. Daher ist es von entscheidender Wichtigkeit, sich bereits ganz zu Beginn des Rekrutierungsprozesses damit auseinander zu setzen, dass auch seitens der Bewerber bestimmte Erwartungen im Hinblick auf den neuen Arbeitsplatz bestehen.

Tipp

Überlegen Sie, was Sie als Unternehmen einem neuen Mitarbeiter zu bieten haben.

Eine gute Hilfe kann dabei sein, dass Sie sich einmal überlegen, welche Gründe Sie selbst bei Ihrem derzeitigen Arbeitgeber halten, bzw. warum Sie sich für Ihren derzeitigen Arbeitgeber entschieden haben.

Aufgabe:

Welche Argumente gibt es, warum Sie bei Ihrem derzeitigen Arbeitgeber gerne arbeiten:

____

____

____

____

____

In meiner langjährigen Arbeit mit Bewerbern lassen sich deren Erwartungen immer wieder auf die folgenden Punkte zusammenfassen.

- Interessante Aufgabe mit Gestaltungsmöglichkeiten
- Fundierte Einarbeitung
- Regelmäßiges Feedback
- Fachliche und persönliche Weiterbildung
- Entwicklungsmöglichkeiten
- Persönliche Freiräume
- Vereinbarkeit von Beruf und Familie
- Angemessenes Gehalt und Nebenleistungen

Hinterfragen Sie kritisch, was Sie in diesen Punkten zu bieten haben. Es macht wenig Sinn, im Rahmen des Rekrutierungsprozesses hier Scheinwelten aufzubauen und einen Kandidaten damit ködern zu wollen. Die Realität wird Sie einholen und das Ergebnis ist ein unzufriedener Mitarbeiter, der entweder noch während der Probezeit kündigt oder frustriert ist. Also gewiss nicht das, was Sie sich wünschen und zur Erreichung Ihrer Ziele brauchen.

Tipp

Sprechen Sie mit Mitarbeitern, die das Unternehmen wieder verlassen.

Solche „Exit-Interviews“ liefern ein hervorragendes Datenmaterial über all das, was im Unternehmen nicht so läuft, wie es sein soll. Wenn Sie klare Defizite identifiziert haben, gilt es an Verbesserungen zu arbeiten. Als Führungskraft haben Sie viele Dinge selbst in der Hand, die Sie verändern können.

Die Praxis zeigt, dass ein partnerschaftlich angelegter Rekrutierungsprozess, bei dem beide Seiten offen ihre Erwartungen, Wünsche und Bedenken kommunizieren, die beste Basis für eine erfolgreiche Zusammenarbeit darstellt.

Nur wenn die Bereitschaft besteht, sich auch unternehmensseitig auf den Kandidaten einzustellen und diesen als gleichberechtigten Partner zu sehen, wird es Ihnen gelingen, auch die notwendige Offenheit seitens des Bewerbers zu erzielen.

Ein erfolgreicher Rekrutierungsprozess ist dadurch gekennzeichnet, dass beide Seiten Ihre Erwartungen abgleichen und prüfen, ob sich die gegenseitigen Vorstellungen zur Deckung bringen lassen. Dieses Matching oder, umgangssprachlich ausgedrückt, den richtigen Deckel für den jeweiligen Topf finden, ist die Kunst der erfolgreichen Stellenbesetzung.

Abbildung 1 macht deutlich, dass dieser Prozess auch zahlreiche emotionale Aspekte beinhaltet:

Das Matching

Unternehmensvertreter		**Kandidat**
Erwartungen		Erwartungen
Wünsche		Wünsche
Aufgabenstellung	⇔	Aufgabenstellung
Entwicklungsmöglichkeiten		Entwicklungsmöglichkeiten
„Bauchgefühl”		**„Bauchgefühl”**
Gehaltsvorstellungen		Gehaltsvorstellungen
Befürchtungen		Befürchtungen
Risiken		Risiken
K.o.-Kriterien		K.o.-Kriterien

Abb. 1: Das Matching

1.6 Mitarbeiterrekrutierung als Projekt

1.6.1 Festlegung der Rahmendaten

Bei der Stellenbesetzung geht es darum, die vorhandenen Kapazitäten zur Rekrutierung so effizient und zielgerichtet wie möglich einzusetzen. Betrachten Sie die Mitarbeiterrekrutierung als Projekt.

Drei wesentliche Rahmendaten sind hierfür zunächst festzulegen:

a) Der finanzielle Rahmen, der Ihnen für den Rekrutierungsprozess zur Verfügung steht.

b) Der Zeitraum, innerhalb dessen Sie Ihren neuen Mitarbeiter benötigen.

c) Wer welche Aufgaben im Rahmen des Rekrutierungsprojektes übernimmt.

a) Der finanzielle Rahmen

In der Regel haben Sie ein bestimmtes Budget, das Ihnen für die Personalrekrutierung zur Verfügung steht.

Tipp

Informieren Sie sich, welches Budget Ihnen für Ihre Rekrutierungsaktivitäten zur Verfügung steht, sofern es sich um eine neue Aktivität für Sie handelt.

Zu berücksichtigen ist dabei natürlich, wie viele neue Mitarbeiter Sie innerhalb des Budgetzeitraums beschaffen sollen, entsprechend kleiner fällt der finanzielle Rahmen pro Besetzung aus. Dieser Finanzrahmen ist im weiteren Verlauf für die Auswahl der Rekrutierungswege wichtig.

b) Der zeitliche Rahmen

Legen Sie fest, ab wann der neue Mitarbeiter im Unternehmen zur Verfügung stehen muss. Setzen Sie Meilensteine, bis wann welche Teilschritte im Rekrutierungsprozess erfolgt sein sollen.

Beispiel:

Anforderungsprofil erstellen	*KW 24*
Suchwege festlegen	*KW 24*
Anzeigen schalten/Personaldienstleister ansprechen	*KW 25*
Sichtung der Unterlagen/Kandidatenvorschläge	*KW 27*
Telefoninterviews	*KW 28*
Vorstellungsgespräche	*KW 28–29*
Auswahlentscheidung	*KW 30*
Anhörung Betriebsrat	*KW 30*
Vertragsangebote verschicken	*KW 31*

Tipp

Überlegen Sie sich verschiedene Szenarien, wie Sie die Zeit, bis der neue Mitarbeiter voraussichtlich seine Tätigkeit aufnimmt, überbrücken können.

c) Die Aufgabenverteilung

Wenn Sie in einem größeren Unternehmen arbeiten, ist es häufig so, dass die Personalabteilung den Rekrutierungsprozess koordiniert. In kleineren oder mittelständischen Betrieben sind Führungskräfte in der Regel auf sich selbst gestellt. Aber selbst dort, wo es eine Personalabteilung gibt, kann die Aufgabenverteilung sehr unterschiedlich sein.

Tipp

Stimmen Sie eindeutig ab, wer für welche Aktivitäten wann zuständig ist und wie die Entscheidungskompetenzen verteilt sind.

Die Checkliste 3 auf Seite 27 führt einige wichtige Fragen in diesem Zusammenhang auf.

1.6.2 Der Gesamtprozess der Rekrutierung

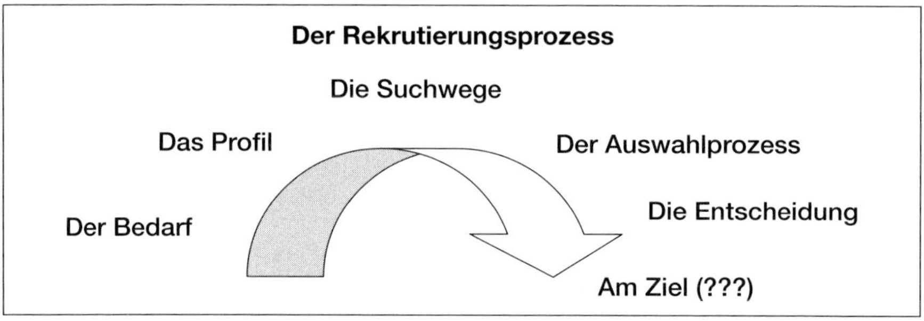

Abb. 2: Der Rekrutierungsprozess

Der Gesamtprozess der Rekrutierung vollzieht sich in fünf Schritten:

- Schritt 1: **Festlegung des Personalbedarfs**
- Schritt 2: **Formulierung des Profils**
- Schritt 3: **Auswahl der Suchwege und Durchführung der Suche**
- Schritt 4: **Der Auswahlprozess**
- Schritt 5: **Die Entscheidung**

Checkliste 3
Verantwortlichkeiten bei der Personalrekrutierung

(1) Wer trägt für das Rekrutierungsprojekt die Gesamtverantwortung?

(2) Wer trägt welche Kosten?

(3) Wer legt die Suchwege fest?

(4) Wer formuliert Anzeigentexte?

(5) Wer besucht Rekrutierungsveranstaltungen?

(6) Wer bestimmt die Auswahlinstrumente?

(7) Wer macht die Vorauswahl der Kandidaten?

(8) Wer führt die Einzelinterviews?

(9) Wer ist Ansprechpartner für die Bewerber?

(10) Wie erfolgt die endgültige Auswahlentscheidung?

(11) Wer ist für die Vorbereitung des Eintritts verantwortlich?

(12) Wer übernimmt die Planung des Einarbeitungsprogramms?

Schritte 1 und 2:

Die ersten beiden Schritte haben wir bereits in den vorausgegangenen Kapiteln behandelt. Sie stellen quasi die Grundlage für jegliche Suchaktivitäten dar.

Schritt 3: **Auswahl der Suchwege und Durchführung der Suche**

Nun geht es darum, mit der eigentlichen Kandidatensuche zu beginnen. Je nach Position sind die unterschiedlichen Suchwege festzulegen. Zentrale Frage dabei ist: Wen suchen Sie? Es macht in der Vorgehensweise einen großen Unterschied, ob Sie einen Facharbeiter mit Berufserfahrung, einen Hochschulabsolventen oder eine Führungskraft rekrutieren wollen.

Die Wahl der Suchwege hängt natürlich auch von Ihrem Budget ab. Sicherlich würde es die Zahl der potenziellen Kandidaten erhöhen, wenn Sie z. B. eine ganzseitige Anzeige in der FAZ schalten oder einen Fernseh-Spot senden. Dafür ist aber in der Regel nicht das entsprechende Budget vorhanden.

Tipp

Empfehlenswert ist es, immer auf einen Maßnahmen-Mix an Suchwegen zurückzugreifen und sich nicht nur auf einen Weg zu beschränken.

Schritt 4: **Der Auswahlprozess**

Wenn Sie Kandidaten auf Ihr Unternehmen und die vakante Position aufmerksam gemacht haben, heißt der nächste Schritt eine Vorauswahl der Kandidaten zu treffen. Auch hier stehen eine Vielzahl von Verfahren zur Verfügung, die in ihrer Komplexität und Aussagegenauigkeit sehr unterschiedlich sind. Es gilt, die passenden Instrumente auszuwählen und einzusetzen. In der Regel wird immer ein Einzelgespräch am Ende dieser Auswahlkette stehen, bevor die endgültige Entscheidung für ein Vertragsangebot getroffen wird.

Schritt 5: **Die Entscheidung**

Einem Kandidaten ein Vertragsangebot unterbreitet zu haben, bedeutet noch nicht, dass Sie am Ziel des Rekrutierungsprozesses angekommen sind. Der von Ihnen ausgewählte Kandidat kann das Angebot ablehnen, es annehmen und noch vor Arbeitsaufnahme wieder kündigen. Noch schmerzlicher ist es, wenn der neue Mitarbeiter während der Probezeit wieder kündigt oder Sie sich gezwungen sehen, das Arbeitsverhältnis Ihrerseits wieder zu beenden. All dies bedeutet, dass Sie den Rekrutierungsprozess wieder von Neuem starten müssen mit zusätzlichen Kosten, Zeitverzug und viel negativen Nebeneffekten: verärgerten Kunden, die nun wieder auf einen neuen Ansprechpartner warten müssen, und Kollegen, die mit zusätzlichen Überstunden die Arbeit aufzufangen haben.

Wir wollen hier nicht den Teufel an die Wand malen, aber die Praxis zeigt immer wieder, dass es häufig zu Schwierigkeiten kommt, die Ihre gesamte Planung über den Haufen werfen können. Deshalb ist es wichtig, sich zunächst bewusst zu machen, welche „Stolpersteine“ es geben kann, und dann Handlungsalternativen zu entwickeln. Viele Probleme lassen sich aber auch durch eine entsprechende Vorarbeit verhindern oder zumindest die Wahrscheinlichkeit ihres Eintritts verringern.

1.7 Typische Fehler in der Anfangsphase

Wir haben die wesentlichen Schritte im Projekt Mitarbeiterrekrutierung nun im Überblick beleuchtet. Projekte scheitern häufig daran, dass bereits in der Anfangsphase die Weichen nicht richtig gestellt werden. Damit Ihr Projekt Mitarbeiterrekrutierung erfolgreich wird, sollten Sie besonders die im Merkblatt 2 beschriebenen häufigen Stolpersteine im Auge behalten und vermeiden:

Merkblatt 2
Stolpersteine in der Anfangsphase

(1) Es wird nach der „Hauruck-Methode" nach einem Mitarbeiter gesucht, ohne ein klares Anforderungsprofil erarbeitet zu haben.

(2) Das Veränderungspotenzial, das in der Neubesetzung oder Neuschaffung einer Position vorhanden ist, wird nicht genutzt. Es wird sich nur an den derzeitigen Gegebenheiten orientiert, ohne Optimierungsmöglichkeiten im Rahmen einer Aufgabenneuverteilung innerhalb des Bereiches zu prüfen.

(3) Das Anforderungsprofil, das der Suche zugrunde gelegt wird, stimmt mit den tatsächlichen Aufgabenstellungen nicht überein (Über- und Unterbewertung).

(4) Die Aufgaben im Rahmen des Rekrutierungsprozesses sind nicht eindeutig verteilt, jeder wartet auf den anderen, dass er tätig wird, gemäß der Interpretation des Wortes Team: toll, ein anderer macht's.

(5) Es bestehen keine klare Vorstellungen darüber, wie die Marktgegebenheiten sind und welche Gehälter derzeit am Markt üblich sind. (Ist es realistisch, einen Mitarbeiter, wie wir ihn suchen, zu den gebotenen Konditionen auch finden zu können?)

(6) Es gibt kein abgestimmtes Konzept, welche Maßnahmen wann erfolgen sollen.

(7) Für die Zeit, bis ein neuer Mitarbeiter gefunden werden kann, gibt es keine tragfähige Überbrückungsregelung und wichtige Aufgaben bleiben ganz einfach unerledigt, die dann auf den neuen Mitarbeiter erschwerend hereinbrechen.

(8) Die Mitarbeiter werden in den Rekrutierungsprozess nicht mit einbezogen.

(9) Geeignete Suchwege werden bezogen auf die zu besetzende Position nicht individuell ausgewählt („Wir machen immer eine Zeitungsanzeige").

(10) Es besteht keine abgestimmte Aussage darüber, wie sich das Unternehmen nach außen präsentieren möchte und was es einem Kandidaten zu bieten hat (Personalmarketing).

(11) Den Erwartungen/Wünschen der Kandidaten wird seitens der Unternehmensvertreter zu wenig Beachtung geschenkt. Damit können unternehmensseitige Vorzüge/Leistungen, die den Wünschen der Kandidaten entsprechen, nicht als Marketinginstrument genutzt werden.

2 Traditionelle und neue Rekrutierungswege

Wir werden in diesem Kapitel sehr ausführlich die verschiedenen Instrumente behandeln, die Ihnen bei der Rekrutierung zur Verfügung stehen. Die klassischen Wege, wie zum Beispiel das Schalten einer Stellenanzeige in einer Tageszeitung oder die Beauftragung eines Personalberaters, sind Ihnen sicherlich bekannt. Natürlich werden wir auch auf diese eingehen. Daneben möchte ich Sie aber auch mit neueren und teilweise wirkungsvolleren Instrumenten vertraut machen, die besonders bezogen auf bestimmte Zielgruppen eine höhere Effizienz aufweisen und Ihren Bedürfnissen als Arbeitgeber mehr entsprechen.

Für viele Bewerber wäre es die Erfüllung des größten Wunsches, einmal auf der Seite des Unternehmensvertreters zu stehen. „Unternehmensvertreter haben es gut, sie können sich ruhig zurücklehnen und sich aus der Vielzahl der Kandidaten die Rosinen rauspicken", so die weit verbreitete Meinung. Als Unternehmensvertreter, der damit betraut ist, Mitarbeiter einzustellen, wissen Sie, dass diese Vorstellung der Bewerber mit der Realität nur wenig zu tun hat. Von wegen ruhig zurücklehnen und Rosinen rauspicken! Sie stehen unter Druck, sogar unter massivem Druck, möglichst schnell den am besten geeigneten Kandidaten zu finden. Ihr Chef steht Ihnen auf den Füßen, Ihre Mitarbeiter beschweren sich, wann denn nun endlich die ersehnte Arbeitsentlastung kommt, und Ihre persönlichen Zielvorgaben werden Sie auch nur erreichen, wenn Sie möglichst schnell tatkräftige Unterstützung finden.

Aber wie kommen Sie am schnellsten und kostengünstigsten an die besten Kandidaten?

- Kandidaten, bei denen das Risiko zu scheitern, möglichst gering ist?
- Kandidaten, die Ihren Erwartungen am besten entsprechen?
- Kandidaten, die eine klare Vorstellung von dem haben, was sie in Ihrem Unternehmen erwartet?
- Kandidaten, die bereits bewiesen haben, dass sie den gestellten Anforderungen gerecht werden können?
- Kandidaten, deren Aussagen Sie glauben können und die Ihnen nicht Versprechungen machen, die sie nie halten können?
- Kandidaten, die nicht nur die fachlichen Voraussetzungen mitbringen, um die gestellten Aufgaben zu erfüllen, sondern auch die nötige Motivation und Leistungsbereitschaft besitzen, um einen guten Job zu machen?
- Kandidaten, die sich mit Ihrem Unternehmen, seinen Werten und Grundsätzen identifizieren können und eine gute Visitenkarte für Ihr Haus sind?
- Kandidaten, die nicht nach kurzer Zeit das Handtuch werfen?

Abbildung 3 zeigt, wie sich unter Berücksichtigung der Kriterien Kosten, Zeit und vor allem der Reduzierung des Risikos einer Fehlbesetzung sich die bevorzugten Rekrutierungswege darstellen.

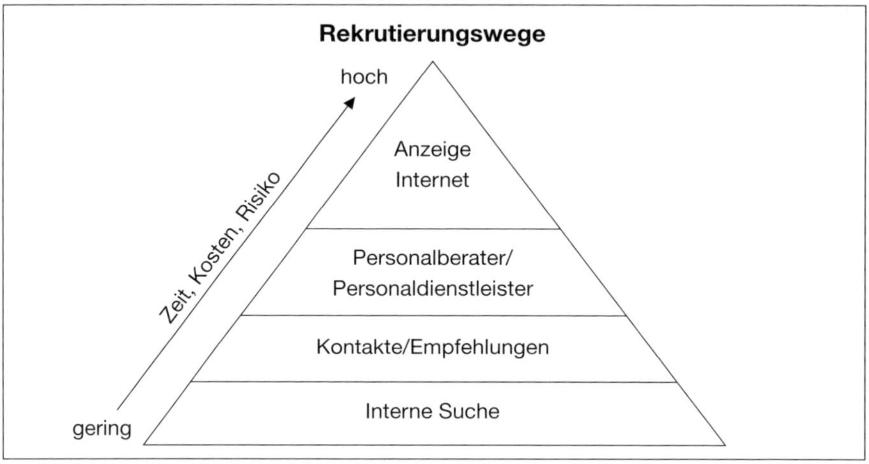

Abb. 3: Rekrutierungswege
– Vgl. Richard Bolles, Durchstarten zum Traumjob, Campus Verlag

Hinweis: Rund 75 % aller Stellen werden nicht über den freien Markt, sondern intern, über Kontakte oder Berater und Dienstleister besetzt. Auch wenn in den Samstagsausgaben der großen überregionalen Tageszeitungen der Eindruck entsteht, „hier spielt die Musik", sollten Sie als Unternehmensvertreter das breite Angebot an unterschiedlichen Möglichkeiten, um den passenden neuen Mitarbeiter zu finden etwas näher beleuchten. Damit Sie sich einen besseren Überblick bezüglich der alternativen Vorgehensweisen machen können, wollen wir die einzelnen Rekrutierungswege im Detail analysieren und konkrete Handlungsstrategien entwickeln.

2.1 Die Rekrutierungswege auf einen Blick

2.1.1 Die interne Suche

Für die interne Suche gelten die folgenden Merkmale:

- **Risiko:**
  Der wohl wichtigste Vorteil liegt darin begründet, dass Sie bei einem Kandidaten, der schon im Unternehmen arbeitet, das geringste Risiko haben, eine echte Bauchlandung zu machen. Häufig kennen Sie den Mitarbeiter selbst aus einer direkten Zusammenarbeit. Zumindest gibt es Beurteilungen und Erfahrungen von Kollegen, wie sich der Mitarbeiter im Arbeitsalltag verhält. Sein Können, aber auch seine Leistungsmotivation ist aus der Praxis heraus bekannt. Kurzum, Sie kaufen die Katze nicht im Sack, sondern Sie können auf ganz klare Erfahrungswerte zurückgreifen.
  Als problematisch können sich aber die folgenden Umstände erweisen:
  - Was tun, wenn Ihnen jemanden angepriesen oder sagen wir besser „aufs Auge gedrückt werden soll", der im Zuge eines Personalabbaus in einem anderen Bereich gerade „übrig" ist?
  - Was tun, wenn sich auf eine interne Stellenausschreibung jemand bewirbt, den Sie auf keinen Fall möchten, auch wenn er die formale Qualifikation mitbringt?
  - Was tun, wenn „Ihr Laden" überaltert ist und Sie viel lieber frisches Blut von außen einkaufen würden als einen internen Mitarbeiter zu übernehmen?

In Kapitel 2.2 zeigen wir, wie Sie diese Probleme in den Griff bekommen können.

- **Kosten:**
  Durch die interne Besetzung können Sie eine Menge Kosten sparen, die im Zusammenhang mit der Rekrutierung ansonsten anfallen: Anzeigenkosten, Zeit, für die Durchsicht der Unterlagen, zahlreiche Einstellinterviews mit den Kandidaten. Ferner ist davon auszugehen, dass auch die Einarbeitungszeit bei einem Mitarbeiter, der schon im Unternehmen ist, in der Regel wesentlich kürzer ausfallen wird, da er mit dem Unternehmen und seinen Strukturen schon vertraut ist.

- **Zeit:**
  In der Regel ist ein interner Wechsel zügiger zu vollziehen als die Einstellung eines externen Kandidaten. Häufig besteht zumindest die Möglichkeit, dass der „Auserwählte" sich in einer Übergangszeit auf Stundenbasis in die neue Tätigkeit einarbeiten kann. Bei einem guten Betriebsklima lassen sich hier in der Regel Arrangements mit dem abgebenden Bereich finden, mit dem alle leben können.

- **Mitarbeiterentwicklung:**
  Auch unter dem Aspekt der Mitarbeiterentwicklung kann es aus Unternehmenssicht sinnvoll sein, Stellen intern zu besetzen. Vielleicht ist die von Ihnen

zu besetzende Position der nächste Karriereschritt für einen Mitarbeiter? Gerade für motivierte und ehrgeizige Mitarbeiter ist die Perspektive, im eigenen Unternehmen sich weiterentwickeln zu können, von höchster Priorität.

- **Ratio:**
  Wir erleben in Unternehmen immer häufiger die Situation, dass in einem Bereich Stellen abzubauen sind, im anderen Bereich neue Mitarbeiter benötigt werden. Durch interne Umbesetzung können Kündigungen vermieden werden, die sowohl unter sozialen Gesichtspunkten als auch Kostengründen (Thema Abfindungen) Vorteile bieten. Ferner kann firmenspezifisches Knowhow erhalten werden.

2.1.2 Der Weg über Kontakte und Empfehlungen

Kennen Sie das Spiel: „Kennst du nicht jemanden ...?" Dieses Spiel wird auf allen hierarchischen Ebenen gerne gespielt, ob am Stammtisch, im Gemeinderat, bei Tagungen oder im privaten Bekanntenkreis. Bei Top-Positionen werden als Rahmen gerne der Golfclub, die Rotarier oder die Aufsichtsratssitzung genommen. Und immer wieder kommt das Thema auf eine Vakanz und die Frage, ob der andere nicht jemanden kenne, der dafür geeignet ist. Diese Vorgehensweise ist durchaus nachvollziehbar, was die nachfolgenden Argumente belegen:

- **Risiko:**
  Das Risiko, auf der Grundlage einer Empfehlung einen Mitarbeiter einzustellen, ist deutlich geringer, als wenn Sie vom „freien Markt" rekrutieren. Der Empfehlende gibt quasi einen Vertrauensvorschuss, da er mit der Person, die er empfiehlt, auf positive Erfahrungen zurückblicken kann. Je intensiver und vertrauensvoller der Kontakt zwischen Ihnen und dem Empfehlenden ist, um so höher ist die Sicherheit, dass Sie sich auf die Einschätzung und Empfehlung des anderen verlassen können.
- **Kosten:**
  In der Regel entstehen über diesen Weg keine Kosten, da die Empfehlung aus Gefälligkeit erfolgt nach dem Motto: eine Hand wäscht die andere.
- **Zeit:**
  Durch informelle Kontakte lässt sich die Zeitspanne, um einen geeigneten Kandidaten zu finden, deutlich reduzieren. Die Kontaktaufnahme ist einfach, umfangreiche Maßnahmen zur „Absicherung" in der Regel nicht notwendig.

2.1.3 Personalberater und Personaldienstleister

Personalberater, Headhunter, Zeitarbeitsfirmen, private Arbeitsvermittler sie alle zählen zu der Gruppe der Dienstleister, die Ihnen bei der Suche nach einem geeigneten Mitarbeiter helfen können. Wie professionell die Hilfe wirklich ist, werden wir im weiteren Verlauf des Buches noch behandeln. Aus Ihrer Sicht als Führungskraft, die einen neuen Mitarbeiter sucht, sprechen jedoch grundsätzlich eine Reihe von Gründen dafür, sich externer Unterstützung zu bedienen:

- **Risiko:**
  Ein Personalberater oder -dienstleister kann eine Vorselektion der Kandidaten vornehmen. Dies bedeutet, dass Sie sich nicht mit Bewerbern beschäftigen müssen, die grundsätzliche Voraussetzungen nicht erfüllen oder in einem ersten Gespräch nicht überzeugen konnten. Ferner greift das „Vieraugenprinzip". Der Bewerber durchläuft zumindest zwei Auswahlprozesse.

- **Zeit:**
  Mithilfe eines Externen lässt sich die Rekrutierungszeit deutlich reduzieren, da dieser meist über einen umfangreichen Kandidatenpool verfügt. Je besser der Berater/Dienstleister die Anforderungen der Stelle, Sie als Führungskraft und Ihr Unternehmen kennt, umso höher ist die Wahrscheinlichkeit, dass er Kandidaten präsentieren wird, die eine hohe Passgenauigkeit gewährleisten. Ferner sparen Sie eine Menge Zeit, die ansonsten für das Sichten von Bewerbungsunterlagen und das Führen zahlreicher Bewerbungsgespräche benötigt wird.

- **Kosten:**
  Die Einschaltung eines externen Dienstleisters kostet Geld. Es gibt sehr unterschiedliche vertragliche Regelungen, auf die wir in den Kapiteln Personalberater und Personaldienstleister im Detail eingehen werden.

2.1.4 Suche am freien Markt

All die bisher genannten Möglichkeiten bieten Ihnen eine gewisse Sicherheit, nur mit Kandidaten zu sprechen, die wirklich auf die Position passen. Begeben Sie sich auf den freien Markt, sieht die Sache etwas anders aus.

Wenn Sie über den freien Markt (Zeitung, Internet) einen Kandidaten suchen, greifen keinerlei „Schutzmechanismen", die Ihr Risiko reduzieren können. Jeder „Hinz und Kunz" kann sich bei Ihnen bewerben und Sie sind allein auf sich gestellt, um die Spreu vom Weizen zu trennen.

- **Risiko:**
  All die Fragen, die wir zu Beginn dieses Kapitels aufgeworfen haben, bleiben weit gehend offen und die Einstellentscheidung ist mit großen Risiken verbunden.
  - Stimmen die Angaben im Lebenslauf?
  - Ist der Bewerber nur ein Schaumschläger?
  - Entsprechen die Angaben in den Arbeitszeugnissen der Wahrheit?
  - Passt er in das Team und das Unternehmen?

- **Kosten:**
  In jedem Fall entsteht ein hoher Aufwand im Zusammenhang mit der Vorselektion der Bewerbungen und dem Führen von Interviews.

- **Zeit:**
  Die Vorselektion der Kandidaten sowie das Führen von zahlreichen Interviews bindet eine Menge Zeit. Sofern in der „ersten Auswahlrunde" kein geeigneter Kandidat gefunden werden kann, verschärft sich dieser Aspekt.

2.2 Die interne Suche

In der Mehrzahl der Unternehmen ist es üblich, bevor Anstrengungen unternommen werden eine Stelle extern zu besetzen, eine interne Stellenausschreibung zu machen. In Betriebsvereinbarungen wird häufig festgeschrieben, dass eine zu besetzende Stelle zunächst intern ausgeschrieben wird. Nach dem Motto: „Aufstieg statt Einstieg", soll auch unter Personalentwicklungsgesichtspunkten den Mitarbeitern die Möglichkeit geboten werden, im eigenen Unternehmen weiterzukommen.

2.2.1 So gehen Sie vor

Der eigentlichen internen Stellenausschreibung – also dem Aushang bzw. der Bekanntmachung im firmeneigenen Netz – sollten Sie eine Reihe von Schritten voranstellen.

Schritt 1:	**Klären Sie zunächst, ob die Stelle intern ausgeschrieben werden muss!**
Schritt 2:	**Ermitteln Sie das Anforderungsprofil und erarbeiten Sie die Stellenbeschreibung!**
Schritt 3:	**Identifizieren Sie vorab geeignete Kandidaten!**
Schritt 4:	**Gehen Sie auf mögliche Kandidaten direkt zu!**
Schritt 5:	**Überprüfen Sie Ihr Anforderungsprofil!**
Schritt 6:	**Aushang / Bekanntgabe der Stellenausschreibung**
Schritt 7:	**Der Auswahlprozess**

Schritt 1: **Klären Sie zunächst, ob die Stelle intern ausgeschrieben werden muss!**

Die Notwendigkeit einer internen Stellenausschreibung ergibt sich aus evtl. abgeschlossenen Betriebsvereinbarungen.

Schritt 2: **Ermitteln Sie das Anforderungsprofil und erarbeiten Sie die Stellenbeschreibung!**

Meist wird das Anforderungsprofil mit der Personalabteilung abgestimmt und daraus dann die so genannte „Interne Stellenausschreibung" abgeleitet.

Schritt 3: **Identifizieren Sie vorab geeignete Kandidaten!**

Bevor Sie den Prozess der formalen Stellenausschreibung anstoßen, sollten Sie sich einen Überblick darüber verschaffen, wer als potenzielle Kandidaten in Betracht kommt. Dies ist umso einfacher, je kleiner Ihr Unternehmen ist.

- Sprechen Sie mit Ihren Mitarbeitern
- Sprechen Sie mit Kollegen
- Sprechen Sie mit Ihrem Vorgesetzten
- Sprechen Sie mit der Personalabteilung
- Sprechen Sie mit Netzwerkpartnern aus anderen Bereichen

Holen Sie sich so viel wie möglich Informationen über mögliche Kandidaten ein. Überlegen Sie, wer Ihnen selbst schon positiv aufgefallen ist, über wen andere positiv gesprochen haben.

Insbesondere aus den Gesprächen mit der Personalabteilung können Sie frühzeitig erfahren, wer z. B. in einem Förderkreis ist und dem das Potenzial für eine Position mit mehr Verantwortung zugetraut wird. Sie können auch erfahren, wer z. B. mittelfristig freigesetzt wird und wen der Personalbereich gerne in einem anderen Bereich „untergebracht“ hätte.

Wenn es darum geht, im Unternehmen mögliche Kandidaten für eine offene Stelle zu identifizieren, so beschränken Sie sich nicht darauf, nur bei den Stammmitarbeitern zu schauen. Beziehen Sie in Ihre Überlegungen auch folgende Mitarbeitergruppen mit ein:

- Praktikanten
- Werkstudenten
- Diplomanden
- Trainees
- Freie Mitarbeiter
- Befristet beschäftigte Mitarbeiter
- Geringfügig beschäftigte Mitarbeiter (400-Euro-Kräfte)
- Subunternehmer
- Mitarbeiter, die über die Arbeitnehmerüberlassung (Zeitarbeit) im Unternehmen tätig sind
- Mitarbeiter auf ABM-Stellen (Stellen, die über Arbeitsbeschaffungsmaßnahmen finanziert werden)

Durch ihren Einsatz im Unternehmen leisten auch sie eine Arbeitsprobe und bieten Ihnen als Führungskraft eine solide Informationsbasis über das Verhalten in beruflichen Alltagssituationen. Eine mögliche Einarbeitungszeit lässt sich oft deutlich reduzieren, da bereits entsprechendes Vorwissen vorhanden ist.

Schritt 4: **Gehen Sie auf mögliche Kandidaten direkt zu!**

Wenn Sie interessante Kandidaten entdeckt haben, versuchen Sie weitere Informationen über diese in Erfahrung zu bringen. Sprechen Sie mögliche Kandidaten entweder selbst an oder lassen Sie Personen Ihres Vertrauens einfach mal vorfühlen.

Für Sie ist es wichtig zu wissen, ob diese Kandidaten grundsätzlich an einer Veränderung interessiert sind und welche Erwartungen diese mit einem Stellenwechsel verbinden.

Schritt 5: **Überprüfen Sie Ihr Anforderungsprofil!**

Es kann sinnvoll sein, im Zuge dieses Prozesses die Stellenbeschreibung nochmals zu überdenken, ggfs. neue Akzente zu setzen oder die internen Strukturen in Ihrem Bereich zu variieren. Indem Sie in Vorgesprächen mit Ihren Mitarbeitern, aber auch potenziellen Kandidaten das Anforderungsprofil diskutieren, werden sich vielleicht Aspekte ergeben, an die Sie bisher nicht gedacht haben. Die sich daraus ergebenden Anpassungen sollten sich auf jeden Fall innerhalb eines bestimmten Rahmens vollziehen, damit Sie gegenüber Ihrem Vorgesetzten und der Personalabteilung nicht an Glaubwürdigkeit verlieren. Zielsetzung sollte es aber sein für alle Beteiligten, d. h. Ihre bereits vorhandenen Mitarbeiter, den potenziellen neuen Mitarbeiter und für Sie selbst, eine optimale Lösung zu erarbeiten, die dann Grundlage für das Anforderungsprofil und die interne Stellenausschreibung ist.

Schritt 6: **Aushang/Bekanntgabe der Stellenausschreibung**

Erst wenn Sie alle vorbereitenden Schritte abgeschlossen haben, sollten Sie mit dem offiziellen Prozess starten und die vorgesehene Stellenausschreibung aushängen bzw. in das Netz stellen.

Schritt 7: **Der Auswahlprozess**

Die von Ihnen genannten Anforderungskriterien sind die Grundlage für den folgenden Auswahlprozess. Alle internen Kandidaten, die sich auf die Stellenausschreibung bewerben und die Auswahlkriterien erfüllen, sind in den Auswahlprozess einzubeziehen. Es kann Ihnen z. B. passieren, dass sich Kandidaten auf die Position bewerben, die formal die Anforderungen erfüllen, aber aufgrund z. B. ihrer Arbeitseinstellung oder schlechter Leistung bei der bisheriger Tätigkeit nicht in Frage kommen. Dann beginnt das aufwändige Spiel der Argumentation, warum der Mitarbeiter nicht passt. Je nachdem, welche Lobby dieser Kandidat beim Betriebsrat oder in der Personalabteilung hat, umso schwieriger wird es für Sie, Ihren Standpunkt zu behaupten. Wertvolle Zeit kann verloren gehen und Ihre eigentliche Zielsetzung, schnell einen guten neuen Mitarbeiter zu bekommen, rückt in weite Ferne. Auch vor diesem Hintergrund ist es wichtig, die Stellenbeschreibung so zu formulieren, dass alles auf die von Ihnen gewünschte „Lösung“ hinausläuft (vgl. dazu das folgende Praxis-Statement).

Praxis-Statement:
Die Chemie muss stimmen

Der in Schritt 7 unterbreitete Vorschlag, die Stellenbeschreibung ganz auf den gewünschten internen Bewerber auszurichten, mag bedenklich erscheinen, da damit der eigentliche Zweck der internen Stellenausschreibung, dass sich jeder mit gleichen Chancen bewerben könne, nicht mehr gegeben ist.

Natürlich lassen sich für jede Sichtweise der Dinge auch Argumente finden. Im Mittelpunkt der Betrachtung steht Ihr Bestreben, einen Mitarbeiter zu finden, der den gestellten Erwartungen entspricht und Ihr Team wirkungsvoll ergänzt bzw. die Prozess- oder Projektstrukturen sinnvoll unterstützt. Wenn es Ihnen gelungen ist, einen solchen Mitarbeiter innerhalb des Unternehmens zu identifizieren und er sieht für sich in der neuen Stelle eine sinnvolle Weiterentwicklungsmöglichkeit, warumsollte man Sie beide nicht zusammenkommen lassen? Wie in allen Lebensbereichen bestimmen durchaus auch subjektive Kriterien unsere Entscheidungsprozesse mit. Der Versuch, im Bereich der Stellenbesetzung diese komplett ausklammern zu wollen, ist illusorisch. Es liegt auch in Ihrem eigenen Interesse, den am besten geeigneten Kandidaten auszuwählen. Aber über die Definition „am besten geeignet" gibt es in den Unternehmen sehr unterschiedliche Sichtweisen. Sie und Ihr Team müssen mit dem neuen Mitarbeiter klarkommen und da spielt z. B. die Chemie auch eine wichtige Rolle.

Gerade im öffentlichen Dienst ist sehr häufig der Kandidat inoffiziell schon ausgewählt, bevor die eigentliche Ausschreibung gelaufen ist. Bei vielen Positionen spielen hier parteipolitische Überlegungen noch eine Rolle, die aber formal in der Ausschreibung nicht als Auswahlkriterien genannt werden.

Nennen Sie es Beziehungen, Vitamin B oder die Tatsache, dass einfach die Chemie zwischen zwei Menschen stimmt. Das ist die Realität, vor der wir unsere Augen nicht verschließen sollten.

Noch schwieriger kann es werden, wenn Sie eine Stelle mit einem externen Kandidaten besetzen möchten, wenn gleichzeitig interne Bewerbungen vorliegen. Es hängt sehr stark von der wirtschaftlichen Lage Ihres Unternehmens, Ihrem persönlichen Einfluss und den sonstigen Rahmenbedingungen ab, ob Sie eine Chance haben, die beteiligten Parteien wie Personalabteilung oder Betriebsrat davon zu überzeugen, dass der externe Kandidat vorzuziehen ist. Vermeiden Sie in Ihrer Argumentation auf jeden Fall Pauschalaussagen wie „zu alt", „zu unbeweglich" oder „passt nicht ins Team". Auch wenn dies die wahren Gründe für Sie sein mögen, sollten Sie versuchen, Argumente zu finden, die sich konkret an Ihrem Anforderungsprofil orientieren. Hier zeigt sich wieder, wie sorgfältig Sie Ihre Hausaufgaben im Vorfeld erledigt haben.

Merkblatt 3
Grundsätze bei der Auswahl interner Bewerber

✔

(1) **Vergessen Sie bei allen subjektiven Faktoren nicht die harten Fakten!** ❒
Eine Sekretärin, die nur gut aussieht und sympathisch ist, aber nicht mit dem PC umgehen kann, nützt Ihnen wenig. Eine Kaufmann ohne technische Kenntnisse wird sich im technischen Projektverkauf recht schwer tun, auch wenn er gut ist im Erstellen von Angeboten. D. h. manipulieren Sie nicht an Ihren Muss-Anforderungen.

(2) **Bleiben Sie fair!** ❒
Dies gilt sowohl gegenüber Ihren bisherigen Mitarbeitern als auch gegenüber dem Vorgesetzten Ihres Wunschkandidaten.
Wenn einer Ihrer Mitarbeiter das Gefühl hat, wegen „des Neuen" auf ein Abstellgleis abgeschoben zu werden und nur noch die ungeliebten Arbeiten machen zu dürfen, wird dies Ihrem Betriebsklima nicht gut tun. Auch der Umgang mit dem bisherigen Chef Ihres Wunschkandidaten beinhaltet Zündstoff in sich. Versuchen Sie, sich mit ihm über einen möglichen Wechsel zu einigen. Seien Sie kompromissbereit, wenn es um den Zeitpunkt des Wechsels geht. In vielen Unternehmen gibt es hierzu ganz klare Regelungen, innerhalb welches Zeitrahmens der bisherige Bereich den Mitarbeiter gehen lassen muss. Berücksichtigen Sie die unterschiedlichen Bedürfnisse, schließlich wollen Sie mit Ihrem Kollegen ja auch in der Zukunft noch zusammenarbeiten. Versuchen Sie eine Lösung zu finden, mit der beide Bereiche leben können.

(3) **Bauen Sie Ihre Meinung nicht auf Vorurteilen auf!** ❒
Die Mitarbeiterin mit zwei Kindern muss nicht die höchsten Fehlzeiten haben. Der Mitarbeiter, der über 50 ist, kann durchaus ein Leistungsträger sein und mit viel Power seine Aufgaben bewältigen. Vielleicht fühlt sich ein Mitarbeiter auf seinem bisherigen Arbeitsplatz und dem damit verbundenen Umfeld einfach nicht wohl und bringt deshalb nicht seine volle Leistung. Verifizieren Sie Einschätzungen über andere Mitarbeiter, indem Sie aus unterschiedlichen Quellen Informationen beziehen.

(4) **Sprechen Sie mit allen Bewerbern!** ❒
Es macht auf jeden Fall Sinn, mit allen Kandidaten, die sich auf Ihre Stellenausschreibung beworben haben, auch zu sprechen. Vielleicht ist darunter jemand, der optimal passt, von dessen Existenz Sie bisher nur nichts wussten. Auch wenn Sie einen Kandidaten nicht möchten, können Sie seine nicht vorhandene Passgenauigkeit nur belegen, wenn Sie sich die Mühe gemacht haben, sich mit ihm und seiner Qualifikation zu beschäftigen.

2.3 Kontakte und Networking

Kontakte sind das halbe Leben. Das gilt im privaten wie im beruflichen Bereich. Was machen Sie, wenn Sie in eine neue Stadt ziehen und einen Zahnarzt suchen? Gehen Sie zum „Nächstbesten“ oder über das Branchenbuch? In der Regel eher nein, denn Zahnärzte sind Vertrauenssache. Sie werden also bei Bekannten oder Kollegen nachfragen, wen diese empfehlen können. Sie suchen einen seriösen Versicherungsagenten und Anlageberater? Sie suchen eine guten Handwerker? Sie suchen eine zuverlässige, ehrliche Putzfrau für zu Hause? Immer werden Sie sich umhören, um in Kontakt mit Personen zu kommen, denen Sie nicht langwierig auf den Zahn fühlen müssen, sondern mit denen andere schon positive Erfahrungen gemacht haben.

Nicht anders läuft es bei der Suche nach guten Mitarbeitern. Wer über eine Empfehlung kommt, hat einen Vertrauensvorschuss. Er hat aufgrund seines Verhaltens und seiner Persönlichkeit den Empfehlenden bereits von sich überzeugen können. Davon wollen Sie profitieren.

Natürlich können Sie versuchen, rein zufällig einen solchen Kontakt zu finden. Besser und effizienter geht es, wenn Sie ganz bewusst „networken“.

2.3.1 So gehen Sie vor

Die durchzuführenden Schritte, um über Kontakte den passenden Mitarbeiter zu finden, sind:

Schritt 1:	**Mögliche Kandidaten und Personen Ihres Kontaktnetzwerks identifizieren** Erstellen Sie sich eine Liste, auf der alle Leute aufgeführt sind, die entweder selbst als Kandidat oder als Empfehlende in Frage kommen.
Schritt 2:	**Erstellung einer ABC-Analyse** Machen Sie eine ABC-Analyse, mit welcher Wahrscheinlichkeit die genannten Personen Ihnen bei der Suche nach dem benötigten Mitarbeiter weiterhelfen können.
Schritt 3:	**Anforderungsprofil der Stelle beschreiben** Formulieren Sie das Anforderungsprofil kurz und prägnant.
Schritt 4:	**Ansprache der Kontakte** Sprechen Sie die genannten Personen an, wobei Sie schwerpunktmäßig auf die Personen aus Gruppe A und B und dann ggfs. C zugehen.
Schritt 5:	**Nachfrage** Fragen Sie nach einigen Tagen nochmals nach. Bedanken Sie sich für die Unterstützung, egal, ob sich daraus ein konkreter Ansatzpunkt ergibt oder nicht.
Schritt 6:	**Unterstützung anbieten** Bieten Sie an, dass auch Sie gerne behilflich sind, wenn diese Person Unterstützung braucht.

Lassen Sie uns etwas näher auf die einzelnen Phasen eingehen, wobei der Schwerpunkt bei Schritt 1 liegen wird, da hier erfahrungsgemäß die größten Hemmschwellen zu überwinden sind.

Schritt 1: Mögliche Kandidaten und Personen Ihres Kontaktnetzwerks identifizieren

„Ich kenne niemand, der mir da weiterhelfen könnte." War das auch Ihre spontane Reaktion? Dann werden wir mal versuchen, mit der in Abbildung 4 dargestellten Mindmap Ihrer Phantasie etwas auf die Sprünge zu helfen.

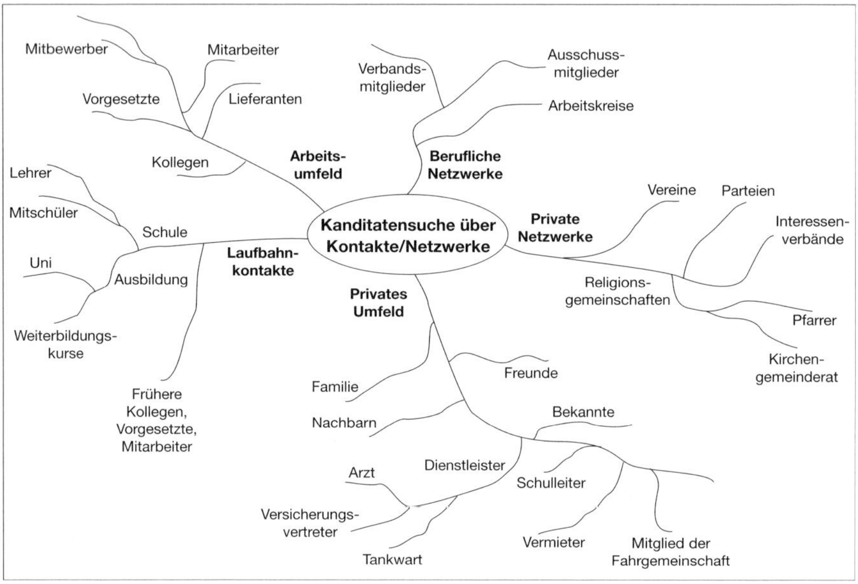

Abb. 4: Mindmap

Hat Sie die Abbildung auf neue Ideen gebracht?

Hier noch ein paar Anmerkungen zu einzelnen Punkten:

Nahe liegend ist zunächst einmal, im eigenen **beruflichen Umfeld** zu beginnen. Besonders Ihre **Mitarbeiter** sind dazu prädestiniert, mögliche Kandidaten zu kennen, sei es aus deren Laufbahnkontakte wie Ausbildung oder Studium oder deren privatem Umfeld. Soziologen sagen, dass die Wahrscheinlichkeit der Passgenauigkeit über diesen Weg sehr groß ist, nach dem Motto: Gleich und gleich gesellt sich gern. Ihre Mitarbeiter und die Menschen aus deren sozialem Umfeld haben meist ähnliche Wertvorstellungen und Denkmuster. Soll heißen: Wenn sich Ihr Mitarbeiter im Unternehmen wohl fühlt und sich mit den Unternehmenswerten identifizieren kann, ist die Wahrscheinlichkeit sehr groß, dass die Menschen aus seinem sozialen Umfeld sich ebenfalls dort wohl fühlen werden. Ferner haben Kandidaten, die von Ihren Mitarbeitern angesprochen werden, eine wesentlich bessere Informationsbasis. Sie kennen das Unternehmen nicht nur aus Hochglanzbroschüren, sondern aus den Erzählungen ihrer ehemaligen Kommilitonen oder Freunde. Da kommen auch schon mal die weniger schönen Dinge zur Sprache. Wer sich dennoch für das Unternehmen interessiert, muss mit weniger Enttäuschungen rechnen. Zahlreiche Unternehmen sind schon dazu übergegangen, ihren Mitarbeitern so genannte **„Kopfgeldprämien“** zu bezahlen, wenn diese Kontakte herstellen, die zu einer Einstellung führen. Dies ist meiner Meinung nach eine der besten und preiswertesten Möglichkeiten, um an gute Leute zu kommen. Mitarbeiter setzen in der Regel die Hürde sehr hoch, bevor sie jemanden empfehlen. Schließlich müssen sie damit rechnen, dass es im Falle des Misserfolges heißt: „Na, der Müller, was hat der uns denn für einen gebracht“ und damit das eigene Image verschlechtern.

Prämien in der Größenordnung € 500.– bis € 3.000.– sind dabei durchaus üblich.

Besonders delikat ist die Suche bei Ihren **Mitbewerbern** im Markt. Hatten Sie nicht schon lange den Key-Accounter bei Ihrem Konkurrenten im Visier, der Ihnen im letzten Jahr dicke Aufträge wegschnappte? Wenn Sie darüber nachdenken, bei der Konkurrenz „anzubaggern“, so sollten Sie dies niemals direkt tun, sondern hierzu die Dienste eines Beraters in Anspruch nehmen (vgl. hierzu Kapitel 2.4). Neben den rechtlichen Risiken trägt eine direkte Ansprache sicherlich nicht zu einem akzeptablen Klima zwischen den Unternehmen bei.

Sie haben in der Mindmap die Suche bei Ihren **Kunden** vermisst? Diese haben wir ganz bewusst nicht aufgenommen, da eine derartige Vorgehensweise mehr Nachteile als Vorteile mit sich bringt. Springt der Mitarbeiter auf Ihr Angebot an und verlässt ihren Kunden, kann dies zu massiven Spannungen im Kunden-Lieferanten-Verhältnis führen, mit der Gefahr, dass Sie Ihre Aufträge verlieren.

Aktivieren Sie besonders Ihre **beruflichen Netzwerke**. Sprechen Sie mit Menschen, die in der „Szene“ sind und damit wiederum über gute Kontakte verfügen und aktuelle Informationen darüber besitzen, welche Unternehmen z. B. wirtschaftliche Probleme haben. Dort wird seitens der Mitarbeiter eine hohe Wechselbereitschaft oder sogar Notwendigkeit vorhanden sein.

Erinnern Sie sich an Menschen, mit denen Sie einen Teil ihres Werdegangs gemeinsam durchlaufen haben, so genannte **Laufbahnkontakte**. Diese Kontakte sind häufig besonders vertrauensvoll, auch wenn man sich über Jahre nicht mehr gesehen hat. Man denkt an gemeinsame Erlebnisse, schwelgt in Erinnerungen und findet auch nach längerer „Sendepause“ schnell wieder den richtigen Ton. Diese „old boys networks“ funktionieren exzellent. In den USA sind die so genannten Alumni-Organisationen, ein Zusammenschluss von Absolventen einer Hochschule, fest etabliert. Die Verbundenheit mit der eigenen Uni, aber auch die Kontakte untereinander werden dort intensiv gepflegt und genutzt, nicht zuletzt, um geeignete Mitarbeiter zu finden.

Aber auch das private Umfeld und private Netzwerke können hilfreiche Ansatzpunkte darstellen. Überlegen Sie, wer aus Ihrem privaten Umfeld in Betracht kommt. Dies hängt sicherlich sehr stark von der zu besetzenden Position ab.

Sprechen Sie vor allem mit Menschen, die aufgrund ihrer Tätigkeit viele Kontakte pflegen. Wenn Sie eine Sachbearbeiterin für allgemeine Büroarbeiten suchen, mag Ihr Friseur durchaus eine gute Adresse sein. Die Wahrscheinlichkeit, dass er einen IT-Spezialisten mit objektorientierten Programmierkenntnissen kennt und Ihnen empfehlen kann, ist dagegen eher gering.

Hätten Sie gedacht, dass Ihr Pfarrer ein möglicher Ansprechpartner sein könnte? Hierzu zum Abschluss dieses Abschnittes nochmals eine kleine Episode aus der Praxis.

> Einer meiner Coaching-Teilnehmer, der gerade sein Studium im Bereich Verfahrenstechnik mit dem Schwerpunkt Umwelttechnik abgeschlossen hatte, war bei der Silberhochzeitsfeier seiner Eltern. Der Pfarrer, der auch eingeladen war und die Eltern schon getraut und ihn konfirmiert hatte, fragte, wie es ihm denn so ginge. Der junge Mann berichtete von seinem Studium und den Problemen, nun eine geeignete Stelle zu finden. Da überlegte der Pfarrer und sagte, dass in seinem Kirchengemeinderat doch ein Mitglied sei, der in diesem Bereich tätig wäre und Mitarbeiter suchen würde. Kurz und gut, so fand der junge Verfahrenstechniker seinen ersten Job. Sie sagen, was für ein Zufall? Ja, aber wenn Sie konsequent die Chance, über Kontakte neue Mitarbeiter zu finden, nutzen, werden diese „Zufälle" nicht die Ausnahme, sondern die Regel werden.

Schritt 2: **Erstellung einer ABC-Analyse**

Wenn Sie nun eine bunte Liste an möglichen Kontakten haben, geht es darum, eine gewisse Struktur einzuführen. Um Ihren Aufwand möglichst gering zu halten, empfiehlt sich die so genannte ABC-Analyse. Mit ihr definieren Sie, mit welcher Wahrscheinlichkeit ein Kontakt bei der Mitarbeitersuche hilfreich sein könnte.

Gruppe A = Personen, die selbst potenzielle Kandidaten, sind

Gruppe B = Personen, die wahrscheinlich entsprechende Kandidaten kennen, die in Frage kommen

Gruppe C = Personen, die vielleicht entsprechende Kandidaten oder zumindest Menschen kennen, die wiederum entsprechende Kandidaten kennen.

In der Regel werden Sie aus der Gruppe des Arbeitsumfelds und der Laufbahnkontakte die meisten A-Personen identifizieren. In der B-Gruppe werden Sie zahlreiche Personen aus ihrem beruflichen Netzwerk finden. Je nach Position, die zu besetzen ist, können aber auch im privaten Netzwerk oder im privaten Umfeld B-Personen anzutreffen sein.

In der C-Gruppe sind alle restlichen Kontakte anzutreffen, da potenziell jede Ihrer Kontaktpersonen jemanden kennen kann, der als Kandidat in Betracht kommt.

Schritt 3: Anforderungsprofil der Stelle beschreiben

Überlegen Sie sich im Vorfeld der Ansprache, wie Sie das Anforderungsprofil kurz und prägnant beschreiben können. Hier gilt auch die Regel: So wenig wie möglich, so viel wie nötig. Fokussieren Sie die Mussanforderungen. Besonders wenn Sie über einen Dritten gehen, sollten die Mussanforderungen klar herausgearbeitet sein, damit im Zuge des Kommunikationsprozesses hier keine Fehlinformationen weitergegeben werden. Sie kennen alle das Spiel „Stille Post" aus Ihrer Jugend, bei dem beim letzten Teilnehmer etwas ganz anderes ankommt als das, was der Erste gesagt hat.

Schritt 4: Ansprache der Kontakte

Zweifelsohne ist es am leichtesten Ihr Kontakt kommt selbst für die vakante Position in Betracht, da dies den Weg mit dem geringsten Aufwand darstellt. Überlegen Sie sich im Vorfeld, ob Sie diese Person direkt ansprechen wollen, oder einen Dritten dazwischenschalten.

Die direkte Ansprache bietet die folgenden Vorteile:

- Klare Botschaft
- Keine Missverständnisse durch Dritte
- Kein Zeitverzug
- Nutzen des persönlichen Kontaktes
- Vermittlung des Gefühls der Wertschätzung beim Angesprochenen

Für die Einschaltung eines Dritten spricht:

- Ihr Kontakt hat Reaktions- und Bedenkzeit
- Es wird kein Druck aufgebaut
- Höhere Diskretion, da zunächst grundsätzliches Interesse erfragt werden kann
- Anonymität kann bis zu einem gewissen Zeitpunkt gewahrt werden

Es ist also im Einzelfall zu prüfen, welche Vorgehensweise sinnvoll ist.

Geben Sie Ihrem Kontakt die Möglichkeit, sich selbst, aber auch eine andere Person, die aus seiner Sicht für die Stelle in Betracht kommt, ins Gespräch zu bringen. Wenn Sie sich nicht sicher sind, ob die vakante Position für Ihren Kontakt selbst überhaupt attraktiv ist (z. B. Vergütungsrahmen, Status, Verantwortungsbereich), sollten Sie immer zunächst eine neutrale Formulierung wählen: „Kennen Sie jemanden, der für diese Position in Betracht kommt?". So gehen im Übrigen auch die meisten Headhunter vor, wenn Sie Kandidaten ansprechen.

Als Rahmen sollten Sie immer eine Gelegenheit wählen, in der Sie unter vier Augen in Ruhe mit Ihrem Kontakt sprechen können. Rufen Sie nicht im Büro an, sondern versuchen Sie einen Kontakt am Abend. Wenn Sie einen Dritten einschalten, so sollte dieser genau gebrieft werden, wann er die Person am besten erreichen kann und welche Informationen er preisgeben soll.

SCHRITT 5: **Nachfrage**

Fragen Sie nach einigen Tagen nochmals nach, sofern sich Ihr Kontakt nicht mehr bei Ihnen gemeldet hat. Vielleicht hat er im Tagestrubel noch keine Zeit gehabt, über Ihre Frage nachzudenken? Ihr neuerlicher Anruf wird ihn nochmals erinnern. Egal, ob Sie über den Kontakt weiter kommen oder nicht, beachten Sie die folgende Regel: Bedanken Sie sich bei ihm für seine Mühe. Nur indem Sie Wertschätzung und Anerkennung zum Ausdruck bringen, werden Sie auch in der Zukunft eine Chance haben, die Unterstützung Ihrer Kontaktperson zu bekommen. Und noch eins: Pflegen Sie Ihre Kontakte, d. h. gehen Sie nicht nur auf sie zu, wenn Sie etwas von ihnen wollen.

SCHRITT 6: **Unterstützung anbieten**

Kontakte und Netzwerke sind ein ständiges Geben und Nehmen. Bieten Sie Ihrer Kontaktperson an, dass sie im Bedarfsfall sich auch gerne an Sie wenden darf. Damit bauen Sie der Gefahr vor, dass sich der andere von Ihnen nur gebraucht oder, noch schlimmer, missbraucht fühlt.

2.4 Personalberater und Headhunter

Sie sind gut gekleidet, ihr Kapital sind ihre Kontakte, Hotellobbys ihr zweiter Arbeitsplatz und sie schreiben sich zu, das richtige Händchen und Fingerspitzengefühl für Menschen zu haben. Die Rede ist von Personalberatern und Headhuntern.

Als professionelle oder, sollten wir teilweise besser nur sagen, als kommerzielle Dienstleister der Personalbeschaffungsszene ist es ihr Job, für Sie den richtigen Mitarbeiter zu finden. Der Markt ist intransparent, jeder kann sich zunächst einmal Personalberater nennen. Und so tummelt sich viel vom routinierten Profi über den geschassten Manager, der nicht arbeitslos sein will, den wendigen Verkäufer ohne Erfahrung im Personalgeschäft bis hin zum Schaumschläger, der nur einen schnellen Euro verdienen will auf diesem Marktplatz. Es ist also Vorsicht geboten, an wen Sie sich wenden, um einen geeigneten Mitarbeiter zu finden.

2.4.1 Personalberater: Wer sie sind und was sie leisten

Lassen Sie uns zunächst einmal etwas zur begrifflichen Klarheit beitragen.

Die Personalberatung ist ein Oberbegriff für alle Leistungen, die von einem Externen erbracht werden und mit Personalfragen zu tun haben.

Am häufigsten kommt der Personalberater im Zusammenhang mit der Personalrekrutierung zum Einsatz. Er wird in der Regel nur bei der Besetzung von gehobenen Fach- und Führungspositionen tätig. Dies hat zunächst einen historischen Ursprung, galt doch bis 1994 das Vermittlungsmonopol der Bundesanstalt für Arbeit, das nur die Vermittlung von Führungskräften durch Private zuließ. Heute ist diese Reglementierung nicht mehr vorhanden, dennoch konzentrieren sich die klassischen Personalberater schwerpunktmäßig auf die Zielgruppe der Fach- und Führungskräfte mit einem Jahreseinkommen von über € 60.000,–. Dies nicht zuletzt, weil sich das Honorar der Personalberater am Jahreseinkommen der Kandidaten orientiert und damit „große Fische“ wesentlich lukrativer sind als der einfache Sachbearbeiter. Der klassische Personalberater geht in der Regel anzeigengestützt vor, d. h. er schaltet Suchanzeigen in den unterschiedlichen Medien, sichtet die eingehenden Bewerbungen, führt die ersten Kontaktgespräche mit den Kandidaten und präsentiert dem Auftraggeber in der Regel drei, maximal fünf Kandidaten.

Vom Headhunter oder Direct Searcher spricht man, wenn der Personalberater sich auf die Direktansprache von Kandidaten spezialisiert hat. Diese Untergruppe der Berater ist in der Regel nicht auf dem offenen Markt tätig, er schaltet also in der Regel keine Stellenanzeigen in Zeitungen. Seine Mitarbeiter, die so genannten Researcher, spüren interessante Kandidaten direkt auf, um diese dann anzusprechen und für einen Jobwechsel zu begeistern. Teilweise verfügen Headhunter in ihren Datenbanken über umfangreiche Einträge potenzieller Kandidaten, auf die sie im Bedarfsfall zurückgreifen können.

Abbildung 5 bietet eine Auflistung der führenden Personalberater auf dem deutschen Markt:

Top-Personalberatungsunternehmen in Deutschland

Unternehmen	Umsatz in Mio. €
Kienbaum Executive Consultants GmbH	42,2
Heidrick & Struggles Consultants in Executive Search	40,0
Egon Zehnder International GmbH	35,6
Baumann Unternehmensberatung AG	29,8
Korn/Ferry International GmbH	18,0
Deininger Unternehmensberatung GmbH	16,4
Russell Reynolds Associates, Inc.	12,1
Steinbach & Partner GmbH	10,4
Signium International	10,1
Gemini Executive Search GmbH	10,0
Mercuri Urval GmbH	9,7
ifp Institut für Personal- und Unternehmensberatung	9,5
Boyden International GmbH	9,0
Dr. Heimeier & Partner GmbH	8,1
IIC Partners Executive Search Worldwide	7,6
CIVITAS International Management Consultants GmbH	7,2

Folgende Unternehmen haben keine Umsatzangabe abgegeben:

- Ray & Berndtson Unternehmensberatung GmbH
- Hudson Highland Group Inc., vormals TMP Wordwide Inc.
- Delta Management Consultants GmbH
- Spencer Stuart & Associates GmbH
- Roland Berger Executive Resources

Abb. 5: Top-Personalberatungsunternehmen in Deutschland (Jahr 2002)
Quelle: Bundesverband Deutscher Unternehmensberater BDU e. V.

2.4.2 Wie werden Personalberater honoriert?

Die Höhe des Honorars beträgt rund 30 % des zukünftigen Jahreseinkommens des platzierten Kandidaten. Besonders die großen Beratungen haben Honoraruntergrenzen. Im Zuge des steigenden Wettbewerbs sind viele Berater aber auch zu individuellen Vereinbarungen bereit. Teilweise wird die Dienstleistung auch schon rein erfolgsabhängig angeboten, d. h. Sie als Auftraggeber zahlen erst, wenn einer der Kandidaten einen Arbeitsvertrag mit Ihnen unterschrieben hat.

Als gängige Honorargestaltung hat sich die Drittelregelung etabliert:

- ⅓ des Honorars bei Auftragserteilung
- ⅓ des Honorars bei Vorstellung der Kandidaten
- ⅓ des Honorars bei Vertragsabschluss mit dem Kandidaten

Dies bedeutet, dass ⅔ des Honorars bereits fällig werden, ohne dass Sie einen Kandidaten unter Vertrag genommen haben.

Tipp

In Ihrem Interesse als Auftraggeber sollte es liegen, dass Sie eine rein erfolgsabhängige Vergütungsregelung aushandeln.

2.4.3 Wie gehen Personalberater vor?

Hier stehen zwei Vorgehensweisen zur Wahl: die anzeigengestützte Suche und die Direktansprache.

a) Die anzeigengestützte Suche

Die anzeigengestützte Suche des Beraters bietet sich immer dann an, wenn keine spezielle Branchenerfahrung gefragt ist und ein breiter Personenkreis angesprochen werden kann. Auch Nachwuchsführungskräfte sind über die Anzeige leicht anzusprechen.

b) Die Direktansprache

Die Direktansprache durch den Headhunter ist dann empfehlenswert, wenn es sich um eine sehr exponierte Position handelt (Vorstand, Geschäftsführer). Wenn Sie in einem Unternehmen arbeiten, dessen Bekanntheitsgrad gering ist, oder das mit einem negativen Image in der Öffentlichkeit zu kämpfen hat, wird es Ihnen anzeigengestützt schwer fallen, Kandidaten zu einer Bewerbung zu motivieren. Die Direktansprache durch den Headhunter kann hier erste Hürden überwinden helfen. Die Unterstützung seitens des Headhunters ist dann besonders interessant, wenn Sie so lange wie möglich versuchen müssen, die Suche geheim zu halten. Oftmals lässt die anzeigengestützte Suche Rückschlüsse auf Ihr Unternehmen zu, auch wenn der Name selbst nicht genannt wird.

2.4.4 Wann ist der Einsatz eines Personalberaters sinnvoll?

Für die Entscheidung, ob Sie einen Personalberater einschalten wollen, kann Ihnen das folgende Merkblatt 4 helfen.

Merkblatt 4
Wann ist der Einsatz eines Personalberaters sinnvoll?

✔

Die Einschaltung eines Personalberaters oder Headhunters kann sinnvoll sein, wenn Sie

(1) keine firmeninternen Personalressourcen zur Verfügung haben, oder diese anderweitig gebunden sind (eigene Zeit- und Kapazitäten sparen). ❐

(2) externe Expertise mit nutzen wollen, um eine fundiertere Auswahlentscheidung zu erlangen (Vier-Augen-Prinzip). ❐

(3) Auswahlinstrumente zum Einsatz kommen lassen wollen, die Sie firmenintern nicht verfügbar haben (z. B. Assessment Center). ❐

(4) eine Position zu besetzen haben, für die Sie auf dem freien Markt mit großer Wahrscheinlichkeit keine Kandidaten finden werden (Spezialwissen, spezifische Branchenerfahrung). ❐

(5) im Rahmen des Rekrutierungsprozesses nicht nach außen hin auftreten wollen (z. B. Wettbewerbsgesichtspunkte, keine Hinweise für die Konkurrenz, derzeitiger Stelleninhaber weiß noch nicht, dass ein Nachfolger für ihn gesucht wird). ❐

(6) im Ausland rekrutieren wollen (Neugründung einer Niederlassung, fehlendes Wissen über den dortigen Arbeitsmarkt). ❐

2.4.5 Auswahl eines Personalberaters

Große Namen stellen für Sie als Auftraggeber noch keine Garantie dar, dass Sie auch tatsächlich die Dienstleistungsqualität erhalten, die Sie sich vorgestellt haben. Wie finden Sie nun den passenden Personalberater? Sicherlich ist eine persönliche Empfehlung eine gute Ausgangsbasis. Personalberater leben von Mund-zu-Mund-Propaganda. Was aber tun, wenn Sie über diesen Weg nicht weiterkommen? Die Checkliste 4 soll Ihnen dabei helfen, den richtigen Berater für Sie zu finden:

Checkliste 4
Auswahl eines Personalberaters

		ja	nein
(1)	Verfügt der Berater nachweislich über spezifische Erfahrung (Branche, Funktionsbereiche, Region) für die betreffende Stellenbesetzung?	❐	❐
(2)	Wird Ihnen vor Vertragsabschluss der für Ihr Projekt zuständige Berater vorgestellt oder ist nur ein Vertriebsprofi Ihr Ansprechpartner, der dann aber das Projekt gar nicht selbst betreut?	❐	❐
(3)	Ist Ihnen die Methodik, wie der Berater vorgeht, bekannt?	❐	❐
(4)	Nennt der Berater Referenzen, die bereit sind, über seine Arbeit Auskunft zu geben?	❐	❐
(5)	Gibt der Berater Ihnen einen klaren Zeitrahmen, innerhalb dessen er Ihnen Kandidaten präsentieren wird?	❐	❐
(6)	Hat der Berater eine transparente Honorarregelung, aus der auch anfallende Zusatzkosten wie z. B. Anzeigenkosten, Reisekosten klar erkennbar sind?	❐	❐
(7)	Macht der Berater auf Sie einen seriösen, vertrauenswürdigen Eindruck? (Hier sollten Sie Ihr Bauchgefühl sprechen lassen.)	❐	❐
(8)	Ist der Berater bereit, ein erstes kostenloses Kontaktgespräch zu führen?	❐	❐
(9)	Verfügt der Berater über eine Datenbank an interessanten Kandidaten?	❐	❐
(10)	Bietet Ihnen der Berater unterschiedliche Dienstleistungsniveaus an (nur Briefkastenfunktion, kompletter Such- und Auswahlprozess, Zusatztools wie z. B. bestimmte Auswahlinstrumente)?	❐	❐
(11)	Bietet der Berater an, im Falle der Kündigung des Kandidaten während der Probezeit eine Neusuche zu starten, ohne diese zu berechnen?	❐	❐
(12)	Steht der Berater auch während er Probezeit des neuen Arbeitsverhältnisses beratend zur Seite?	❐	❐

2.4.6 So gehen Sie vor: Mitarbeitersuche über einen Personalberater

Wenn Sie sich für die Einschaltung eines Personalberaters (Merkblatt 4) entscheiden, sollten Sie auf einen klar definierten Projektablauf achten.

Schritt 1:	**Ausführliches Briefing des Beraters im Hinblick auf die zu besetzende Stelle**
Schritt 2:	**Klare Abstimmung der Suchwege**
Schritt 3:	**Präsentation der Kandidaten**
Schritt 4:	**Auswahlphase**
Schritt 5:	**Vertragsabschluss und Einarbeitung**

Schritt 1: **Ausführliches Briefing des Beraters im Hinblick auf die zu besetzende Stelle**

Liefern Sie dem Berater alle notwendigen Informationen, die die Stelle und damit das Anforderungsprofil an den Kandidaten betreffen.

- Aufgabenspektrum
- Kompetenzen
- Einbindung in die Unternehmensstruktur
- Gehaltsrahmen
- Perspektiven

Ergebnis dieses Schrittes sollte sein, dass der Berater eine Positionsbeschreibung sowie ein Anforderungsprofil erstellt, das Sie als Auftraggeber nochmals prüfen und ggfs. korrigieren können.

Gibt es in diesem ersten Schritt bereits Kommunikationsfehler, indem beim Berater ein falsches Bild der Position entsteht, laufen Sie Gefahr, dass der gesamte Rekrutierungsprozess zum Scheitern verurteilt ist.

Tipp

Nehmen Sie sich für das Briefing mit dem Berater ausreichend Zeit. Bieten Sie dem Berater ggfs. an, mit Kollegen oder Mitarbeitern direkt zu sprechen, damit er sein Bild der Position abrunden kann.

Schritt 2: **Klare Abstimmung der Suchwege**

Arbeitet der Berater anzeigengestützt, ist es üblich, dass Sie als Kunde die Insertionskosten zusätzlich übernehmen. Wichtig ist, ob Ihr Unternehmen dabei in Erscheinung treten soll oder nicht.

Wird die Direktansprache gewählt, sollten Sie dem Berater Informationen über potenzielle Kandidaten zur Verfügung stellen.

Tipp

Sofern Sie konkrete Kandidaten z. B. aus Mitbewerberunternehmen nennen, sollten Sie versuchen, bei der Honorarregelung eine auf Zeitaufwand (Stunden- oder Tagessätze) bezogene Vereinbarung zu schließen. Es ist aus Ihrer Sicht des Auftraggebers nicht einzusehen, dass Sie 30 % des Jahresgehaltes als Honorar bezahlen, wenn der Arbeitsaufwand des Beraters nur darin besteht, den bereits von Ihnen genannten Kandidaten zu kontaktieren.

Schritt 3: **Präsentation der Kandidaten**

Zunächst sollte Ihnen der Berater die aus seiner Sicht geeigneten Kandidaten in Form von Profilen präsentieren. Diese Profile stellen eine komprimierte Form aller entscheidungsrelevantern Informationen eines Kandidaten dar. Formblatt 2 zeigt ein Beispiel für ein solches Kandidatenprofil.

Formblatt 2
Kandidatenprofil

<table>
<tr><td>Alter:</td><td>36 Jahre</td></tr>
<tr><td>Familienstand:</td><td>verheiratet, 2 Kinder</td></tr>
<tr><td>Nationalität:</td><td>Deutsch</td></tr>
<tr><td>Abschluss:</td><td>Diplom-Betriebswirt (FH)</td></tr>
<tr><td colspan="2">Erfahrungsspektrum:
► 5 Jahre Back-Office-Funktion im Vertriebsbereich eines Investitionsgüterherstellers
► Einführung SAP/R3
► 3 Jahre Kundendienstmitarbeiter in Serviceorganisation
► Auslandserfahrung in den USA
► 2 Jahre Sachbearbeiter Rechnungswesen</td></tr>
<tr><td colspan="2">Zusatzqualifikationen:
► sehr gute PC-Anwenderkenntnisse (Office-Paket)
► Englisch verhandlungssicher</td></tr>
<tr><td colspan="2">Persönlicher Eindruck:
► gepflegte Erscheinung, sicheres Auftreten
► gutes sprachliches Ausdrucksvermögen</td></tr>
<tr><td>Ist-Gehalt:</td><td>€ 3.800,–</td></tr>
</table>

Danach sollten Sie die Entscheidung treffen, welche Kandidaten Sie persönlich kennen lernen wollen. Viele Berater legen Wert darauf, dass sie bei den Gesprächen selbst mit anwesend sind.

Tipp

Erfahrungsgemäß ist es vorteilhafter, wenn Sie mit dem Kandidaten allein sprechen können und nicht der Berater versucht, das Gespräch in eine bestimmte Richtung zu lenken. Schließlich müssen Sie auch später mit dem Kandidaten allein klarkommen und können sich nicht der Moderation des Beraters bedienen.

Schritt 4: **Auswahlphase**

Der Berater kann Ihnen sicherlich Empfehlungen aussprechen, die endgültige Auswahlentscheidung sollten Sie jedoch immer selbst treffen. Lassen Sie sich auch keinen Kandidaten durch den Berater „schönreden“. Wenn Sie Bedenken und Zweifel haben, ist es sinnvoll, auch ein zweites oder drittes Gespräch zu führen und dabei firmeninterne Kollegen mit ins Boot zu nehmen. Gegebenenfalls kann der Berater auch gebeten werden, Referenzen des Kandidaten noch einzuholen, um die Entscheidungssicherheit zu erhöhen. Bleiben die Zweifel, sollte die Antwort eher „nein“ heißen.

Schritt 5: **Vertragsabschluss und Einarbeitung**

Stellen Sie sicher, dass der Berater auch nach Vertragsabschluss noch zur Verfügung steht, sollte es in der Einarbeitungsphase zu Schwierigkeiten kommen. Verdichten sich die Probleme und kommt es zu einer Kündigung während der Probezeit, sollte der Berater den Rekrutierungsprozess nochmals neu starten, wobei die Kosten hierfür über das bereits erhaltene Honorar abgedeckt sein sollten.

2.5 Personaldienstleister

Man verbindet sie mit den Begriffen Zeitarbeit oder Arbeitnehmerüberlassung. Moderne Sklavenhändler werden sie bisweilen verachtend genannt. Viele schwarze Schafe führen dazu, dass die Dienstleistung in eine Schmuddelecke gestellt wird und schwer mit ihrem Image zu kämpfen hat. Fest steht, dass die Branche in den letzten Jahren enorme Wachstumsraten im zweistelligen Bereich zu verzeichnen hat. Die Marktdurchdringung in Deutschland ist aber im Vergleich zum Ausland eher noch gering, wo die Personaldienstleistung schon ein „key player“ auf dem Arbeitsmarkt ist.

Die Bandbreite dessen, was angeboten wird, ist in der Tat groß. Neben der klassischen Zeitarbeit, die es in Deutschland schon seit den 60er-Jahren gibt, haben die überwiegende Mehrzahl der Zeitarbeitsunternehmen seit der Beendigung des Vermittlungsmonopols der Bundesanstalt für Arbeit MItte der 90er-Jahre auch die private Arbeitsvermittlung als weiteres Standbein in ihr Portfolio aufgenommen. Seitdem firmieren die Anbieter unter dem Begriff Personaldienstleister, um die Breite ihres Angebotes deutlich zu machen. Und immer mehr Dienstleistungen kommen hinzu: Das Outsourcing ganzer Bereiche, wie z. B. Call-Center-Aktivitäten, die Mitarbeiterqualifizierung oder das Management auf Zeit, bei dem eine externe Führungskraft die Geschicke des Unternehmens für einen definierten Zeitraum bestimmt. Teilweise führen auch Personalreduzierungsmaßnahmen bei Großkonzernen zur Gründung von gemeinsamen Unternehmen mit Personaldienstleistern. Ein Beispiel ist hier Adcom, als gemeinsame Tochter der Commerzbank und des Personaldienstleisters adecco, das aus einem Outplacementprozess entstanden ist.

Lassen Sie uns zunächst einen Blick auf das traditionelle Geschäft, Zeitarbeit oder auch Arbeitnehmerüberlassung genannt, werfen.

2.5.1 Arbeitnehmerüberlassung

Das Prinzip der Arbeitnehmerüberlassung ist zunächst recht einfach (siehe Abbildung 6).

a) Geltung eines normalen Arbeitsvertrages

Der Mitarbeiter hat einen ganz normalen Arbeitsvertrag mit dem Zeitarbeitsunternehmen. Es gelten alle Rechte und Pflichten, wie z. B. Lohnfortzahlung im Krankheitsfall, Urlaubsanspruch, die auch in einem klassischen Arbeitsverhältnis existieren.

b) Erbringung der Leistung bei einem Dritten

Der einzige Unterschied besteht in der Tatsache, dass der Mitarbeiter seine Arbeitsleistung nicht bei seinem Arbeitgeber erbringt, sondern bei einem Dritten.

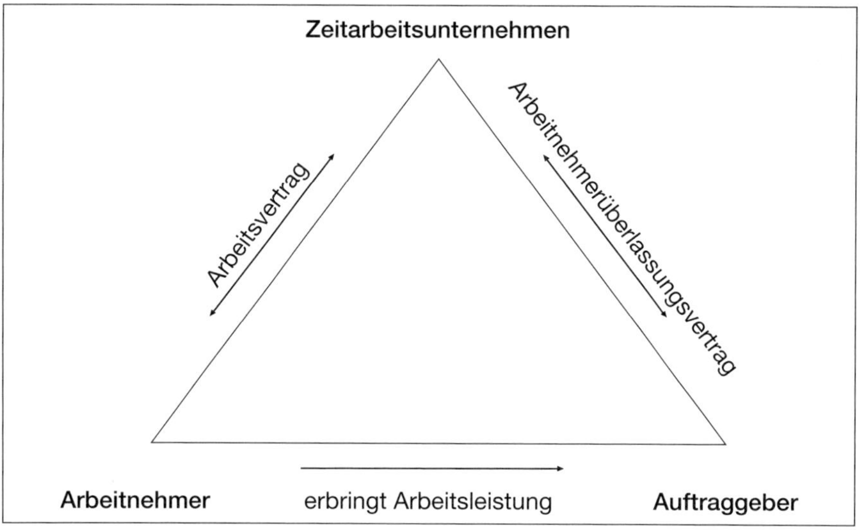

Abb. 6: Wie funktioniert Zeitarbeit?

c) Abschluss eines Arbeitnehmerüberlassungsvertrages

Zwischen diesem und dem Zeitarbeitsunternehmen besteht ein so genannter Arbeitnehmerüberlassungsvertrag. Dieser regelt, wie die Vertragsleistung zu erbringen ist und welche Kosten dem Unternehmen dafür in Rechnung gestellt werden.

d) Kein Vertragsverhältnis zwischen Arbeitnehmer und dem übernehmenden Unternehmen

Zwischen dem Mitarbeiter und dem Unternehmen, bei dem er eingesetzt ist, besteht kein Vertragsverhältnis, der Mitarbeiter hat lediglich die fachlichen Anweisungen zu befolgen.

e) Zulassung durch Landesarbeitsamt

Zeitarbeitsunternehmen benötigen eine Zulassung, die von den Landesarbeitsämtern erteilt und in regelmäßigen Abständen überprüft wird. Dies heißt, dass seitens der öffentlichen Hand ein besonderes Augenmerk darauf gerichtet wird, wie Zeitarbeitsunternehmen ihren Pflichten nachkommen. Einzelheiten hierzu werden im Arbeitnehmerüberlassungsgesetz geregelt.

2.5.2 Einsatzfelder

Personaldienstleister gibt es zunächst für sämtliche Branchen und Qualifikationsbereiche. Im Bereich Arbeitnehmerüberlassung sind lediglich die Berufe des Bauhauptgewerbes (Maurer, Kranführer ...) ausgenommen.

Bundesweit bieten rund 12.000 Unternehmen ihre Dienste an, wobei eine deutliche Konzentration auf die Ballungsgebiete festzustellen ist. Im Rhein-Main-Gebiet tummeln sich alleine über 450 Anbieter.

Die Großen der Branche wie manpower, randstad, dis oder adecco decken in der Regel die gesamte Palette an Einsatzfeldern ab. Häufig bedienen bestimmte Tochtergesellschaften einzelne Branchen wie z. B. it@manpower die IT- und Telekommunikationsbranche oder es wurde zumindest firmenintern eine Segmentierung vorgenommen. So gibt es in der Regel die Bereiche kaufmännische Berufe, gewerbliche Berufe, IT-Berufe, Engineering. Wachsend ist auch der Bereich, der sich speziell um Call-Center-Mitarbeiter kümmert.

Bei den kleineren, eher regional ausgerichteten Unternehmen erhalten Sie als Kunde alles aus einer Hand. Teilweise haben sich die Anbieter aber auch auf bestimmte Branchen oder Bereiche spezialisiert.

2.5.3 Gründe für Zeitarbeit als Rekrutierungsinstrument

Als Gründe für die Zeitarbeit als Rekrutierungsinstrument kommen in Betracht:

a) Deckung des kurzfristigen Personalbedarfs

b) Sammeln von Erfahrungen und Übernahmeoption

a) Deckung des kurzfristigen Personalbedarfs

Für Sie als Arbeitgeber stellt das Angebot der Personaldienstleister eine interessante Möglichkeit dar, um kurzfristigen Personalbedarf zu decken. Sie können einen Mitarbeiter im Rahmen der Zeitarbeit bis zu zwei Jahren ohne Unterbrechung bei sich im Unternehmen beschäftigen.

b) Sammeln von Erfahrungen und Übernahmeoption

Da Sie in der Regel die Möglichkeit haben, den Mitarbeiter fest einzustellen und die meisten Zeitarbeitnehmer auch an einer Übernahme interessiert sind, bietet Ihnen dieses Instrument eine hervorragende Möglichkeit, Erfahrungen mit dem Mitarbeiter zu sammeln. In der Phase der Zeitarbeit können Sie feststellen, ob der Mitarbeiter sich gut in das Arbeitsgebiet und das Arbeitsumfeld eingefunden hat, sofern es sich nicht nur um einen reinen Vertretungseinsatz oder das Abarbeiten einer Auftragsspitze handelt. Und hier liegt ein wesentlicher Zusatznutzen: Sie können die Zeitarbeit auch systematisch als Personalrekrutierungsinstrument nutzen.

- Warum selbst eine Anzeige schalten und die damit verbundenen Kosten tragen, ohne die Sicherheit, dass der richtige Mitarbeiter gefunden wird?

- Warum den Aufwand an Zeit für die Sichtung der Bewerbungsunterlagen und die Einstellinterviews aufbringen?
- Warum das Risiko eingehen und einen Mitarbeiter nur auf der Grundlage eines Vorstellungsgespräches fest einstellen?

Viele Arbeitgeber gehen dazu über, auch auf Stellen, die sie dauerhaft besetzen wollen, Zeitarbeitskräfte einzusetzen und eine Übernahmeoption mit dem Personaldienstleister zu vereinbaren. „Try and hire" wird diese Variante neudeutsch genannt.

2.5.4 Konditionen

Die Konditionen für die unterschiedlichen Leistungen gestalten sich wie folgt:

a) Zeitarbeit

b) Vermittlung

a) Zeitarbeit

In der Zeitarbeit wird dem auftraggebenden Unternehmen in der Regel ein so genannter Stundenverrechnungssatz fakturiert, der sämtliche Kosten im Zusammenhang mit dem überlassenen Mitarbeiter abdeckt. Es sind nur die tatsächlich geleisteten Stunden zu bezahlen.

Wird ein Mitarbeiter im Rahmen der Arbeitnehmerüberlassung vom auftraggebenden Unternehmen ein Vertragsangebot für eine Übernahme unterbreitet, das dieser annimmt, fällt in der Regel eine Vermittlungsgebühr an. Diese hängt davon ab, wie lange der Mitarbeiter über die Zeitarbeit bereits beim neuen Arbeitgeber beschäftigt war. Viele Personaldienstleister berechnen in den ersten sechs Monaten ein bis zwei Monatsgehälter als Gebühr. War der Mitarbeiter mehr als sechs Monate beim Kunden im Einsatz, wird häufig auf eine Gebühr verzichtet.

b) Vermittlung

Wird von Beginn an ein reiner Vermittlungsvertrag geschlossen, sind zwei Monatsgehälter als Vermittlungsgebühr ein üblicher Wert. Bei den Personaldienstleistern fallen im Gegensatz zu den Personalberatern in der Regel nur erfolgsabhängige Kosten an. Dies heißt, dass der Dienstleister in Vorleistung tritt und der Kunde erst dann bezahlt, wenn es mit dem neuen Mitarbeiter zu einem Arbeitsvertrag kommt. Im Zuge der verstärkten Einbeziehung von privaten Arbeitsvermittlern in den Vermittlungsprozess Arbeitsloser können seit Frühjahr 2002 Arbeitssuchende, die beim Arbeitsamt mindestens drei Monate arbeitslos gemeldet sind, einen so genannten Vermittlungsscheck beantragen. Schließt ein Arbeitssuchender mit einem privaten Vermittler einen Vermittlungsvertrag, so kann der Vermittler im Erfolgsfall den Vermittlungsscheck beim Arbeitsamt einreichen und ein Honorar zwischen € 1.500.– und € 2.500.–, je nachdem wie lange der Vermittelte arbeitslos gemeldet war, einfordern. Einige private Vermittler sind dazu übergegangen, dieses Honorar auf die Honorarzahlung des Kunden anzurechnen.

2.5.5 Auswahl eines Personaldienstleisters

Welche Kriterien sollten Sie bei der Wahl eines Personaldienstleisters berücksichtigen? Hier empfiehlt es sich, Unternehmen in die engere Wahl zu nehmen, die Ihnen von Dritten bereits empfohlen wurden. Die Größe eines Personaldienstleisters sagt noch nichts über dessen Qualität aus. Die Unterschiede zwischen den einzelnen Niederlassungen eines Anbieters sind oft enorm und hängen in erster Linie vom jeweiligen Niederlassungsleiter und dessen Team ab. Ein Unternehmen kann in Würzburg ganz anders arbeiten als in Augsburg.

In Checkliste 5 finden Sie einige Fragen, auf die Sie in jedem Fall eine Antwort erhalten sollten.

2.5.6 Private Arbeitsvermittler

Bei der privaten Arbeitsvermittlung wird der Personaldienstleister in vergleichbarer Weise wie ein Personalberater tätig. Im Gegensatz zu Letzterem beschränkt sich die Personalvermittlung nicht nur auf Führungskräfte. Auf der Grundlage Ihres Anforderungsprofils präsentiert der private Arbeitsvermittler vorselektierte Kandidaten, die er entweder selbst über die verschiedenen Rekrutierungswege sucht oder bereits in einer Bewerberdatei hat. Insbesondere bei einer längerfristigen Zusammenarbeit kennt der Personaldienstleister die unternehmensspezifischen Gegebenheiten und Erwartungen und kann diese bei der Auswahl der Kandidaten berücksichtigen. Oft sind es nicht nur die fachspezifischen Anforderungen, die dafür ausschlaggebend sind, dass das Matching zwischen Kandidat und Unternehmen stimmt. Auch die Chemie muss stimmen und es hängt wie auch beim Personalberater vom jeweiligen Personaldienstleister ab, ob er das richtige Händchen hierfür hat.

Checkliste 5
Auswahl eines Personaldienstleisters

		ja	nein
(1)	Hat das Unternehmen vom Landesarbeitsamt eine Zulassung zur Ausübung der Arbeitnehmerüberlassung in Form einer Urkunde?	❒	❒
(2)	Wie lange ist das Unternehmen schon auf dem Markt tätig? ____________________		
(3)	Kann das Unternehmen Referenzen vorweisen und Ansprechpartner nennen, die bereit sind Auskunft zu geben?	❒	❒
(4)	Hat sich Ihr Ansprechpartner im Zeitarbeitsunternehmen intensiv über die von Ihnen zu besetzende Stelle und das Anforderungsprofil informieren lassen?	❒	❒
(5)	Hat das Unternehmen in dem Tätigkeitsbereich, für den Sie einen Mitarbeiter auf Zeit suchen, bereits Erfahrungen vorzuweisen und kann es ggfs. auf Ersatzmitarbeiter zurückgreifen, wenn ein Mitarbeiter ausfällt?	❒	❒
(6)	Haben Sie die Möglichkeit, den Mitarbeiter im Vorfeld des Einsatzes kennen zu lernen?	❒	❒
(7)	Sind die Kündigungsfristen eindeutig geregelt?	❒	❒
(8)	Ist das Tätigkeitsspektrum, das im Rahmen der Arbeitnehmerüberlassung abgedeckt werden soll, klar umrissen?	❒	❒
(9)	Hat sich der Zeitarbeitnehmer den Gegebenheit in Ihrem Betrieb anzupassen (Pausenregelungen, Anfangs- und Endzeiten)?	❒	❒
(10)	Sind mit dem Stundenverrechnungssatz alle anfallenden Kosten abgedeckt?	❒	❒
(11)	Werden bestimmte Zuschläge berechnet, wenn der Mitarbeiter über regelmäßige Arbeitszeit hinaus von Ihnen beschäftigt wird?	❒	❒
(12)	Welche Regelung besteht, wenn der Zeitarbeitnehmer von Ihnen in ein direktes Arbeitsverhältnis übernommen wird? ____________________ ____________________		
(13)	Was sagt Ihr Bauch, macht Ihnen das Unternehmen und der Ansprechpartner einen seriösen Eindruck? ____________________ ____________________		

Checkliste 6
Private Arbeitsvermittlung

		ja	nein
(1)	Legt der private Arbeitsvermittler offen, wie er seine Kandidaten rekrutiert?	❒	❒
(2)	Macht er Ihnen gegenüber sein Auswahlverfahren transparent (Testverfahren, Arbeitsproben, Referenzen)?	❒	❒
(3)	Ist geregelt, in welchem Zeitraum der private Arbeitsvermittler Ihnen Kandidaten präsentieren wird?	❒	❒
(4)	Haben Sie Anzeigenkosten zu tragen, wenn der private Arbeitsvermittler diese im Rahmen der Suche schaltet?	❒	❒
(5)	Wird das Honorar nur im Erfolgsfall berechnet, d. h. nach Abschluss eines Arbeitsvertrags mit dem Mitarbeiter?	❒	❒
(6)	Rechnet der private Vermittler bei der Vermittlung eines beim Arbeitsamt als arbeitssuchend gemeldeten Kandidaten sein Honorar aus dem Vermittlungsscheck an (d. h. Sie müssen entsprechend weniger bezahlen)?	❒	❒
(7)	Hat sich Ihr Ansprechpartner im Vermittlungsunternehmen intensiv über die von Ihnen zu besetzenden Stelle und das Anforderungsprofil informieren lassen?	❒	❒
(8)	Hat der private Vermittler Erfahrung in der Besetzung von entsprechenden Positionen?	❒	❒
(9)	Kann der private Vermittler Referenzen vorweisen und Ansprechpartner nennen, die bereit sind, Auskunft zu geben?	❒	❒
(10)	Bietet der private Vermittler an, im Falle der Kündigung des Kandidaten während der Probezeit eine Neusuche zu starten, ohne diese zu berechnen?	❒	❒
(11)	Steht der private Vermittler auch während der Probezeit des neuen Arbeitsverhältnisses unterstützend zur Seite?	❒	❒

Wenn Sie nur mit einem Dienstleister regelmäßig zusammenarbeiten, schalten Sie den gesunden Wettbewerb aus und Ihr Dienstleister wird schnell zum Haus- und Hoflieferanten. Wenn Sie dagegen mit zu vielen Dienstleistern arbeiten, fällt es schwer, ein Vertrauensverhältnis aufzubauen. Der Dienstleister sollte wie der Personalberater Ihr Unternehmen, die spezifischen Besonderheiten und das Umfeld kennen, um eine passgenaue Besetzung sicherstellen zu können. Nur wenn er ein konkretes Bild davon hat, wie die Rahmenbedingungen der Stelle aussehen und bereits über einen längeren Zeitraum mit Ihnen zusammenarbeitet, wird er ein Gefühl dafür entwickeln, wer in Ihr Unternehmen passt.

TIPP

Bauen Sie sich einen Stamm von zwei bis drei Personaldienstleistern Ihres Vertrauens auf, die unterschiedliche Tätigkeitsschwerpunkte abdecken.

Das nachfolgende Praxis-Statement aus dem Blickwinkel eines Personaldienstleisters soll zur Abrundung des Themas dienen.

Praxis-Statement: **Personaldienstleister als flexible Partner**

von Frank Lambert Vorstand Marketing und Vertrieb der jobs in time holding AG, Hamburg (www.jobsintime.de)

Die Anforderungen an Unternehmen im Hinblick auf Flexibilität und Schnelligkeit nehmen zu. Davon ist auch der Bereich Human Resources nicht ausgenommen. Nur wer seine Personalkapazitäten den Entwicklungen am Markt zügig anpassen kann, wird Wettbewerbsvorteile erzielen. Personaldienstleister können dabei zu einem wichtigen Partner werden. Die Arbeitnehmerüberlassung, besser bekannt unter dem Begriff Zeitarbeit, bietet Unternehmen die Möglichkeit, sehr schnell und ohne großen eigenen Aufwand passgenaue Mitarbeiter für Auftragsspitzen oder kurzfristige Ausfälle verfügbar zu haben. Da die Einsätze über die Arbeitnehmerüberlassung von einzelnen Tagen bis zu zwei Jahren möglich sind, lässt sich so ein großer Teil der in der Praxis anzutreffenden Bedarfsfälle abdecken. Sehr häufig entwickelt sich daraus auch die Festeinstellung eines „auf Zeit" überlassenen Mitarbeiters, wenn das Unternehmen nämlich feststellt, dass diese Person sowohl fachlich als auch unter dem Aspekt der Teamintegration hervorragend zum Unternehmen passt. In rund 60 % aller Überlassungsfälle im kaufmännischen Bereich kommt es so zu einer Festanstellung aus der Zeitarbeit heraus, so die Statistik.

Immer häufiger kommen jedoch unsere Kunden mit einer modifizierten Aufgabenstellung auf uns zu. Sie möchten von vorne herein eine Mitarbeiterin oder einen Mitarbeiter auf Dauer einstellen, scheuen jedoch das Risiko und den Zeitaufwand, der mit einer klassischen Stellenbesetzung über Anzeigen verbunden ist. Personaldienstleister können hier sehr individuell auf die Bedürfnisse des Kunden eingehen. Auf der Grundlage eines gemeinsam erarbeiteten Anforderungsprofils wird ein Such- und Matchingprozess gestartet. Entscheidend für den Erfolg, sowohl unter dem Aspekt der Schnelligkeit wie auch der Passgenauigkeit, ist dabei, dass der Personaldienstleister nicht nur auf die anzeigengestützte Suche angewiesen ist, sondern bereits auf potenzielle Kandidaten zurückgreifen kann. Bei jobs in time mit derzeit 15 Niederlassungen bundesweit (inklusive unserem Tochterunternehmen team jobs, das sich ausschließlich mit der Arbeitnehmerüberlassung schwerpunktmäßig im Logistik- und Automobilzuliefererbereich beschäftigt) verfügen wir über einen

Pool von rund 1.800 Kandidatenprofilen (Stand Juni 2003). Dabei handelt es sich um Personen, die entweder im Rahmen der Arbeitnehmerüberlassung fest bei uns angestellt sind oder externe Kandidaten, die grundsätzlich einen Stellenwechsel ins Auge fassen. Unsere Kunden haben die Möglichkeit, einen Kandidaten direkt über die Jobvermittlung einzustellen oder ihn im Rahmen der Arbeitnehmerüberlassung zunächst zu testen, um damit eine solide Informationsbasis für die endgültige Einstellentscheidung zu erhalten. In mehr als 60 % aller Fälle funktioniert die Arbeitnehmerüberlassung bei jobs in time als direkte „Brückenfunktion" in eine Festeinstellung, womit wir über dem Branchendurchschnitt liegen.

Wir werden von unseren Kunden immer wieder gefragt, wie wir zu unserer überdurchschnittlichen Kandidatenqualität kommen. Die Antwort ist aus meiner Sicht das Ergebnis einer Vielzahl von Faktoren.

Wir haben uns mit unserer Unternehmenspolicy auf das Segment der qualifizierten Fach- und Führungskräfte im kaufmännischen und Industrie- & Engineering-Bereich fokussiert. Diese Spezialisierung ermöglicht es uns, unsere gesamten Arbeitsstrukturen auf diese Zielgruppe maßzuschneidern. Wir kennen die Bedürfnisse unserer Kunden und das entsprechende Bewerberpotenzial. Häufig haben wir bereits in unserem bundesweiten Bewerberpool geeignete Mitarbeiter. Parallel dazu starten wir den externen Suchprozess. Neben den gängigen Wegen wie Suchanzeigen in Print- oder Onlinemedien pflegen wir intensive Kontakte zu Weiterbildungsträgern, Fachschulen bis hin zu Universitäten. Nicht zu vergessen unsere „jobs for friends-Aktion", bei der jeder, der uns eine qualifizierte Fach- oder Führungskraft empfiehlt, eine Prämie in Höhe von 500 € erhält, wenn wir diesen Kandidaten einstellen oder vermitteln. Als ein besonders erfolgreiches Instrument haben sich unsere „job-talks" erwiesen. Dabei bieten wir motivierten karriereorientierten Nachwuchskräften mit Berufserfahrung die Möglichkeit, sich kostenlos von einer externen Karriereberaterin Tipps und Anregungen rund um die Themen Berufsplanung und Bewerbung zu holen und mit unseren Fachkräften über interessante Berufsperspektiven zu sprechen. Wer neben hoher fachlicher Kompetenz bereit ist, sich in seiner Freizeit um seine weitere berufliche Ausrichtung zu kümmern, bringt gute Voraussetzungen mit, als motivierter Mitarbeiter für den Kunden tätig zu werden.

Als weiteren Faktor für unsere erfolgreiche Arbeit sehe ich das außerordentliche Engagement und die fachliche und soziale Kompetenz unserer Mitarbeiterinnen und Mitarbeiter in den Niederlassungen an. Hoch qualifizierte Fachkräfte, die im Rahmen der Arbeitnehmerüberlassung tätig sind, erwarten kompetente und jederzeit erreichbare Ansprechpartner bei ihrem Arbeitgeber. „Der moderne Sklavenhändler", wie die Zeitarbeit teilweise tituliert wird, kann diesen Anforderungen nicht gerecht werden. Unsere

Mitarbeiter in den Niederlassungen nehmen ihre Verantwortung als Führungskräfte und ihre Fürsorgepflicht ernst und stehen den Kollegen im Einsatz bei unseren Kunden jederzeit mit Rat und Tat zur Seite.

Und schließlich tragen unsere Rahmenbedingungen dazu bei, dass unsere Mitarbeiterinnen und Mitarbeiter immer wieder bei Freunden und Bekannten Werbung für uns machen und exzellente Kandidaten zu uns führen. Neben einem attraktiven und leistungsgerechten Gehalt erhält jeder Mitarbeiter in der Zeitarbeit bei jobs in time 27 Tage Urlaub, ab zweijähriger Firmenzugehörigkeit steigert sich dies auf 30 Arbeitstage. Und wir bieten noch einen Anreiz, der in der Branche einzigartig ist und unsere Mitarbeiter anspornt beim Kunden hervorragende Arbeit zu leisten. Wenn unsere Mitarbeiter in der Arbeitnehmerüberlassung innerhalb von einem halben Jahr vom Kunden in eine Festanstellung übernommen werden, erhalten Sie als „Dankeschön" für ihre Leistung die Hälfte eines Monatsgehaltes als Prämie. Schließlich haben sie durch ihren Einsatz den Kunden von sich und von jobs in time überzeugt und damit dazu beigetragen, dass der Kunde uns auch beim nächsten Mal als Partner wählen wird. Ganz nach unserem Motto: **Aus Erfolgen werden Partnerschaften.**

2.6 Bundesanstalt für Arbeit

Winken Sie nicht gleich ab, wenn von der Bundesanstalt für Arbeit die Rede ist. Sicherlich ist in den letzten Jahren viel berechtigte Kritik geäußert worden und die anhaltenden Reformbestrebungen sind dringend überfällig. Diese werden im Rahmen der Neugestaltung, die auch ab 2004 mit der Umbenennung in Bundesagentur für Arbeit nach außen sichtbar werden soll, ihre Umsetzung finden. Hier ist jedoch nicht der geeignete Ort, um Szenarien zu bauen, entscheidend ist, was Sie im Rahmen Ihres Rekrutierungsprozesses von der Bundesanstalt für Arbeit an Unterstützung konkret erwarten können. Und da gibt es durchaus eine Reihe von interessanten Ansatzpunkten, die Sie im Hinterkopf behalten sollten, nicht zuletzt, weil die Dienstleistung für Sie kostenlos ist bzw. Ihnen sogar noch Geld einbringen kann. Die Bundesanstalt für Arbeit ist im Internet unter www.arbeitsamt.de zu finden.

2.6.1 Leistungsangebot der regionalen Arbeitsämter

Das Leistungsangebot der **regionalen** Arbeitsämter umfasst:

a) Vermittlung

b) Personal-Service-Agenturen (PSA)

c) Qualifizierung

d) Förderung

a) Vermittlung:

Sie haben als Arbeitgeber die Möglichkeit, ein Stellenangebot zu melden und hierfür Vermittlungsvorschläge zu erhalten.

TIPP

Pflegen Sie einen guten Kontakt zu dem für Ihr Unternehmen zuständigen Arbeitgeberbetreuer bei Ihrem Arbeitsamt.

Laden Sie ihn mal zu sich ins Unternehmen ein, damit er eine klare Vorstellung von den Rahmenbedingungen und den konkreten Anforderungen des Jobs hat. Die Ansprechpartner für Arbeitgeber werden verstärkt dazu angehalten, sich intensiver mit den Arbeitgebern und deren Anforderungen zu beschäftigen. Dies geschieht vor dem Hintergrund, eine bessere Passgenauigkeit zwischen Anforderungsprofil und Kandidatenvorschlägen zu erhalten. Indem Sie Ihrem Ansprechpartner möglichst detailliert die Anforderungen beschreiben, umso höher ist die Wahrscheinlichkeit, dass er Ihnen Kandidaten vorschlägt, die Ihren Vorstellungen entsprechen.

TIPP

Beschreiben Sie die zu besetzende Stelle möglichst genau und legen Sie Wert darauf, dass Ihre Muss-Anforderungen als solche hervorgehoben werden.

Ein geplanter Schwerpunkt im Rahmen der Neugestaltung der zukünftigen Bundesagentur für Arbeit ist die Ablösung des „SIS Stelleninformationsservice", – Stellenangebote im Internet – und des „AIS – Arbeitgeberinformationsservice" – Bewerberprofile im Internet – durch einen umfassenden leistungsstarken virtuellen Arbeitsmarkt. Dieser soll einen direkten Matchingprozess auch ohne Einschaltung des Arbeitsvermittlers leichter machen. Dabei ist auch eine direkte Anbindung an die Personalverwaltungssysterme der Arbeitgeber geplant, um den administrativen Aufwand in den Unternehmen deutlich zu reduzieren. Große Pläne, die hier unter Federführung von strategischen Unternehmensberatungen wie Accenture, McKinsey und Roland Berger geschmiedet und 2004 in die Praxis umgesetzt werden sollen. Die Akzeptanz dieses neuen virtuellen Arbeitsmarktes wird davon abhängen, wie er sich in der Praxis bewährt.

Ob das Rekrutierungsinstrument Arbeitsamt für Sie geeignet ist, hängt von mehreren Faktoren ab.

- **Die Position:**
  Die Wahrscheinlichkeit, einen Lagerarbeiter oder eine Bürokraft über das Arbeitsamt zu finden, ist sicherlich höher als einen hoch qualifizierten Spezialisten. Dies heißt, je spezifischer Ihr Anforderungsprofil ist, umso schwieriger dürfte es sein, über das Arbeitsamt den geeigneten Kandidaten zu finden.
- **Die Kosten:**
  Wenn Ihr Budget für die Personalbeschaffung sehr eingeschränkt ist, stellt dieser kostenlose Service sicherlich eine Möglichkeit dar, die Sie in jedem Fall, zumindest in Kombination mit anderen Rekrutierungswegen, nutzen sollten.
- **Die Verbreitung:**
  Für die Serviceleistung der Arbeitsämter spricht, dass Sie durch den Eintrag im virtuellen Arbeitsmarkt der Bundesanstalt für Arbeit mit einem Schlag bundesweit Ihr Stellenangebot platzieren können. Die große Gefahr liegt darin, dass Sie mit Bewerbungen „zugemüllt" werden. Es kann oft sehr schwierig sein, im ersten Schritt die Spreu vom Weizen zu trennen.
- **Die Arbeitsmarktlage:**
  In Zeiten hoher Arbeitslosigkeit verbunden mit einer schlechten Wirtschaftslage müssen oft auch leistungsstarke Mitarbeiter entlassen werden. Damit ist die Chance groß, über das Arbeitsamt auch an sehr gute Kandidaten zu kommen. In wirtschaftlichen Hochphasen sind Arbeitskräfte in der Regel knapp. Gute Kandidaten sind in der Regel nicht freigesetzt, daher ist die Wahrscheinlichkeit eher gering, über diesen Weg qualifizierte Bewerber zu finden.

Tipp

Fassen Sie Ihre Anforderungskriterien eng und kennzeichnen Sie diese als Musskriterien. Weisen Sie in der Ausschreibung darauf hin, dass zunächst nur schriftliche Bewerbungen erwünscht sind. Sie können auch auf Ihre Homepage verweisen und nur „Online-Bewerbungen" erbitten, sofern Sie diese

Möglichkeit anbieten (vgl. hierzu Kapitel 2.8 E-Recruiting). Laden Sie die Bewerber zu einem Gruppenvorstellungsgespräch ein, um Ihren Zeitaufwand gering zu halten, und eine erste Vorauswahl treffen zu können.

b) Personal-Service-Agenturen (PSA)

Die Arbeitsämter sollen auf der Grundlage der Hartz-Kommission so genannte Personal-Service-Agenturen einrichten, die ähnlich den Personaldienstleistern, den Unternehmen Mitarbeiter auf Zeit zur Verfügung stellen sollen. Derzeit werden unterschiedliche Umsetzungswege in den einzelnen Arbeitsämtern beschritten (Stand Juni 2003).

c) Qualifizierung

Die Arbeitsämter bieten eine ganze Palette an Unterstützungsmöglichkeiten im Bereich Qualifizierung an:

- Sie haben einen Mitarbeiter, dessen Job betriebsbedingt wegfällt, sprich der also von Arbeitslosigkeit bedroht ist. Ihm fehlen jedoch Programmierkenntnisse, um auf einer anderen Position in Ihrem Unternehmen weiter beschäftigt werden zu können?

  Tipp

  Fragen Sie beim Arbeitsamt nach, inwieweit Sie Zuschüsse erhalten können, sofern Sie den Mitarbeiter für die Übernahme der vakanten Position qualifizieren.

- Sie haben einen Bewerber, der derzeit arbeitssuchend gemeldet ist, und sich bei Ihnen für eine Stelle als Lagermitarbeiter beworben hat. Der Bewerber macht auf Sie einen guten Eindruck, aber leider fehlt ihm der Staplerschein?

  Tipp

  Fragen Sie beim Arbeitsamt nach, ob der Bewerber vor Arbeitsantritt auf Kosten des Arbeitsamtes den Staplerschein erwerben kann, wenn Sie ihm eine Anstellung danach zusagen.

- Ein arbeitssuchender Bewerber hat sich bei Ihnen vorgestellt. Er hat von der Ausbildung her die geforderten Vorkenntnisse, allerdings fehlt ihm praktische Erfahrung.

  Tipp

  Fragen Sie beim Arbeitsamt nach, inwieweit der Bewerber bei Ihnen ein unentgeltliches Praktikum absolvieren kann, mit dem Ziel danach ggfs. von Ihnen fest eingestellt zu werden. In der Zeit des Praktikums erhält der Bewerber weiterhin sein Arbeitslosengeld.

Die Beispiele sollen verdeutlichen, dass es durchaus eine Reihe von Möglichkeiten gibt, wie Ihnen das Arbeitsamt helfen kann, die Qualifikation eines Bewerbers an die von Ihnen zu besetzende Stelle anzupassen.

d) Förderung

Das Arbeitsamt bietet aber auch finanzielle Hilfen bei der Eingliederung spezieller Bewerber. Dies sind insbesondere

- Langzeitarbeitslose
- Schwerbehinderte
- jugendliche Arbeitnehmer

Die Eingliederungszuschüsse betragen teilweise 50 % des Bruttoentgeltes für das erste Jahr.

Sprechen Sie mit Ihrem Ansprechpartner im Arbeitsamt, die Bundesanstalt für Arbeit hat so viele „Fördertöpfe", dass sich oft ungeahnte Möglichkeiten ergeben.

Die Anschrift des Arbeitsamtes in Ihrer Nähe erhalten Sie über die Homepage der Bundesanstalt für Arbeit www.arbeitsamt.de

Neben dem Dienstleistungsangebot der Arbeitsämter gibt es aber auch weitere Einrichtungen der Bundesanstalt für Arbeit, die Sie bei der Rekrutierung bestimmter Zielgruppen berücksichtigen sollten:

2.6.2 Leistungsangebot der Zentralstelle für Arbeitsvermittlung

Die Zentralstelle für Arbeitsvermittlung (Villemombler Straße 76, 53123 Bonn, Telefon: 02 28 / 7 13–14 15, Fax: 02 28 / 7 13–11 11, E-Mail: bonn-zav.info@arbeitsamt.de) bietet mit ihren Fachbereichen individuelle Beratung und Unterstützung für Bewerber und Unternehmen an. Die Dienstleistungsqualität der ZAV kann als recht gut bezeichnet werden, was sicherlich zum einen an der Spezialisierung, aber auch daran liegt, dass die Berater selbst über umfangreiche, einschlägige Praxiserfahrung verfügen.

- **Management-Vermittlung**
  Sie vermittelt Führungskräfte der mittleren und oberen Managementebene im Inland sowie ins europäische Ausland.
  (Hinter vorgehaltener Hand wird erzählt, dass viele Personalberater bei der ZAV einen Teil ihrer Kandidaten finden, die sie gegen Honorar dann ihren Kunden präsentieren).
- **Büro Führungskräfte der Wirtschaft (BFW)**
  Die exklusive Vermittlung von Führungskräften auf Vorstands- und Geschäftsleitungsebene ist Aufgabe dieser „Eliteeinheit" der Bundesanstalt für Arbeit. Die Berater verfügen über sehr gute Kontakte innerhalb der Wirtschaft.
- **Internationale Arbeitsvermittlung**
  Geht es um eine Stellenbesetzung im Ausland, kann dieser Bereich der ZAV Unterstützung leisten. Er ist auch Ansprechpartner, wenn Sie Mitarbeiter aus dem Ausland für eine Position in Deutschland suchen.

- **Zentrale und Internationale Management- und Fachvermittlung für Hotel- und Gaststättenpersonal (ZIHOGA)**
  Sind Sie in der Hotel- oder Gaststättenbranche tätig, sind Sie hier richtig. Die ZIHOGA ist für Führungspositionen dieser Branche im In- und Ausland zuständig.

- **Zentrale Bühnen-, Fernseh- und Filmvermittlung (ZBF)**
  Die ZAV vermittelt in künstlerische und künstlerisch-technische Berufe von Theater, Film und Fernsehen.

2.6.3 Leistungsangebot der Hochschulteams

Die Hochschulteams der Bundesanstalt für Arbeit sind aus dem ehemaligen Fachvermittlungsdienst für Akademiker und der Abiturientenberatung entstanden. Da an den deutschen Hochschulen die Unterstützung der Studenten in Fragen der Berufsorientierung und des Berufseinstiegs im Vergleich zum Ausland noch sehr in den Kinderschuhen steckt, versuchen die Hochschulteams dieses Defizit auszugleichen. Die Hochschulteams verstehen sich ferner als Mittler zwischen Absolventen und Arbeitgebern und wollen dazu beitragen, dass Absolventen einen reibungslosen Übergang in die Berufswelt finden.

Die Angebote der Hochschulteams sind vielfältig und reichen von der Einzelberatung über Seminare, Firmenpräsentationen, Betriebsexkursionen bis hin zur Veranstaltung von Hochschulrekrutierungsmessen. Die aktive Stellenvermittlung erfolgt derzeit nur bei einigen Hochschulteams, soll aber weiter ausgebaut werden. Hochschulteams gibt es an allen größeren Hochschulstandorten. Sie sind in der Regel in den Räumen der Arbeitsämter integriert, teilweise gibt es aber auch an den Hochschulen selbst Räumlichkeiten.

Die Mitarbeiter der Hochschulteams können Ihnen als Arbeitgeber einen sehr direkten Zugang zur Zielgruppe der Hochschulabsolventen verschaffen. In allen Fragen rund um das Hochschulmarketing sind sie ferner interessante Ansprechpartner. Über Ihr zuständiges Arbeitsamt können Sie erfahren, welches Hochschulteam in Ihrer Nähe ist.

Helge Klausener, Berater im Hochschulteam Akzent des Arbeitsamtes Darmstadt, berichtet in seinem Praxis-Statement über seine Arbeit und wie Sie bei Ihren Rekrutierungsaktivitäten davon profitieren können.

Praxis-Statement:
Hochschulteams als Arbeitgeber-Service

von Helge Klausener, Berater im Hochschulteam AKZENT, Arbeitsamt Darmstadt

Akademiker sind gesuchte Menschen. Warum? Weil Akademiker, und zwar aller Couleur, über Kompetenzen verfügen, die in einer globalisierten Welt, in einer Informations- und Kommunikationsgesellschaft, unverzichtbar sind: Hohe Fachkompetenz auf neuestem wissenschaftlichen Stand verbindet sich mit methodischen, sozialen und medialen Skills zu einer Handlungskompetenz, die so ausgeprägt keine anders qualifizierte Gruppe vorweisen kann. Arbeitgeber wissen das.

Dennoch: manchmal passt es doch (noch) nicht so genau. Vielleicht fehlen ja dem frisch gebackenen Absolventen noch die rhetorischen Fertigkeiten, die er im künftigen Job braucht, vielleicht hat er noch mit Zeitmanagement zu kämpfen oder bislang keine Gelegenheit gehabt, Strukturen und Anforderungen modernen Projektmanagements kennen zu lernen – wir im Hochschulteam haben die passende Antwort und das geeignete Angebot. Im Rahmen unseres Veranstaltungsprogramms bieten wir in jedem Semester Studierenden und Absolventen die Chance, Defizite in ihren sozialen, methodischen und medialen Skills anzugehen und abzubauen.

Themen unserer Veranstaltungen sind Potenzialanalyse, Akquiseverfahren der Arbeitgeber, Möglichkeiten beruflicher Weiterbildung, Präsentations- und Moderationstechniken, Projektmanagement, Mediation und Konfliktlösungsstrategien, Outfit, Personalauswahlverfahren, Assessment Center, Telefontraining, Stressmanagement, Rhetorik und vieles mehr. Betriebserkundungen und Firmenpräsentationen bilden die Basis für Überlegungen zur Definition attraktiver Beschäftigungsfelder. Darüber hinaus geben wir in Einzelgesprächen mit Studierenden und Absolventen Hinweise zu arbeitsmarktorientiertem Studierverhalten und zu motivations- und zukunftsorientierten Bewerbungsstrategien. Längerfristig angelegte Coachingangebote mit professioneller Unterstützung von Personalberatern und -verantwortlichen führen für die Bewerber zu einer stärkeren Konzentration auf wirklich angestrebte und realistisch erreichbare Positionen und Aufgabenbereiche. Zeit raubende und erfolglose Bewerbungen auf Positionen, die nicht der Kompetenz oder den Karrierevorstellungen entsprechen, werden so verhindert.

Damit bekommt der Arbeitgeber Mitarbeiter, die

- über eine realistische Selbsteinschätzung verfügen,
- ihre eigenen Qualifikationen und Erwartungen auf die Anforderungen und Chancen der künftigen Position beziehen können,
- exzellent informiert sind und
- ein hohes Motivationsniveau besitzen.

Dies sind Voraussetzungen, die dem Arbeitgeber die Personalauswahl erleichtern und die Trefferquote erhöhen.

Die Hochschulteams haben in den vergangenen Jahren zunehmend den Arbeitgeber und seine Bedürfnisse in das Zentrum ihrer Tätigkeit gestellt. Lag zu Beginn unserer Arbeit im Herbst 1996 der Schwerpunkt auf der Unterstützung der Studierenden und Absolventen beim Umstieg von der Hochschule in den Beruf, so steht heute die Kooperation mit Unternehmen und Wirtschaft im Vordergrund. Wir bieten Arbeitgebern eine Plattform für ihre Präsentation auf dem Markt der Studienabgänger: Alle unsere Veranstaltungen eröffnen ihnen die Chance, ihr Angebot und ihre Perspektiven zu präsentieren, Kontakte zu Hochschulen und Absolventen herzustellen und zu vertiefen und Informationen über die an den Hochschulen vermittelten Qualifikationen zu sammeln, die sie für die Rekrutierung akademisch qualifizierter Mitarbeiter benötigen.

Allein das Hochschulteam AKZENT im Arbeitsamt Darmstadt führt pro Semester rund 30 Veranstaltungen für Studierende und Absolventen durch, in die viele große und mittelständische Arbeitgeber des Umkreises eingebunden sind. Zu unseren Kunden und Mitstreitern gehören unter vielen anderen so renommierte Unternehmen wie Merck KGaA, Rexroth Bosch AG, Adam Opel AG, Software AG, Hochtief AG, T-Nova GmbH der Telekom und das ZDF.

Dabei haben wir – natürlich! – noch einen weiteren Kunden im Auge: die Hochschulen. Für sie ist der berufliche Erfolg ihrer Absolventen, den wir fördern wollen, ein zentrales Marketing-Instrument und damit unverzichtbar im Wettbewerb um Studierende, Förder- und Drittmittel und auch hoch qualifiziertes wissenschaftliches Personal. So entstehen zunehmend Interessengemeinschaften zwischen den Hochschulteams der Arbeitsämter und den Hochschulen, die oft in gemeinsame Aktionen wie Kontaktbörsen und Absolventenmessen oder sogar in partnerschaftlich getragene „Career Center" münden. Die Hochschulen profitieren so auch bei der Konzeption und Überarbeitung ihrer Studienangebote: Sie erhalten ein Feedback aus erster Hand über die beruflichen Einmündungschancen ihrer Absolventen.

Dieser Verbund von Hochschulteam und Hochschule bietet Arbeitgebern zusätzliche attraktive Möglichkeiten, sich an den Hochschulen zu platzieren und Kontakte zu künftigen hoch qualifizierten Bewerbern zu knüpfen. Kein kommerzieller Personaldienstleister verfügt über eine ähnlich flächendeckende, niedrigschwellige, umfassende, qualitativ hochwertige und durch eigene wissenschaftliche Erhebungen unterfütterte Angebotspalette.

Warum wir das alles tun?

Zwei Gründe: Zum einen ist es nun mal Aufgabe der Bundesanstalt für Arbeit, daran mitzuwirken, dass Arbeitnehmer qualifikationsgerecht eingesetzt werden können und Arbeitgeber die für ihre Aufgaben und Bedürfnisse passenden Mitarbeiter bekommen. Das funktioniert, so die hinter dem Hochschulteam stehende Philosophie, im Vorfeld, in der Prophylaxe, besser. Zum anderen haben wir natürlich ein vitales Interesse an der vertrauensvollen Zusammenarbeit mit Unternehmen und Wirtschaft: Wer als Studierender und Absolvent unser Angebot, unsere Dienstleistung als hilfreich erlebt hat, wird auch später, dann in verantwortlicher Funktion im Beruf, die Dienste unseres Hauses gerne in Anspruch nehmen. Hochschularbeit ist also – gerade angesichts zunehmender Höherqualifizierung in der Erwerbsbevölkerung – ein wichtiges geschäftspolitisches Handlungsfeld der Bundesanstalt für Arbeit, und Hochschulabsolventen sind wichtige Multiplikatoren in der Kompetenzbeurteilung der Arbeitsämter.

Und ganz nebenher: Das Brückenbauen zwischen Bewerber, Arbeitgeber und Hochschulen ist nicht nur eine verantwortungsvolle Aufgabe von hohem gesellschaftlichem Wert. Es ist vor allem ein spannender, abwechslungsreicher Job – ein Job, der Spaß macht!

2.7 Stellenanzeigen in Printmedien

Print-Stellenanzeigen sind das klassische Suchinstrument vieler Unternehmen bei der Mitarbeitergewinnung. Auch wenn die mit diesem Suchweg verbundenen Risiken und Streuverluste recht hoch sind, bietet die Anzeige die Möglichkeit, einen sehr breiten Kandidatenkreis ansprechen zu können. Anzeigen in Printmedien werden von vielen Unternehmen auch unter dem Aspekt geschaltet, Imagewerbung zu betreiben und den Firmennamen in der Öffentlichkeit herauszustellen. Schließlich deutet die Suche nach neuen Mitarbeitern in der Regel an, dass das Unternehmen expandiert und seine Position am Markt behaupten möchte.

Zentrale Bedeutung bei der Stellenanzeige hat die Wahl des Mediums. So ist es wenig sinnvoll, eine Buchhalterin in Oldenburg über den Stellenmarkt der FAZ zu suchen, der bundesweit ausgerichtet ist.

2.7.1 Die Printmedien

Bei den Printmedien lassen sich im Wesentlichen die nachfolgenden Gruppen unterscheiden:

a) Überregionale Zeitungen
b) Regionale Tageszeitungen
c) Ortszeitungen und kostenlose Mitteilungsblätter
d) Fachzeitschriften
e) Karrierezeitschriften
f) Jahrbücher/Messepublikationen
g) Aushänge/Plakate/Handzettel

a) Überregionale Zeitungen

Der Stellenmarkt der überregionalen Tageszeitungen richtet sich in erster Linie an Fach- und Führungskräfte. Da die Zeitungen deutschlandweit Verbreitung haben, ist der regionale Bezug eher gering.

Die drei großen deutschen überregionalen Zeitungen im Hinblick auf den Stellenmarkt sind die

- **Frankfurter Allgemeine Zeitung (FAZ)**
  Die FAZ ist nach wie vor der Marktführer und hat national wie auch international die weiteste Verbreitung aller deutschsprachigen Zeitungen. Mit einem Seitenpreis von € 47.000.– muss man es sich allerdings schon etwas kosten lassen, hier sein Stellenangebot platzieren zu wollen. Die FAZ deckt alle Branchen ab.

- **Süddeutsche Zeitung**
  Die Süddeutsche Zeitung wird zwar auch bundesweit vertrieben, hat jedoch ihren klaren Schwerpunkt südlich des Mains. Einen Vertriebsleiter in Hamburg hier zu suchen, wäre nicht unbedingt empfehlenswert.

- **Die Zeit**
  Die Zeit als überregionale Wochenzeitung hat in den letzten Jahren ihre Position auf dem Stellenmarkt ausbauen können. Zielgruppe sind vor allem naturwissenschaftliche und geisteswissenschaftliche Berufsfelder, überwiegend im akademischen Bereich.

b) Regionale Tageszeitungen

Ob die Kieler Nachrichten, die Stuttgarter Zeitung oder das Hamburger Abendblatt, sie zählen zu den regionalen Tageszeitungen, die in ihrem Verbreitungsgebiet bevorzugt gelesen werden. Der Stellenmarkt dieser Zeitungen ist demnach auch auf diese Region bezogen und deckt die gesamte Bandbreite der Vakanzen ab.

Unter www.bsz-bw.de/links/tagdeut.html können Sie sich eine Übersicht der Tageszeitungen verschaffen.

c) Ortszeitungen und kostenlose Mitteilungsblätter

Sie alle kennen die Wurfsendungen, die regelmäßig Ihren Briefkasten füllen. Wie bei der BILD-Zeitung, bei der keiner offen zugibt, dass er sie liest, werden diese „Blättchen“ doch intensiv wahrgenommen. Geht es um gewerbliche oder kaufmännische Tätigkeiten in der Region, kann eine Anzeige durchaus zum Erfolg führen. Insbesondere Teilzeitkräfte, die in der Regel eine geringe Mobilität ausweisen, beachten diesen Stellenmarkt in ihrem unmittelbaren Umfeld.

d) Fachzeitschriften

Wenn Sie eine Position zu besetzen haben, die einen sehr hohen Branchenbezug hat oder einen einschlägigen Experten auf einem bestimmten Gebiet suchen, bieten sich Fachzeitschriften als Medium an. Der große Vorteil der Fachzeitschriften liegt darin, dass in der Regel eine gute Fokussierung auf die von Ihnen gewünschte Zielgruppe erfolgen kann. Schließlich lesen nur „Insider“ diese Publikationen. Der Nachteil der Fachzeitschriften liegt häufig darin, dass sie nur in größeren Zeitabständen erscheinen, was für eine kurzfristige Stellenbesetzung hinderlich ist.

e) Karrierezeitschriften

Sie richten sich an die Zielgruppe der jungen, karriereorientierten Führungsnachwuchskräfte. Die Themenschwerpunkte befassen sich deshalb mit Fragen rund um Studium, Berufsplanung oder Weiterqualifizierung. Die bekanntesten Vertreter dieses Segmentes sind die „Junge Karriere“ des Handelsblatts, der „Hochschulanzeiger“ aus dem Hause FAZ, die Publikation „Karriereführer“ aus dem Schirmer Verlag sowie der „Newsletter für Berufseinstieg und Karriere“ aus dem Hause Staufenbiel. Wenn Sie diese Zielgruppe ansprechen wollen, eignen sich Anzeigen in diesen Publikationen gut, da sie eine weite Verbreitung haben und vorwiegend kostenlos an Hochschulen oder zu geringen Kosten am Kiosk vertrieben werden.

f) Jahrbücher/Messepublikationen

Sofern Sie einen kontinuierlichen Personalbedarf haben (z. B. Trainee-Stellen, Einstiegspositionen für Hochschulabsolventen) bieten sich auch Jahrbücher oder Messepublikationen an. Die Ratgeber des Staufenbiel Institutes, z. B. Berufsplanung für den Management-Nachwuchs, erscheinen im jährlichen Rhythmus und richten sich an die Zielgruppe der Hochschulabsolventen. Die in den Büchern platzierten Image-Personalanzeigen sind in der Regel nicht positionsbezogen, sondern beschreiben ein allgemeines Anforderungsprofil von Nachwuchskräfte im Unternehmen. Kandidaten sollen über die Anzeige auf das Unternehmen aufmerksam gemacht werden. Die Anzeige dient zunächst dazu, beim Leser Interesse zu wecken um sich dann in einem zweiten Schritt mit den konkreten Einstiegsmöglichkeiten näher zu beschäftigen. Gleiches gilt für Messepublikationen wie z. B. der Messekatalog der Rekrutierungsveranstaltung „Talente“, die einmal jährlich in München stattfindet und sich ebenfalls an Hochschulabsolventen richtet. Vgl. hierzu das Kapitel 2.11 Hochschulmarketing.

g) Aushänge/Plakate/Handzettel

In U-Bahnen, auf Plakatwänden an den Haltestellen, auf Litfaßsäulen, am schwarzen Brett der Uni, überall dort, wo viele Menschen gleichzeitig angesprochen werden können, kommen Aushänge und Plakate zur Wirkung. Hauptsächlich genutzt für Produktwerbung, kann dieses Printmedium auch bei der Suche nach Mitarbeitern genutzt werden. Um Ihnen eine Größenordnung zu geben: Eine Großfläche (Haltestellenbereich, Plakatwand) im Format circa 3,50 × 2,50 m kostet pro Tag zwischen € 7.– und € 12.–, ein DIN A1-Plakat an einer Litfaßsäule liegt bei rund € 0,50 pro Tag und einer Mindestlaufzeit von 10 Tagen.

Wer an der Haltestelle wartet oder mit der Bahn fährt, hat in der Regel Zeit, die Informationen zu lesen. Gerade weil dieser Weg der Mitarbeitersuche noch nicht die Regel, sondern die Ausnahme ist, können Sie damit auffallen und sich von anderen Anbietern abheben.

- Warum nicht auf der S-Bahnlinie, die zu Ihrem Unternehmen führt, ein Stellenangebot platzieren?
- Warum nicht an der Bushaltestelle eine Plakatstellenanzeige schalten?

Entscheidend ist, dass die von Ihnen gewünschte Zielgruppe die gewählte Lokalität auch frequentiert. Wenn Sie Hochschulabsolventen ansprechen wollen, ist demnach die Uni-Umgebung sicherlich geeignet. Stadtzentren, insbesondere zentrale U-Bahnstationen, bei denen viele Menschen, die zur Arbeit fahren, umsteigen müssen, eignen sich, wenn Sie weit verbreitete Qualifikationen wie Sachbearbeiter oder Verkäufer suchen.

2.7.2 Anforderungen an Stellenanzeigen

Wie sollte nun eine Stellenanzeige aussehen?

Eine Anzeige soll ansprechen und interessante Kandidaten zu Ihrem Unternehmen führen. Um dies zu erreichen, lassen Sie uns das Augenmerk auf zwei wesentliche Aspekte bei Stellenanzeigen richten:

a) Inhaltliche Elemente

b) Layout-Gestaltung

a) Inhaltliche Elemente

Eine Stellenanzeige, die von einem Unternehmen direkt geschaltet wird, sollte zu den folgenden Themen eine Aussage machen:

- **Arbeitgeber**
  - ▷ Wer ist der Arbeitgeber?
  - ▷ Wo liegen seine Tätigkeitsschwerpunkte?
- **Position**
  - ▷ Um welche Position geht es?
  - ▷ Was sind die Aufgabenschwerpunkte?
  - ▷ Welche Perspektiven bieten sich?
- **Erwartungen**
  - ▷ Welche Anforderungen werden zwingend vorausgesetzt?
  - ▷ Wann ist die Position zu besetzen?
- **Leistungen**
  - ▷ Welche Rahmenbedingungen bietet das Unternehmen?

b) Layout-Gestaltung

Das Layout einer Anzeige entscheidet zunächst darüber, ob die Aufmerksamkeit eines Lesers geweckt wird oder er die Anzeige einfach überliest. „Eyecatcher" in Form von Logos oder Bildern können den Attraktivitätscharakter einer Anzeige erhöhen. Eine wesentliche Forderung an das Layout der Anzeige stellt die in sich harmonische Gesamterscheinung und Ausgewogenheit dar. Der Tod jeder Anzeige ist zu viel Text. Wer meint, den nun schon mal bezahlten Platz auch voll ausschöpfen zu müssen, wird sein Ziel nur in den wenigsten Fällen erreichen.

In der Anzeige sollten die wesentlichen inhaltlichen Aussagen auch optisch in den Vordergrund gestellt werden. Handelt es sich beispielsweise um ein renommiertes Unternehmen mit einem bekannten Markennamen, sollte dieser auf den ersten Blick ins Auge stechen.

Beispiel:

Damit wir nicht im luftleeren Raum diskutieren, nachfolgend ein Beispiel (Abb. 7) für eine Stellenanzeige, die sich an unserem Profil aus dem Kapitel Anforderungsprofil orientiert:

Kompromisslose Qualitätsorientierung und beständige Innovation haben uns zu einem international tätigen Unternehmen mit herausragendem Produktimage wachsen lassen.

Symmantek Electronics

Für unsere Zentrale in Stuttgart suchen wir den kundenorientierten, flexiblen Mitarbeiter m/w

Back-Office Vertrieb
mit Schwerpunkt USA-Geschäft

Als Bindeglied zwischen den Key-Accountern vor Ort und unseren Fachabteilung in der Organisation werden Sie alle Funktionen im Vertriebs-Innendienst eigenständig betreuen.
Hierzu zählen insbesondere die Angebotserstellung, die Auftragsbearbeitung und -verfolgung, die Rechnungsstellung sowie das Beschwerdemanagement.

Sie bringen die besten Vorausetzungen mit, wenn Sie über ein betriebswirtschaftliches Studium oder eine kaufmännische Ausbildung mit Zusatzqualifikation verfügen. Da Sie das Back-Office eigenständig führen, erwarten wir mindestens drei Jahre Berufserfahrung in einer ähnlichen Funktion. Sehr gute Englischkenntnisse und die Bereitschaft, die Lage der Arbeitszeit den Bedürfnissen unserer Kunden in den USA anzupassen, setzen wir ebenso voraus wie das Interesse, sich auch als Kaufmann technische Kenntnisse unserer Branche anzueignen.

Interessiert? Dann freuen wir uns auf Ihre aussagefähigen Unterlagen. Für eine erste Kontaktaufnahme steht Ihnen Herr Müller unter 0711/4511-20 gerne zur Verfügung.

Symmantek Electronics In den Auen 35 70211 Stuttgart www.symmmantek-electronics.de

Abb. 7: Stellenanzeige

Nachfolgend eine Beurteilung dieser Beispielanzeige.

Inhaltliche Beurteilung
▸ Arbeitgeber: Der Arbeitgeber wird in der Anzeige namentlich genannt mit Angabe des Firmenstandortes, was eine räumliche Orientierung für potenzielle Bewerber ermöglicht. Es werden jedoch keine näheren Angaben darüber gemacht, welche Produkte zu dem „herausragenden Produktimage“ geführt haben. Nur über den Firmennamen lässt sich darauf schließen, dass es sich um Elektronik-Produkte handeln muss. Hier wird eine wichtige Chance verspielt, um Aufmerksamkeit und Interesse beim Leser zu wecken. Ganz am Ende der Anzeige wird zwar durch den Hinweis auf die Homepage die Möglichkeit geboten, sich näher über das Unternehmen zu informieren. Dieser Aufforderung wird aber nur jemand folgen, der bereits starkes Interesse entwickelt hat. Ganz katastrophal ist, insbesondere bei dem hohen Qualitätsanspruch, den das Unternehmen in der Selbstdarstellung betont, dass der Firmenname in der Homepage-Angabe falsch geschrieben ist. Damit wird der interessierte Leser im Internet nicht auf Anhieb fündig und wird keine weiteren Aktivitäten mehr in Richtung Bewerbung ergreifen.
▸ Position: Die Position wird in der Überschrift hervorgehoben und im folgenden Abschnitt näher erläutert. Durch die Zweitüberschrift tritt der Schwerpunkt USA sehr deutlich in den Vordergrund, was einer starken Betonung entspricht. Im nächsten Abschnitt kommt noch die Zusatzinformation, dass eine Alleinkraft gesucht wird, d. h. Personen, die bereits über Führungserfahrung verfügen, werden in der Regel nicht weiterlesen, da auch alle abwicklungstechnischen Tätigkeiten selbst zu erledigen sind und keine weiteren Mitarbeiter zur Verfügung stehen. Die angedachten Perspektiven (vgl. Anforderungsprofil) fehlen in der Anzeige, womit ein wichtiger Anreiz ungenannt bleibt.

- Anforderungen:
  Die Anforderungen werden bereits in der Einstiegszeile mit kundenorientiert und flexibel begonnen. Im übernächsten Abschnitt werden weitere Kriterien detailliert dargestellt. Der Wunsch nach SAP/R3-Erfahrung (vgl. Anforderungsprofil) wird nicht genannt. Die Formulierung „die Lage der Arbeitszeit den Bedürfnissen unserer Kunden in den USA anzupassen", ist etwas unglücklich formuliert, da hier durchaus der Eindruck entstehen kann, dass es sich bei der Zeitverschiebung zu den USA von 6 bis 9 Stunden um eine reine Nachtarbeit handeln könnte. Hier ist abzuwägen, ob nicht erst im Vorstellungsgespräch das Thema näher erläutert werden sollte, um nicht unnötig abzuschrecken. Es werden keine Angaben gemacht, wann die Position zu besetzen ist.
- Leistungen:
  Über die Rahmenbedingungen werden keine Aussagen gemacht. Der Hinweis auf eine „leistungsgerechte Bezahlung" oder ein „interessantes Gesamtvergütungspaket" würde hier mehr Anreize schaffen.
- Kontaktaufnahme:
  Positiv ist der Hinweis auf eine erste telefonische Kontaktaufnahme. Diese bietet dem Kandidaten die Möglichkeit, offene Punkte zu klären. Gleichzeitig erhalten Sie als Arbeitgeber die Chance, eine Vorselektion der Bewerber vornehmen zu können.
- Empfehlenswert wäre es, wenn eine Funktionsbezeichnung des Ansprechpartners (Personalleiter oder Vertriebsleiter) mit angegeben wäre. Indem keine E-Mail genannt ist, deutet das Unternehmen an, dass es die Bewerbungsunterlagen gerne in Papierform haben möchte.

Beurteilung des Layouts

Die hier präsentierte Anzeige stellt den Aufgabenbereich der zu besetzenden Stelle in den Mittelpunkt. Durch den Begriff „Back-Office Vertrieb" fühlen sich nur Personen angesprochen, die mit diesem Begriff etwas anfangen können, was aus Sicht des Unternehmens sicherlich gewünscht ist, wird für die Position doch mehrjährige einschlägige Berufserfahrung vorausgesetzt.

Insgesamt wirkt die Anzeige von ihrem Gesamterscheinungsbild nicht sehr harmonisch. Die einzelnen Textabschnitte sind nicht bündig. Ein Blocksatz würde für mehr Ruhe im Gesamterscheinungsbild sorgen. Der viele Text unterhalb der Überschrift schreckt eher vom Lesen ab. Hier kann es hilfreich sein, die Anforderungen tabellarisch in Form von Bullets aufzuführen:

Sie bringen die besten Voraussetzungen mit, wenn Sie

- ein betriebswirtschaftliches Studium oder eine kaufmännische Ausbildung mit Zusatzqualifikation
- mindestens drei Jahre einschlägige Berufserfahrung
- sehr gute Englischkenntnisse
- Flexibilität in der Lage der Arbeitszeit (Zeitverschiebung USA-Kunden) und
- technisches Interesse

vorweisen können.

Fazit: Bei der Anzeige wird deutlich, dass das Layout nicht von einem Profi stammt.

Tipp

Schalten Sie die Anzeige nicht selbst, sondern lassen Sie diese über eine Agentur platzieren, die auch bei der grafischen Gestaltung hilft, sofern Sie nicht innerhalb des Unternehmens über entsprechendes Fachpersonal verfügen. Da die Agenturen von den Verlagen in der Regel einen Agenturrabatt bei der Schaltung von Anzeigen erhalten, sollten Sie mit der Agentur darüber sprechen, inwieweit dieser Rabatt auf die Kosten für die Gestaltungsunterstützung angerechnet wird.

Stellen Sie auf jeden Fall sicher, dass sich die Vorschriften der CI (Corporate Identity) Ihres Unternehmens in der Gestaltung der Anzeige wiederfinden. Agieren Sie hier nicht unkoordiniert, sondern stimmen Sie die Anzeige firmenintern ab. Sie können sich sonst viel Ärger einhandeln, denn bei diesem Thema möchten alle immer gerne mitreden oder zumindest gefragt werden.

2.7.3 Stellengesuche

Neben der unternehmensseitigen Schaltung eines Stellenangebotes bieten Printmedien auch dem Jobsucher die Möglichkeit, ein Stellengesuch aufzugeben. Bei der Medienwahl gilt für Sie als Unternehmensvertreter im Grunde das gleiche wie bei der Schaltung von Stellenangeboten, d. h. dort wo Sie ein Angebot schalten würden, sollten Sie auch die Gesuche beachten. In konjunkturell schwierigen Zeiten bietet sich Ihnen ein großes Angebot an oftmals hoch qualifizierten Kandidaten. Wer selbst ein Stellengesuch aufgibt und die damit verbundenen Kosten bereit ist zu tragen (in der FAZ sind das in der Regel nicht unter € 150,– auf der nach oben offenen Skala), der sucht auch tatsächlich einen neuen Job und möchte sich nicht nur mal so am Markt umsehen. Es ist auch ein Zeichen von Engagement und persönlicher Aktivität, wenn ein Bewerber diesen Weg geht. Grundsätzlich ist die Reaktion auf ein Stellengesuch nicht mit mehr oder weniger Risiken verbunden als die Schaltung eines Stellenangebotes. In der Regel werden Stellengesuche per Chiffre-Anzeige geschaltet, d. h. Sie müssen unter Angabe der Chiffre-Nummer an den Verlag schreiben, der den Brief weiterleitet. Dies kann zu einem zeitlichen Verzug führen. Personalberater nutzen die Möglichkeit, auf Stellengesuche zu reagieren sehr intensiv, um diese Kandidaten dann wieder ihren Kunden zu präsentieren. Es ist letztendlich eine Frage der Kapazität versus Kosten, inwieweit Sie die Reaktion auf Stellengesuche als Rekrutierungsmöglichkeit in Betracht ziehen.

Beispiel:

	Zeitbedarf
Sichtung der Stellengesuche in drei überregionalen Zeitungen über einen Zeitraum von 4 Wochen	*8 Stunden*
Kontaktaufnahme und Bitte um Zusendung Unterlagen (Beispiel 40 potenzielle Kandidaten)	*4 Stunden*
Grobsichtung der Unterlagen	*4 Stunden*
Gesamt	*16 Stunden*

Wenn sich aus dieser Aktion vier interessante Kontakte ergeben (10 %), die in den weiteren Auswahlprozess einfließen können, und Sie einen Stundensatz von € 100,– für die Bearbeitung zugrunde legen, haben sie mit € 1.600,– durchaus eine gute Ausbeute.

2.8 E-Recruiting

2.8.1 Einstieg

Das Schalten von Stellenangeboten in elektronischen Jobbörsen ist von allen E-Recruitingaktivitäten seitens der Unternehmen die am häufigste genutzte. Gegenüber dem Stellenangebot in Printmedien können Bewerber ganz gezielt nach Suchkriterien vorgehen und passende Angebote herausfiltern. Ferner besteht die Möglichkeit, dass Sie als Unternehmen einen Link zwischen dem Stellenangebot in der Jobbörse und Ihrer Unternehmens-Homepage schalten lassen. So können interessierte Bewerber direkt weitergehende Informationen abrufen oder ggfs. sich online bei Ihnen bewerben. Aber Jobbörsen funktionieren auch umgekehrt. Neben dem eigenen Stellenangebot bieten Jobbörsen den Unternehmen die Möglichkeit, auch in Bewerberdatenbanken gezielt nach geeigneten Mitarbeitern zu suchen. Personalberater machen von dieser Möglichkeit vorwiegend Gebrauch, während die Nutzung seitens der Unternehmen eher gering ist. Als Argument wird häufig der damit verbundene Aufwand genannt.

Jobbörsen schießen wie Pilze aus dem Boden, manche sind aber genau so schnell auch wieder verschwunden. Der Markt der Internet-Jobbörsen gestaltet sich als sehr intransparent. Neben einigen großen, etablierten Anbietern gibt es unzählige Nischenanbieter, die sich auf ein kleines Segment am Arbeitsmarkt konzentrieren.

Die zahlenmäßig mit Abstand größte Jobbörse in Deutschland ist der virtuelle Arbeitsmarkt der Bundesanstalt für Arbeit, der sowohl für Unternehmen wie Stellensucher kostenlos ist. Bei den kommerziellen Anbietern ist www.jobpilot.de auf dem deutschen Markt am besten etabliert, www.stepstone.de, www.monster.de und www.stellenanzeigen.de gehören ebenso zu den ganz großen Anbietern, die das gesamte Spektrum an Branchen abdecken.

Unter www.software-offensive-bayern.de können Sie aus einer Zusammenstellung von rund 200 Jobbörsen nach Auswahlkriterien für Sie interessante Börsen selektieren. Unter www.crosswater-systems.com finden Sie ebenfalls eine große Auswahl an Jobbörsen.

In Übersicht 2 finden Sie eine Auflistung der bekanntesten Jobbörsen im Internet.

Übersicht 2
Jobbörsen im Internet

Allgemeine Anbieter:	**Spezialanbieter:**
www.alma-mater.de	
www.arbeitsamt.de	www.dv-treff.de (IT-Sektor, speziell SAP R/3)
www.jobpilot.de	www.mamas.de (IT-Branche)
www.stepstone.de	www.akademiker-online.de (Akademiker)
www.stellenanzeigen.de	www.stanbiel.de (Studenten/Absolventen)
www.monster.de	www.berufsstartaktuell.de (Hochschulabsolventen)
www.jobware.de	www.karrierefuehrer.de (Hochschulabsolventen)
www.consultants.de	www.ingenieurweb.de (Ingenieure/Naturwissenschaftler)
www.worldwidejobs.de	www.gulp.de (IT-Freiberufler)
www.jobscout24.de	www.jobs4docs (Naturwissenschaft/Medizin)
www.jobsintown.de	www.chemie.de (Naturwissenschaft/Medizin)
www.jobline.de	www.pharmajobs.de (Naturwissenschaft/Medizin)
www.stellenmarkt.de	www.jobs4law.de (Juristen)
www.karriere.net	www.renojobs.de (Juristen)
www.worldwidejobs.de	www.ingenieurcarriere.de (Ingenieure)
www.versum.de	www.hotel-career.de (Hotelbranche)
www.jobticket.de	www.jobsintown.de (Regionale Stellenmärkte)
www.jobstairs.de	www.manager-lounge.com (Führungskräfte)

2.8.2 Vorteile und Möglichkeiten

Der Run auf die Nutzung elektronischer Medien bei der Mitarbeiterrekrutierung ist groß. Ganz vorne an steht das Internet mit seinen Möglichkeiten. Einige zentrale Vorteile liegen auf der Hand:

- **Vorteil 1: Schnelligkeit**
  Die Reaktionsgeschwindigkeit wird deutlich erhöht. Dies gilt sowohl für Sie als Unternehmensvertreter, wenn es darum geht, den entstandenen Mitarbeiterbedarf nach außen zu kommunizieren, als auch für Bewerber, wenn sie auf Angebot reagieren.
- **Vorteil 2: Nutzungskosten**
  Die Schaltung einer Online-Anzeige ist deutlich kostengünstiger als die Insertion in Printform.
- **Vorteil 3: Flexible Zugriffsmöglichkeit**
  Auf das Online-Medium kann jederzeit und von jedem Ort zugegriffen werden, eine Aktualisierung ist kurzfristig möglich.
- **Vorteil 4: Geringe Hemmschwelle, Aufwandsreduzierung**
  Für viele Bewerber liegt die Hemmschwelle, sich online auf eine Anzeige zu bewerben, deutlich niedriger, als wenn die Papierform zu wählen ist.
- **Vorteil 5: Multimediale Darstellungsform/Individualität**
  E-Recruiting bietet Ihnen deutlich mehr Möglichkeiten, Ihr Unternehmen zu präsentieren und sich damit von anderen Unternehmen abzuheben, als dies in klassischen Medien der Fall ist.

Bei all den genannten Argumenten darf aber nicht vergessen werden, dass nur eine professionelle Nutzung und Beherrschung dieses Mediums den gewünschten Effekt erzielt. In der Realität scheitern viele Unternehmen aber immer wieder genau daran. Es werden E-Mail-Bewerbungen ausdrücklich gewünscht, es existiert jedoch firmenintern kein entsprechendes Bewerber-Managementsystem, um die Daten digital weiterzuverarbeiten. Nicht selten werden die Unterlagen wieder ausgedruckt und dann in Papierform weiterbearbeitet, was nun wirklich nicht im Sinne des Erfinders ist. Und Sie sollten eines nicht vergessen: Indem Sie signalisieren, dass Sie E-Recruiting betreiben, werden Sie auch von Bewerberseite daran gemessen. Eine Online-Bewerbung, auf die Sie erst nach 10 Tagen reagieren, wird kein besonders professionelles Image beim Kandidaten hinterlassen.

Tipp

Wecken Sie nicht zu große Erwartungen beim Bewerber im Hinblick auf Ihre E-Recruiting-Aktivitäten. Machen Sie lieber das, was Sie tun, professionell.

Abbildung 8 liefert einen Überblick der unterschiedlichen Möglichkeiten, die Sie im Zusammenhang mit E-Recruiting nutzen können.

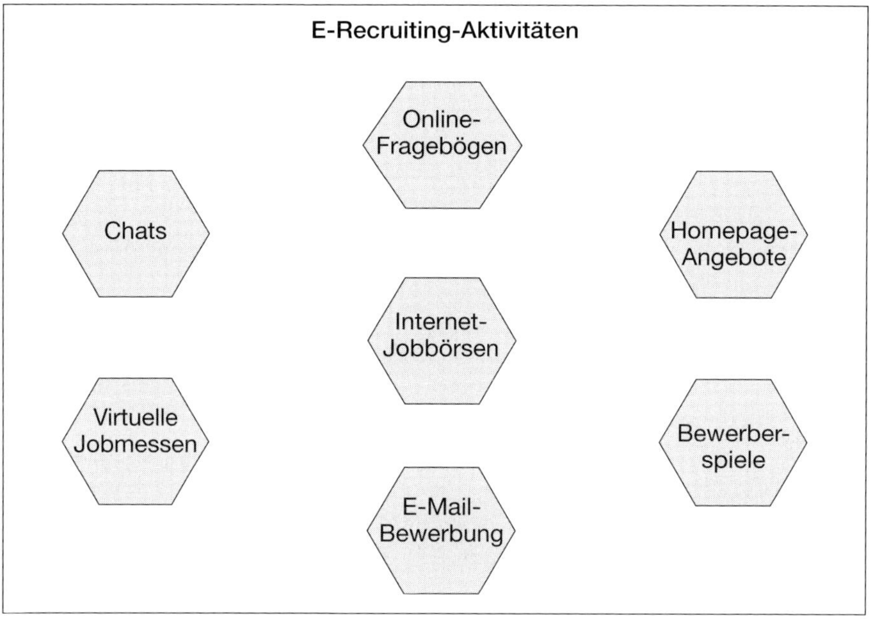

Abb. 8: E-Recruiting-Aktivitäten

2.8.3 Jobbörsen: Kriterien für die Auswahl

Kriterien für die Auswahl einer Jobbörse sind:

a) Preise

b) Zielgruppen

c) Services

a) Preise

Die Preisgestaltung ist sehr unterschiedlich. Teilweise wird eine Pauschale für eine Schaltung beliebig vieler Anzeigen über einen Zeitraum von vier Wochen berechnet. Zum Teil wird aber auch pro geschalteter Anzeige abgerechnet. Als Richtwert sind € 750.– für eine vierwöchige Anzeigenschaltung bei einer der etablierten Jobbörsen realistisch. Bei der Recherche in Bewerberdatenbanken ist die Preispolitik noch differenzierter zwischen den einzelnen Börsen. In einigen Börsen können Sie nur im Bewerberpool recherchieren, wenn Sie gleichzeitig auch eine Stellenanzeige geschaltet haben. Teilweise wird eine Pauschale für das Recherchieren in der Bewerberdatenbank berechnet und es können beliebig viele Kandidaten kontaktiert werden. In zahlreichen Jobbörsen ist das Recherchieren kostenlos, es wird jedoch pro Kontakt mit dem Kandidaten eine Gebühr berechnet.

b) Zielgruppen

Jobbörsen werden vor allen Dingen von jüngeren Nachwuchskräften intensiv besucht. Der Anteil der männlichen Nutzer ist deutlich höher als der der weiblichen Stellensucher. Der Bildungsstand spielt ferner eine Rolle. Akademiker greifen deutlich öfter auf Jobangebote in Jobbörsen als Stellensucher mit niedrigerem Bildungsstand. Auch die Branche spielt eine wichtige Rolle. Im Bereich IT-/Telekommunikation werden Online-Jobbörsen besonders intensiv genutzt. Es hängt damit sehr stark von der zu besetzenden Position und dem Kandidatenprofil ab, ob Sie Ihren „Wunschkandidaten" über die Schaltung einer Stellenanzeige in einer Online-Jobbörse finden können.

c) Services

Die Mehrzahl der kommerziellen Jobbörsen bietet neben der reinen Online-Jobbörsenfunktion noch eine Vielzahl von weiteren Leistungen an.

Ein wichtige Dienstleistung der Jobbörsen ist das **Bewerbermanagement,** mit dem Sie die eingehenden Bewerbungen effizient erfassen und weiterverarbeiten können. Diese Softwareprodukte sind ein wichtiger Baustein, um einen effizienten Recruitingprozess sicherstellen zu können.

Elemente dabei sind:

- Schaltung von Online-Stellenanzeigen
- Bewerberkorrespondenz
- Vorauswahl der Kandidaten
- Bereitstellung der Daten innerhalb des Unternehmens
- Koordination der Gespräche
- Überführung der Daten in die Mitarbeiterdatenbank

Die großen Anbieter von Online-Jobbörsen bieten **Beratungsleistungen** rund um den Rekrutierungsprozess an.

- Recherche in der Bewerberdatenbank auf der Grundlage eines Anforderungsprofils
- Prozessoptimierung
- Erstellung der firmeneigenen HR-Website
- Formulierung und Gestaltung von Stellenanzeigen

Je mehr **Bewerber-Service** eine Jobbörse den Stellensuchern bietet, umso höher ist die Frequentierung, die Ihnen als Stellenanbieter wieder zugute kommt. Neben Informationen rund um die Themen Bewerbung und Karriere bieten Jobbörsen zahlreiche Foren zum Austausch mit anderen Jobsuchern. In Experten-Chats stehen Fachleute zu einzelnen Themen den Ratsuchenden Rede und Antwort.

Die Checkliste 7 hilft bei der Auswahl der passenden Online-Jobbörse.

Checkliste 7
Auswahl einer Online-Jobbörse

		ja	nein
(1)	Wie lange existiert die Jobbörse schon?		
(2)	Wie viele Postings (offene Stellen bzw. Kandidatenprofile) sind geschaltet?		
(3)	Kennen Sie die Nutzerstruktur? (Wie viele Zugriffe, welche Zielgruppen?)	❐	❐
(4)	Gibt es eine Fokussierung auf bestimmte Branchen, Regionen, Funktionsbereiche?	❐	❐
(5)	Haben Sie die Möglichkeit, selbst Anzeigen zu platzieren und zu aktualisieren (oder müssen Sie hierzu immer die Dienste des Anbieters in Anspruch nehmen)?	❐	❐
(6)	Wie hoch sind die Anzeigen- bzw. Nutzungskosten und wie setzen sich diese zusammen?		
(7)	Welches Leistungspaket liegt zugrunde?		
(8)	Wie lange ist die Laufzeit der Anzeigen?		
(9)	Welche zusätzlichen Services werden angeboten?		
(10)	Ist ein Link (Verknüpfung) zu Ihrer Firmen-Homepage vorgesehen?	❐	❐
(11)	Besteht die Möglichkeit der Online-Bewerbung für die Kandidaten? Wie erfolgt diese (E-Mail-Bewerbung, Online-Fragebogen?)	❐	❐

2.8.4 Chats

Chatrooms, in denen sich Interessierte online über Themen austauschen können, liegen im Trend. Die Anbieter von Jobbörsen führen hierzu regelmäßig Experten-Chats durch, bei denen sich Bewerber mit einem Fachmann unterhalten und ihre Fragen stellen können. Wenn Sie sich als Experte für einen solchen Chat zur Verfügung stellen, ist dies für Sie eine gute Möglichkeit, um ohne finanziellen Aufwand Ihr Unternehmen einer breiten Öffentlichkeit zu präsentieren. www.jobpilot.de führt z. B. einmal wöchentlich einen solchen Experten-Chat durch. Sie können aber auch auf Ihrer firmeneigenen Homepage Chats anbieten und damit Interessenten die Möglichkeit der Kontaktaufnahme bieten. Der Chat sollte dann sowohl auf Ihrer Homepage als auch über andere Medien angekündigt werden.

2.8.5 Bewerberspiele

Die Idee ist einfach: Interessenten können sich für die Teilnahme an einem virtuellen Spiel registrieren lassen und durchlaufen dann zahlreiche Situationen, in denen sie Fähigkeiten und Eigenschaften wie soziale Kompetenz, Flexibilität und Motivation unter Beweis stellen müssen. Wer alle Herausforderungen besteht, kann tolle Preise gewinnen und sich gleichzeitig als interessanter Kandidat bei den teilnehmenden Unternehmen präsentieren.

Die Cyquest Internet AG (www.cyquest.de) hat sich auf die Durchführung von Bewerberspielen spezialisiert. Neben dieser firmenübergreifenden Variante haben bereits einige Großunternehmen eigene Bewerberspiele entwickelt, darunter die Siemens AG mit ihrem Recruitingspiel „Challenge Unlimited“. Neben reinen Spielen bieten sich eine Vielzahl von Variationen an, die als Rekrutierungs- und Vorauswahlinstrument eingesetzt werden können. Die Hypovereinsbank setzt mit der Bewerbersoftware job.doc auf eine Verknüpfung von Fragen und Fallstudien an. Die ZF Friedrichshafen lässt bei der Traineeauswahl beispielsweise eine Projektaufgabe von mehreren Kandidaten virtuell bearbeiten.

Dem Ideenreichtum sind keine Grenzen gesetzt und die Resonanz bei den Bewerbern ist überwiegend positiv.

2.8.6 Homepage-Angebote

Mehr und mehr Unternehmen gehen dazu über, auf der Firmen-Homepage ein spezielles Angebot für Bewerber einzurichten. Neben allgemeinen Firmeninformationen können Sie aktuelle Jobangebote und Informationen präsentieren, die sich speziell an den Bedürfnissen der Bewerber orientieren.

Unter einem Button „Jobangebote“, „Karriere“ oder „Arbeiten bei xyz“ machen Sie interessierte Besucher direkt auf Ihr entsprechendes Angebot aufmerksam.

Tipp

Platzieren Sie das Angebot für Bewerber direkt auf der Startseite Ihrer Unternehmens-Homepage.

Um die Attraktivität Ihrer Homepage für Bewerber zusätzlich zu erhöhen, bieten sich folgende Angebote an:

- **FAQs**
  Richten Sie eine spezielle Rubrik ein, in der sie auf häufige Fragen zum Thema Karriere eingehen.
- **Veranstaltungskalender**
  Geben Sie auf der Homepage Hinweise bezüglich Kontaktmöglichkeiten auf Messen und Recruiting-Events.
- **Newsletter/Mailings**
  Bieten Sie den Bezug eines Newsletters oder die Eintragung in eine Mailingliste an.
- **Testimonials**
  Lassen Sie Mitarbeiter zu Wort kommen, die etwas über ihre Arbeit und Entwicklung im Unternehmen sagen. Testimonials haben eine deutlich höhere Glaubwürdigkeit als allgemeine Aussagen.

Wenn Sie die Erstellung eines bewerberorientierten Homepage-Angebotes planen, ist es sehr hilfreich, sich im Rahmen eines Benchmarkings existierende Angebote am Markt etwas näher anzusehen. In einer jährlich durchgeführten Studie des Fachbereiches Medienwirtschaft der Fachhochschule Wiesbaden werden die Human-Resources-Bereiche der Internetpräsenzen von Deutschlands größten und bedeutendsten Arbeitgebern untersucht. Der nachfolgende Auszug aus dieser Studie beschreibt die von den Nutzern (Bewerbern) gestellten Anforderungen an einen Internetauftritt.

Die komplette Marktstudie „Human Resources im Internet 2003“ steht Ihnen als Download unter www.personalwirtschaft.de zur Verfügung.

Special:
Anforderungen an Homepage-Angebote (Auszug aus der Studie „Human Resources im Internet 2003“)

Besondere Zielgruppen erfordern besondere Informationen. Dies gilt vor allem für potenzielle Bewerber. An die zielgruppenspezifischen Inhalte wurden folgende allgemeine Erwartungen an den Informationsgehalt gestellt:

- Detaillierte Stellenbeschreibungen
- Fortbildungsmaßnahmen und internationale Karrieren
- Recruiting-Veranstaltungen und Job-Messen
- Konzernstrukturen
- Informationen rund um den Bewerbungsprozess

Da sich die relevante Zielgruppen wiederum gemäß ihres Alters, Ausbildungsstand und Erwartungen in das Unternehmen in unterschiedliche Interessenten teilt, sind besondere Informationen für die folgenden potenziellen Bewerber erwartet worden:

- Schüler/Auszubildende
- Studenten
  - Praktikum
  - Diplom-/Doktorarbeit
- Hochschulabsolventen
  - Direkteinstieg
  - Trainee
- Young Professionals/Berufserfahrene

Das Ausbildungsniveau der Internetnutzer hat sich in den letzten Jahren nicht besonders verändert. Laut der letzten 14. W3B-Studie im Mai 2002 kann der Großteil der Nutzer heute als höchsten absolvierten Berufsabschluss eine Lehre/Ausbildung aufweisen; immerhin je 14 Prozent verfügen über einen FH- oder Universitätsabschluss. Somit kann auch festgestellt werden, dass die „studentischen Zeiten" des Internets nun längst vorbei sind: Die große Mehrheit der Internetnutzer (69,1 Prozent) ist heute berufstätig – als Angestellte, Beamte oder selbstständig. Studenten, Schüler und Auszubildende machen dagegen nur noch 16,1 Prozent der Internet-Nutzerschaft aus.

Entsprechend der Zielgruppen sollte auch die Ansprache erfolgen: Nach wie vor stark ist laut der W3B-Studie die Zahl der Internetnutzer, die sich in Lehre oder Ausbildung befinden. Diesem Umstand sollte durch gezielte Ansprache der Zielgruppe im Human-Resources-Bereich Rechnung getragen werden.

Angebote für Praktika, Diplom- oder Doktorarbeiten sind für die Zielgruppe der Studenten und Absolventen weiterhin beliebte und effektive Recruitment-Instrumente. Sie machen die Unternehmenswebseite interessant und stellen dadurch nicht nur eine Art „Kundenbindung" her, sondern belegen auch überzeugend, dass ein Unternehmen aktiv an den High Potentials von morgen interessiert ist. Weiterhin gehören in diesen Bereich aktuelle Informationen über anstehende Rekrutierungsveranstaltungen in Form von Jobmessen, Hochschultagen und Workshops.

Die Zielgruppe der Young Professionals wiederum stellt andere Ansprüche an einen HR-Bereich. Für sie sind Informationen über Trainee-Programme, Karriere- und Aufstiegsmöglichkeiten, sowie Weiterbildungsmaßnahmen in erheblichen Maß entscheidungsrelevant und sollten im Human-Resources-Bereich nicht fehlen.

Unter einem anderen als dem Zielgruppen-Blickwinkel lassen sich die Besucher des Human-Resources-Bereichs grundsätzlich in zwei Gruppen unterteilt: zum einen jene, die allgemein an einer Beschäftigung in einem Unternehmen interessiert sind, und zum anderen diejenigen, die nach einem konkreten Stellenangebot suchen.

Beide Gruppen sollten durch die Human-Resources-Seite mit den relevanten Informationen versorgt werden und diese sollten auch leicht zu finden sein. Das bedeutet einen redaktionell hohen Aufwand an Aufbereitung der spezifischen Informationen, so dass einerseits ein allgemeiner Eindruck über das Unternehmen und dessen Arbeitsumfeld entstehen kann und andererseits detailliertere Informationen zu einem bestimmten Jobangebot bei Bedarf zur Verfügung gestellt werden können. Dieser Spagat zwischen Breite und Tiefe des Inhaltes ist nicht leicht zu meistern.

Einen wesentlichen Teil des Informationsangebotes eines HR-Bereiches machen natürlich die Stellenanzeigen aus. Diese sollte eine kurze Unternehmensinformation enthalten, die durch eine präzise Nennung der Position, detaillierte Aussagen über den Aufgabenbereich, ein Anforderungsprofil, die Angabe des Arbeitsortes und ein Ansprechpartner ergänzt werden. Auf Grundlage dieser Informationen kann sich der Bewerber ein umfassendes Bild über seine zukünftige Tätigkeit machen und überprüfen, inwieweit er zum Unternehmen passt.

Nicht zuletzt darf die Information über die Datensicherheit bei einer Online-Bewerbung nicht fehlen. Eine SSL-Verschlüsselung oder andere Sicherheitsstandards sollten selbstverständlich nicht nur eingesetzt, sondern die Bewerber auch darüber informiert werden, damit sie wissen, dass ihre Daten in guten Händen sind.

Tipp

Wenn Sie ein spezielles Angebot für Bewerber auf Ihrer Homepage haben, sollten Sie sicherstellen, dass Jobangebote, die Sie in Jobbörsen platziert haben, mit einem Link auf Ihre Firmen-Homepage versehen werden. Damit wird der Bewerber direkt auf Ihre Domain geführt. Auch Online-Bewerbungsformulare und Self-Assessments sollten dort verankert sein.

2.8.7 Virtuelle Jobmessen

Wer als Unternehmensvertreter den Aufwand und Stress kennt, der mit der Teilnahme an Jobmessen verbunden ist (vgl. Kapitel 2.11 „Hochschulmarketing"), wird die Vorzüge einer virtuellen Jobbörse zu schätzen wissen. Ihr Unternehmen ist mit einem virtuellen Messestand vertreten. Vom eigenen Schreibtisch aus können Sie Ihr Unternehmen präsentieren und mit Kandidaten kommunizieren. Erkennen beide, Unternehmensvertreter und Bewerber, dass Ansatzpunkte bestehen, besteht die Möglichkeit, sich in einen geschlossenen Chatroom zurückzuziehen und individuelle Fragen zu behandeln. Die Firma jobfair24 GmbH (www.jobfair24.de) ist Veranstalter von virtuellen Jobmessen. Ab rund € 2.000.– ist die Teilnahme für Unternehmen möglich, Extras wie der separate virtuelle Besprechungsraum schlagen gesondert zu Buche.

2.8.8 Bewerbungsformen im Internet

Ganz gleich, ob Sie eine Printanzeige geschaltet haben oder die Kandidaten über eine Anzeige in einer Online-Jobbörse gewinnen wollen: Sie sollten grundsätzlich überlegen, welche Form der Kontaktaufnahme Sie wünschen. Sagen Sie ganz konkret, welche Bewerbungsform Ihnen am liebsten ist. Viele Bewerber sind im Zweifel, wie sie sich nun bewerben sollen, wenn keine Präferenzen genannt sind.

Für eine Kontaktaufnahme bei Online-Bewerbungen kommen folgende Wege in Betracht:

a) E-Mail-Bewerbung

b) Online-Bewerbungsformular

Die Gretchenfrage im Zusammenhang mit elektronischen Bewerbungen lautet: Können Sie die Daten auch elektronisch weiterverarbeiten? Haben Sie ein entsprechendes Bewerbermanagement-System?

Ein Bewerber, der seine Unterlagen online verschickt, hat wesentlich höhere Erwartungen im Hinblick auf die Reaktionszeit seines Adressaten. Viele Systeme verschicken automatisch zumindest eine Eingangsbestätigung. Lassen Sie den großen Vorteil der Schnelligkeit dieses Mediums nicht dadurch verpuffen, dass Sie der „Engpassfaktor" werden und nicht reagieren.

a) E-Mail-Bewerbung

Wenn Sie eine elektronische Bewerbung wünschen, ist die einfachste Variante in der Regel die E-Mail-Bewerbung mit entsprechenden Attachements. Es ist nicht empfehlenswert, komplette Bewerbungsunterlagen über diesen Weg anzufordern, da es eine Vielzahl von Dateiformaten gibt, deren Lesbarkeit von Ihrer IT-Infrastruktur und Programmausstattung abhängen. Ferner sind die Datenmengen häufig dann so groß, dass es zu ewigen Ladezeiten kommt. Die elektronische Bewerbung sollte Ihnen einen ersten Eindruck über das Kandidatenprofil vermitteln. Daher sind aus der Erfahrung heraus ein Anschreiben, ein Lebenslauf bzw. ein Erfahrungsprofil und ein Foto durchaus ausreichend.

TIPP

Weisen Sie die Bewerber explizit darauf hin, welche Unterlagen Sie in der E-Mail-Bewerbung in welcher Form erwarten.

Nachfolgend ein Formulierungsvorschlag:

„Wir freuen uns über Ihre E-Mail-Bewerbung, die aus einem Anschreiben, einem Lebenslauf, aus dem Ihr Erfahrungsprofil hervor geht, und einem Lichtbild bestehen sollte. Als Dateiformate bitten wir um MS-Word-Dokumente, das Foto sollte als JPG-Datei vorliegen."

Stimmen Sie die gewünschten Formate mit Ihrem IT-Beauftragten ab, um eine reibungslose Weiterverarbeitung sicherzustellen.

TIPP

Stellen Sie sicher, dass für Datensicherheit gesorgt ist und keine infizierten Dateien in Ihr Unternehmen gelangen. Auch hier benötigen Sie in der Regel die Unterstützung des IT-Beauftragten, damit eine entsprechende Firewall oder zumindest ein Virenschutzprogramm vorhanden ist. Auch die Kapazität Ihres E-Mail-Briefkastens sollte einer größeren Bewerberflut standhalten.

b) Online-Bewerbungsformular

Neben der E-Mail-Bewerbung haben sich Online-Fragebögen beim E-Recruiting zunehmend etabliert. Bestimmt bei der E-Mail-Bewerbung der Bewerber, welche Informationen er Ihnen zukommen lässt, können Sie mit dem Online-Bewerbungsformular dem Bewerber vorgeben, welche Informationen Sie in welcher Form erhalten möchten.

Das Online-Bewerbungsformular ermöglicht Ihnen, spezifische Fragen aufzunehmen, die für Sie im Rahmen des Auswahlprozesses von besonderer Wichtigkeit sind. Ferner vereinfacht es den Vergleich verschiedener Kandidaten im Hinblick auf bestimmte Anforderungskriterien und die Speicherung der Informationen in einer Datenbank.

Formblatt 3 zeigt ein Online-Bewerbungsformular.

Formblatt 3
Online-Bewerbungsformular

Stellenausschreibung:

____

Name der Position

Persönliche Angaben:

_______________ _______________ _______________

Vorname, Name | Geburtsdatum (TT/MM/JJ) | Staatsangehörigkeit

Schulabschluss:

____

Berufsausbildung:

_______________________________ _______________

Abschlussdatum (MM/JJ)

Studium mit Fachrichtung:

_______________________ _______________ _______________

Abschlussdatum (MM/JJ) | Abschlussnote

____

Thema Diplomarbeit

____

Inhaltliche Studienschwerpunkte

	ja	nein
Promotion	❒	❒

Berufserfahrung: *(Bitte beginnen Sie mit Ihrer letzten Tätigkeit)*

Zeitraum	Position	Unternehmen	Wesentliche Inhalte/ Leistungen

Fremdsprachen:

Fremdsprachen	verhandlungssicher	gute Kenntnisse	Schulkenntnisse	Grundkenntnisse
____________________	❒	❒	❒	❒
____________________	❒	❒	❒	❒
____________________	❒	❒	❒	❒

IT-Kenntnisse

Hardware	Anwenderkenntnisse	gute Kenntnisse	Expertenkenntnisse
____________________	❒	❒	❒
____________________	❒	❒	❒
____________________	❒	❒	❒

Betriebssysteme	Anwenderkenntnisse	gute Kenntnisse	Expertenkenntnisse
____________________	❒	❒	❒
____________________	❒	❒	❒
____________________	❒	❒	❒

Programmiersprachen	Anwenderkenntnisse	gute Kenntnisse	Expertenkenntnisse
____________________	❒	❒	❒
____________________	❒	❒	❒
____________________	❒	❒	❒

Betriebswirtschaftliche Anwendungen (MS-Office, SAP)	Anwender-kenntnisse	gute Kenntnisse	Experten-kenntnisse
______________________	❐	❐	❐
______________________	❐	❐	❐
______________________	❐	❐	❐

	ja	nein
Haben oder hatten Sie Personalverantwortung für Mitarbeiter?	❐	❐

Was halten Sie für Ihre persönlichen Stärken?

____

____

____

____

Worauf sind Sie in Ihrer beruflichen Laufbahn am meisten stolz?

____

____

____

Welche Argumente sprechen dafür, Sie für die ausgeschriebene Position in die engere Auswahl zu nehmen?

____

____

____

Was sollten wir noch über Sie wissen?

____

____

____

Kontaktmöglichkeiten:

________	______________________
Telefon	E-Mail

Anschrift:

________	______________	______________
PLZ	Ort	Straße/Hausnummer

Tipp

Stellen Sie sicher, dass das Bewerbungsformular vom Bewerber auf seinen PC heruntergeladen werden kann. So besteht für ihn die Möglichkeit, die Bearbeitung offline vorzunehmen und dann das ausgefüllte Formular an Sie zu schicken.

Das Online-Bewerbungsformular kann auch um ein so genanntes Self-Assessment ergänzt werden, bei dem der Bewerber sich im Hinblick auf konkrete Anforderungen oder Persönlichkeitsmerkmale selbst einschätzt.

Auch hierzu als Beispiel ein Formblatt (Nr. 4).

Formblatt 4
Self-Assessment

Bitte kreuzen Sie die Eigenschaften an, die Ihrer Selbsteinschätzung am nächsten kommt. Entscheiden Sie sich für nur ein Kreuz pro Zeile:

verändernd											erhaltend
ergebnisorientiert											prozessorientiert
introvertiert											extrovertiert
kompromissbereit											konfliktbereit
entscheidungsfreudig											besonnen
risikofreudig											sicherheitsbewusst
pragmatisch											strategisch
intuitiv											analytisch
geradlinig											flexibel
individuell											teamorientiert
systematisch											kreativ
sachlich											emotional
zielgerichtet											offen

Nachfolgend noch einige Fragen, die im Hinblick auf die ausgeschriebene Position von Bedeutung sind:

	ja	nein
Können Sie sich vorstellen, fünf Tage in der Woche nicht an Ihrem Wohnort, sondern vor Ort bei unseren Kunden zu arbeiten?	❐	❐
Sind Sie bereit, wenn es das Projekt erfordert, auch über die normale Arbeitszeit hinaus zu arbeiten?	❐	❐
Können Sie sich vorstellen, für drei bis fünf Jahre im Ausland zu leben?	❐	❐
Streben Sie mittelfristig die Übernahme einer Leitenden Funktion an?	❐	❐
Sind Sie bereit, einen Teil Ihrer Freizeit dafür zu investieren, sich beruflich weiterzuqualifizieren?	❐	❐

Das Self-Assessment stellt auch ein hilfreiches Instrument dar, um im weiteren Auswahlprozess Selbstbild und Fremdbild des Kandidaten miteinander vergleichen zu können.

Zur Abrundung des Themas E-Recruiting beschreibt Dr. Gunther Olesch, Geschäftsleiter Personal & Informatik der Phoenix Contact GmbH & Co. in Blomberg, sein Verständnis eines ganzheitlichen E-Recruitings (Praxis-Statement Nr. 5).

Praxis-Statement:
Ganzheitliches E-Recruiting

von Dr. Gunther Olesch, Geschäftsleitung Personal & Informatik Phoenix Contact GmbH & Co. in Blomberg (www.phoenixcontact.com/de)

Viele Unternehmen beschäftigten sich heute mit E-cruiting. Es wird dabei aber vornehmend nur genutzt, um Online-Bewerbungen zu erhalten. Noch zu selten sind Informationen so ganzheitlich, um die Bedürfnisse der Interessenten bewerbergerecht zu erfüllen. Zum E-recruiting gehören weitere wichtige HR-Informationen, die ich aus meiner Sicht hier beschreiben möchte.

Im Mittelpunkt aller Marketingüberlegungen steht das Image des Unternehmens. Dabei ist nicht so sehr entscheidend, wie bestimmte Sachverhalte rein objektiv beschaffen sind, sondern wie sich die subjektive Wahrnehmung des Interessierten entwickelt. Gerade das Internet hat dabei als modernes Personalmarketinginstrument an großem Einfluss gewonnen.

Die Internet-Homepage ist heute eine der wichtigsten Informationsquellen, die von potenziellen Bewerbern intensiv genutzt wird. Von daher hat ein Unternehmen hier eine besondere Informationsmöglichkeit, als attraktiver Arbeitgeber nach außen und innen zu erscheinen. Man erreicht eine größtmögliche, auch internationale Zielgruppe. Als Bestandteil der Firmen-Homepage soll eine HR-Homepage vorhanden sein, die Angebote von HR-Themen des Unternehmens präsentieren.

Links sollen durch sprechende Bilder aus dem Unternehmensalltag gekennzeichnet werden und zu verschiedenen Themen führen. Aufgrund unserer Bedürfnisanalysen bei Bewerbern sehe ich die folgenden Themen in der HR-Homepage für wichtig an:

- Anzahl der angebotenen Arbeitsplätze und deren Inhalte
- Online-Bewerbungsmöglichkeiten
- Entwicklungsmöglichkeiten wie Führungs- und Fachleiterlaufbahnen
- Mitarbeiterqualifizierung und Weiterbildung
- Hochschulengagement
- Zielorientierte Mitarbeitervergütung und Benefits für Mitarbeiter

- Flexible Arbeitszeiten
- Unternehmensleitlinien und -kultur
- Freizeitwert der Region – Links zu regionalen Angeboten

Arbeitsplatzangebote und Online-Bewerbung
In der HR-Homepage sollten alle zu besetzenden Positionen kurz beschrieben sein und die Möglichkeit der Online-Bewerbung existieren. Hierzu eignet sich ein spezieller Online-Fragebogen, der alle relevanten Kriterien beinhaltet.

Entwicklungsmöglichkeiten
Einer der wichtigsten Motivatoren, um Bewerber zu gewinnen, stellt das Aufzeigen von Entwicklungsmöglichkeiten dar. In der Regel stehen heute bedingt durch Lean Management nicht mehr genügend Managementpositionen zur Verfügung, die als Karriereziel dienen können. Von daher werden bei Phoenix Contact neben der Führungslaufbahn die Aufstiegsentwicklung zum Fachleiter in der HR-Homepage dargestellt.

Kooperative Ingenieur-Ausbildung: Schulabsolventen, primär Abiturienten, absolvieren bei Phoenix Contact eine Facharbeiterausbildung und werden parallel dazu als Diplom-Ingenieur an der Hochschule qualifiziert. Der Auszubildende erlernt z. B. den Beruf des Kommunikationselektronikers, Fachrichtung Informationstechnik, und studiert parallel Elektro-/Automatisierungstechnik an der Hochschule. Die Praxis der letzten drei Jahre hat bewiesen, dass dieses Programm für Interessierte hoch attraktiv ist. Von daher empfiehlt es sich, dieses im Personalmarketing darzustellen.

Mitarbeiterqualifizierung und Weiterbildung
Da bei Bewerbern ein starkes Bedürfnis nach Weiterbildungsmöglichkeiten besteht, empfiehlt es sich, das Weiterbildungsprogramm des Unternehmens in die HR-Homepage aufzunehmen.

Hochschulengagement
Um akademisches Know-how im war of talents frühzeitig zu gewinnen, werden in unserem Unternehmen bereits angehende Akademiker im frühen Stadium ihres Studiums beschäftigt. Diese Studenten erhalten parallel zum Studium einen Teilzeitvertrag mit flexibler Arbeitszeit. Sie werden als Entwicklungs-, Produktions- oder Marketingassistent eingesetzt. Dabei lernen sie das Unternehmen kennen. In ihrer prüfungsfreien Zeit oder in Semesterferien arbeiten sie in ihrer zukünftigen Aufgabe und erhalten ein Gehalt, womit sie ihr Studienbudget aufbessern können. Dadurch wird eine rechtzeitige Bindung an das Unternehmen aufgebaut. Dieses strategische Tool zur Fachkräftebeschaffung wird im E-Recruiting-System eingesetzt.

Ebenfalls werden Praktika und Diplomarbeiten in der HR-Homepage angeboten und im Unternehmen durchgeführt.

Darüber hinaus werden weiterhin Forschungsaufträge an Hochschulen vergeben. Wissenschaftliche Assistenten forschen z. B. für drei Jahre an Hochschulen und werden voll vom Unternehmen bezahlt. Diese Projekte dienen dem Personalmarketing und werden daher im Internetauftritt dargestellt.

Zielorientierte Mitarbeitervergütung und Benefits für Mitarbeiter
Ein weiterer Aspekt der Gewinnung von Fachkräften ist eine attraktive, variable leistungsgerechte Vergütung, die sich an Zielvereinbarungen ausrichtet. Im Internetauftritt kann auf die variable Vergütung als Eyecatcher in dieser Form hingewiesen werden.

Jede Einkaufsabteilung eines Unternehmens hat günstige Rabatte für Lieferanten ausgehandelt, sei es für Firmenwagen, PCs, Elektroartikel, Versicherungen etc. Diese Rabatte und Einkaufsmöglichkeiten lohnt es sich an Mitarbeiter weiterzugeben. Es kostet nicht viel, bringt aber dem Mitarbeiter einen Nutzen. Auch der Lieferant kann dadurch mehr Umsatz machen und ist dadurch vielleicht bereit, noch günstigere Rabatte zu geben. Eine Win-Win-Situation für drei Gruppen. Dieses sollte auch im Internetauftritt präsentiert werden.

Flexible Arbeitszeiten
Ein Anreiz für potenzielle Bewerber, sich für ein Unternehmen zu interessieren, sind die Freiheitsgrade einer flexiblen Arbeitszeit. Die meisten Unternehmen verfügen über diese. Daher ist es lohnenswert, sie in der HR-Homepage zu präsentieren.

Unternehmens- und Führungskultur
Gute Unternehmens- und Führungskultur sind elementare Motivatoren, erfolgreiche Mitarbeiter für das Unternehmen zu akquirieren. Hier bestehen heute z.T. noch größere Defizite deutscher Firmen. Von daher ist es wichtig, die Führungskultur in der HR-Homepage zu beschreiben und Lust auf Mitarbeit im Unternehmen zu wecken.

Freizeitwert der Region
Ein Bewerber hat nicht nur Interesse an der Beschreibung eines Unternehmens und seiner vakanten Positionen. Er möchte auch gerne ganzheitliche Informationen über regionale Gegebenheiten wie Umfeld, Wohn- und Freizeitmöglichkeiten erhalten. Hier empfiehlt es sich, Links zu nahe gelegenen Städten und ihren Angeboten zu geben.

Sonstige Tools des E-cruiting
Das E-cruiting bietet aber auch die Möglichkeit, interaktive Kommunikationssysteme zu nutzen. Nachfolgend einige interessante Ansatzmöglichkeiten, die in unserem Hause zum Teil bereits genutzt werden.

- Matching – Hier kann ein potenzieller Bewerber Unternehmensplanspiele, die auf die jeweilige personalwerbende Firma ausgerichtet sind, nutzen.

- Electronic Assessment – Durch dieses computer-interaktive Assessment-Center können Vorauswahlen stattfinden.
- Job-Consulting – Dabei wird eine Berufsberatung für angebotene vakante Stellen gegeben. „Wie bewerbe ich mich richtig?" Diese Frage kann auf der Homepage näher beschrieben und erklärt werden, damit diese als indirekte Marketingmaßnahme auf dem Bewerbermarkt genutzt werden kann.
- Chatrooms
- Internetkontakt mit Mitarbeitern – Es werden Internetkommunikationen mit Mitarbeitern des Unternehmens ermöglicht, die relativ jung dabei sind und auf die Bedürfnisse und Fragen von potenziellen Bewerbern adäquat antworten können.

Fazit
Heute besteht eine regelrechte Interneteuphorie, die zum Teil dieses Marketinginstrument für das allein selig machende hält. Das Internet ist aus meiner Sicht ein Add-on-Instrument für das moderne Personalmarketing. Der persönliche Kontakt mit dem Bewerber lässt sich durch nichts ersetzen.

Aber für alle Marketingaktivitäten gilt eine wichtige Regel: „Nie mehr Schein als Sein!" Das wird von Kandidaten spätestens in der Probezeit erkannt und die Fluktuation steigt an.

2.9 Messen und Events

Messen und Events sind Marktplätze. Sie führen Menschen zusammen, die etwas gemeinsam haben: Sie interessieren sich für ein bestimmtes Thema. Ein Anbieter hat ein bestimmtes Produkt, ein potenzieller Kunde versucht seinen diesbezüglichen Bedarf zu decken. Messen und Events sind dazu da, sich auf diesem Marktplatz zu präsentieren und zu finden.

Geht es um die Rekrutierung von Mitarbeitern klingt das dann so: Ein Arbeitgeber hat einen Personalbedarf und sucht potenzielle Mitarbeiter. Voilà, das ist genau die Funktion von Personal- oder Rekrutierungsmessen.

2.9.1 Rekrutierungmessen und -veranstaltungen

Warum sich auf Papier, sprich Bewerbungsunterlagen verlassen, ist es doch wesentlich aussagefähiger, den Menschen, der sich dahinter verbirgt, unmittelbar persönlich kennen zu lernen? Vor diesem Hintergrund haben sich eine Vielzahl von Rekrutierungsveranstaltungen etabliert.

Im Wesentlichen lassen sich drei Varianten unterscheiden:

a) Allgemeine (Hochschul-)Kontaktmessen

b) Preselect branchenspezifische Recruitingmessen für Professionals

c) Workshop-Veranstaltungen

a) Allgemeine (Hochschul-)Kontaktmessen

Hochschul-Kontaktmessen dienen dazu, Unternehmen mit Studenten oder Absolventen ins Gespräch zu bringen. Die größte Veranstaltung dieser Art ist der in der Regel jährlich stattfindende Absolventenkongress in Köln, auf dem sich über 400 Unternehmen präsentieren (www.absolventenkongress.de). Ganze Bewerberscharen drängen sich durch die Messehallen, wobei die Kontakte an den Messeständen eher oberflächlich sind und viele Teilnehmer nicht unmittelbar vor ihrem Studienabschluss stehen, sondern eher Praktika oder Ansatzpunkte für eine Diplomarbeit suchen. Um hier den Firmen einen intensiveren Kontakt mit interessanten Kandidaten zu ermöglichen, bietet der Veranstalter auf Wunsch terminierte Gespräche mit vorselektierten Kandidaten an. Die Kosten eines Messestandes liegen im Basispaket bei einer Standgröße von 16 qm bei rund € 6.000,–. Hinzukommen natürlich die Personalkosten Ihrer Mitarbeiter, die Standdienst haben, sowie Nebenkosten und Sonderwünsche.

Neben diesen für Besucher allgemein zugänglichen Veranstaltungen gibt es auch Kontaktmessen, bei denen die Kandidaten nur Zutritt erhalten, wenn Sie im Vorfeld von den Veranstaltern ausgewählt wurden. Die Veranstaltung „Talents" in München (www.talents 2003.de), die von der Unternehmensberatung bmv Consulting TALENTS AND BRANDS GmbH in Kooperation mit der Zeitung die Welt organisiert wird, hat einen sehr elitären Charakter: Kandidaten müssen sich im Vorfeld mit einer Online-Bewerbung beim Veranstalter für die Teilnahme qualifizieren. Unternehmen können anhand von Anforderungsprofilen definieren, welche Bewerber sie bevorzugt auf der Messe treffen wollen. Anonymisierte Profile ermöglichen Ihnen als Unternehmensvertreter eine Vorterminierung von Gesprächen mit diesen Kandidaten. Exklusivität hat ihren Preis: € 15.000.– sollten Sie als Unternehmen schon einplanen, wenn Sie diese Veranstaltung besuchen und nicht nur das Basispaket buchen wollen.

Mittlerweile existieren zahlreiche regionale Veranstaltungen, die entweder von kommerziellen Anbietern, Studenteninitiativen oder den Hochschulen selbst durchgeführt werden. Das Preis-/Leistungsverhältnis ist bei den nichtkommerziellen Anbietern in der Regel deutlich günstiger. Eine Teilnahme ist hier oft schon mit € 1.000.- pro Stand möglich, wobei das Servicepaket mit dem der kommerziellen Anbietern durchaus mithalten kann. Die überwiegende Mehrzahl der Messeveranstaltungen hat die Zielgruppe der Hochschulabsolventen und Young Professionals mit ein bis drei Jahren Berufserfahrung als Fokus.

Der Veranstalter Karrieretag GmbH (www.karrieretag.de) präsentiert sich als Marktplatz für die gesamte Bandbreite der Stellensucher und steht diesen gegen eine geringe Eintrittsgebühr offen. Die Veranstaltungen werden jeweils in deutschen Großstädten durchgeführt.

Leider wird immer wieder von Studenten berichtet, dass der Messeauftritt von Unternehmen nicht sonderlich professionell und für den Besucher wenig informativ sei. Wenn Sie schon den zeitlichen und finanziellen Aufwand einer Messebeteiligung auf sich nehmen, sollte dies auch einen positiven Effekt sowohl unter dem Aspekt des Imagegewinns als auch der konkreten Rekrutierungserfolge haben.

Übersicht 4 vermittelt Ihnen einen Eindruck, welche Erwartungen Besucher von Kontaktmessen an die Aussteller haben.

Übersicht 4
Was sich Messebesucher wünschen

1. Einfache Kontaktaufnahme
(1) Keine Wartezeiten
(2) Standpersonal, das freundlich und ansprechbar ist
2. Deckung des Informationsbedarfs
3. Klare Beantwortung von Fragen
(1) Einstiegsmöglichkeiten
(2) Auswahlverfahren
(3) Offene Stellen
(4) Praktika, Diplomarbeiten
(5) Entwicklungsmöglichkeiten
(6) Einarbeitungshilfen (Paten/Mentoren)
(7) Vereinbarkeit Familie und Beruf
(8) Auslandseinsätze
(9) Standorte
(10) Unternehmensstrukturen
(11) Kernkompetenzen
(12) Produkte/Marktposition/Strategie
(13) Einstiegsgehälter
4. Einblick in Unternehmenskultur und -klima
(1) Auftreten der Unternehmensvertreter
(2) Identifikation der Unternehmensvertreter mit dem Unternehmen
(3) Kontaktmöglichkeit zu Nachwuchskräften
5. Klare Aussagen zu weiterer Vorgehensweise
(1) Wer meldet sich bis wann?
(2) Wie sind die weiteren Schritte?
(3) Zügige Weiterbearbeitung und Rückmeldung

b) Preselect branchenspezifische Recruitingmessen für Professionals

Um eine höhere Passgenauigkeit zu erzielen, werden Rekrutierungsmessen zunehmend unter einem bestimmten Branchenbezug und für Professionals, also Kandidaten mit Berufserfahrung, veranstaltet. Marktführer in diesem Segment ist das Unternehmen BrassRing (www.brassring.de), das besonders im Hightech-Bereich tätig ist und ausschließlich Bewerber mit mindestens drei Jahren einschlägiger Berufserfahrung auf den Messen zulässt. Die Veranstaltungen finden in so genannten Suitenhotels statt, d. h. jedes Unternehmen hat abgeschlossene Räumlichkeiten, um den Kandidaten mehr Vertraulichkeit zu gewährleisten.

c) Workshop-Veranstaltungen

Bei den Workshop-Veranstaltungen werden vorselektierte Kandidaten mit Unternehmensvertreter über einen Zeitraum von 1,5 bis 3 Tagen vom Veranstalter zusammengebracht. In der Regel handelt es sich um branchenspezifische Veranstaltungen, z. B. Consulting, Controlling oder Marketing und Vertrieb. Sie können sich aber auch eine firmenspezifische Veranstaltungen konzipieren lassen. Hauptzielgruppe sind Hochschulabsolventen und Young Professionals, es werden zunehmend auch Veranstaltungen für Professionals mit mehreren Jahren Berufserfahrung angeboten. In Präsentationen, bei der Bearbeitung von Fallstudien und im zwanglosen „get together" sollen sich beide Seiten kennen lernen und bei Interesse auch konkrete Einstellinterviews führen. Die Kosten der Teilnahme hängen sehr stark von der jeweiligen Durchführungsform ab. Führender Anbieter auf diesem Markt ist das Unternehmen access (www.access.de).

Einen guten Überblick über aktuelle Veranstaltungen können Sie unter www.berufsstart.de/veranstaltung/index-v.html bekommen.

Da das Angebot ausgesprochen reichhaltig und bisweilen unübersichtlich ist, empfiehlt es sich im Vorfeld sehr genau zu prüfen, welche Veranstaltung für Sie die passende ist, sprich Ihren Bedürfnissen am nächsten kommt. Ein Vergleich des Preis-Leistungs-Verhältnisses mehrerer Anbieter ist in jedem Fall sinnvoll.

Tipp

Lassen Sie sich von den Veranstaltern deren Konzept sehr genau darlegen und bitten Sie um die Namen von Ansprechpartnern in Unternehmen, die bereits an einer Veranstaltung in der Vergangenheit teilgenommen haben. Diese Erfahrungsberichte können für Sie eine wichtige Entscheidungshilfe darstellen.

Übersicht 3
Veranstalter von Messen und Workshops

1. Veranstalter von Kontaktmessen
(1) Absolventenkongress in Köln (www.absolventenkongress.de)
(2) AIESEC Studenteninitiative (www.aiesec.de)
(3) bmv Consulting TALENTS AND BRANDS GmbH (www.talents 2003.de)
(4) Bonding Studenteninitiative (www.bonding.de)
(5) CampusConcept (www.campusconcept.de)
(6) HR Gardens Deutschland GmbH (www.careergardens.com)
(7) IQB Career Services AG (www.jobcon.de)
(8) Karrieretag GmbH (www.karrieretag.de)
(9) Konaktiva Studenteninitiative (www.konaktiva.de)
(10) WiSo-Führungskräfte-Akademie Nürnberg (www.akademika.de)
2. Veranstalter von branchenspezifischen Messen
(1) BrassRing (www.brassring.de)
(2) Career Venture MSW & Partner GmbH (www.career-venture.de)
(3) HR Gardens Deutschland GmbH (www.careergardens.com)
3. Veranstalter von Workshops
(1) access (www.access.de)
(2) HR Gardens Deutschland GmbH (www.careergardens.com)
(3) Staufenbiel Institut für Studien- und Berufsplanung GmbH (www.staufenbiel.de)

2.9.2 Fachmessen

Nicht nur spezielle Rekrutierungsmessen bieten für Sie als Unternehmensvertreter die Chance, interessante Kandidaten kennen zu lernen. Zunehmend entwickeln sich auch Fachmessen zu einem wahren Personalkarussell. Oben an steht dabei die CeBit Computermesse. Kaum ein Unternehmensvertreter oder Besucher, der nicht Bewerbungsunterlagen mit in seiner Tasche dabei hat, um Perspektiven auszuloten oder seinen Marktwert zu testen. Die ausstellenden Unternehmen haben sich darauf eingestellt und kommen heute neben Vertriebsmitarbeiter zunehmend auch mit Vertretern aus dem Personalbereich auf den Messestand. Bei einem renommierten IT-Dienstleistungsunternehmen waren in Spitzenzeiten nicht weniger als 17 „Personaler“ mit auf dem Stand, um Kontaktgespräche zu führen und interessante Kandidaten zu gewinnen.

Die dahinter stehende Strategie ist klar: Wer auf eine Fachmesse fährt, hat einen Bezug zur Branche, entweder weil er bereits in ihr arbeitet oder weil er sich zumindest fachlich von den Themen angesprochen fühlt. Dies stellt eine gute Voraussetzung für eine mögliche Mitarbeit dar.

Tipp

Machen Sie Besucher auf Ihrem Messestand auf vakante Positionen aufmerksam, indem Sie diese dort ausschreiben und für erste Kontaktgespräche zur Verfügung stehen.

Nutzen Sie Ihre Messepräsenz nicht nur, um Produktmarketing, sondern auch Personalmarketing zu betreiben, indem Sie entsprechende Broschüren auslegen oder durch Vertreter aus dem Personalwesen repräsentiert werden.

Bei vielen Fachmessen z. B. CeBit, Systems oder Medica existieren mittlerweile auch spezielle Karriereforen. Dort haben Sie als Unternehmensvertreter die Möglichkeit, Vorträge zu halten, um auf Ihr Unternehmen aufmerksam zu machen. Für Jobsucher stehen seitens der Veranstalter Karriereberater zur Verfügung, die Tipps zur Bewerbung und Karriereplanung geben.

Unter www.expodatabase.de/messedatenbank/messen/ können Sie nach geeigneten Fachmessen suchen.

2.9.3 Hausmessen und Events

Indem Sie sich an Rekrutierungs- und Fachmessen als Aussteller beteiligen, ordnen Sie sich in die vom Veranstalter vorgegebene Struktur ein. Sie bezahlen teilweise viel Geld dafür, um sich dann in Reih und Glied mit der Konkurrenz zu stellen und sich vielleicht die besten Kandidaten wegschnappen zu lassen. Auf einem Messestand von 16 qm haben Sie nur sehr begrenzte Möglichkeiten, um das, was den Reiz Ihres Unternehmens ausmacht, auch wirklich dem Besucher rüberzubringen. Warum also in die Ferne schweifen, wenn das Gute liegt so nah?

Haben Sie schon einmal darüber nachgedacht, selbst eine Messe oder ein Event im eigenen Haus durchzuführen? Einen Tag der offenen Tür, bei dem Interessierte hautnah erleben können, was es heißt, in Ihrem Unternehmen zu arbeiten?

Eine solche Veranstaltung bietet Ihnen die Chance, Kernkompetenzen aufzuzeigen, den Besuchern einen realistischen Einblick in die Arbeitsgebiete zu geben und das gegenseitige Kennenlernen zu ermöglichen. Dies hat zwei Vorteile: Besucher einer solchen Messe interessieren sich für das, was Ihr Unternehmen tut, ansonsten würden sie nicht die Zeit investieren. Dies ist bereits ein erster Vorselektionsprozess. Indem Sie den Besuchern einen konkreten Einblick in Ihr Unternehmen verschaffen, erhalten diese eine solide Informationsbasis und wissen, worauf sie sich bei einer möglichen Mitarbeit im Unternehmen einlassen. Dies kommt Ihnen als Arbeitgeber zugute, da die Wahrscheinlichkeit eines erfolgreichen Einstiegs damit steigt. Auf der anderen Seite haben auch Sie als Unternehmensvertreter die Möglichkeit, im Rahmen von Gesprächen mehr über die Besucher zu erfahren, und können quasi von „Fachmann zu Fachmann“ am konkreten Objekt miteinander diskutieren. Daneben hat der Event auch einen hohen Marketingeffekt, der unabhängig von der konkreten Rekrutierung nicht unbeachtet bleiben sollte. Schließlich sind auch potenzielle Kandidaten Konsumenten und mögliche Kunden.

Befragungen von Bewerbern zeigen immer wieder, dass dieses Kennenlernen von Tätigkeitsfelder und den Menschen, mit denen man vielleicht später zusammenarbeiten wird, einen enormen Einfluss auf die Entscheidung für einen Arbeitgeber haben und das Image, das vom Unternehmen mitgenommen wird, entscheidend geprägt wird.

In seinem Praxis-Statement zeigt Dr. Jörg Österreich, wie ein solcher Event aussehen kann.

Praxis-Statement: **Das „High-Tech-Meeting"**

von Dr. Jörg Österreich, Personalleiter bei der Robert Bosch GmbH (www.bosch.de)

Berufsorientierung auf den Malediven? Kontaktbörse in St. Moritz? Nicht jedes Event, das attraktiv aussieht, ist auch sein Geld wert!

Am Beispiel des High-Tech-Meetings bei Bosch in Schwieberdingen soll gezeigt werden, wie ein Recruiting-Event erfolgreich ausgestaltet sein kann und welche Überlegungen dabei leitend sein sollten.

„Schwieberdingen" steht für unser Technisches Zentrum in der Nähe von Stuttgart, in dem u. a. die Entwicklungsabteilungen mehrerer Geschäftsbereiche, Zentralstellen und Tochtergesellschaften der Robert Bosch GmbH mit insgesamt rund 6.000 Mitarbeitern angesiedelt sind. Zu erwähnen sind insbesondere die Geschäftsbereiche „Gasoline Systems" (Benzin-Einspritz-Einrichtungen und Motormanagement), Chassis Systems (Sicherheitseinrichtungen wie ABS, ASR und ESP), Energy Systems (Starter, Generatoren und Energiemanagement) und last, but not least der Zentralbereich Forschung und Vorausentwicklung.

Die Idee:
Aufgrund des hohen Bedarfs an Ingenieur-Nachwuchs einerseits und wegen der geringen Zahl an Hochschulabsolventen andererseits entstand bereits 1999 die Idee, die künftigen Mitarbeiter nicht nur über Anzeigen in Printmedien oder Darstellungen im Internet zu suchen bzw. unsere Aktivitäten nicht nur auf Bewerbermessen weitab vom tatsächlichen Geschehen zu präsentieren, sondern potenzielle neue Mitarbeiter an den Standort zu einem ereignisreichen Tag einzuladen. Damit war das High-Tech-Meeting geboren, das seitdem einmal jährlich im Frühjahr stattfindet.

Das Ereignis:
Alle am Standort ansässigen Bereiche präsentieren im zur „Messehalle" umfunktionierten Speisesaal ihre aktuellen Produkte und besonders innovativen Projekte. Dabei stehen in sehr großer Anzahl Bosch-Mitarbeiter bereit – vom Trainee bis zu Mitgliedern der Geschäftsleitung –, um den Bewerbern nicht nur etwas zu zeigen, sondern ihnen auch Rede und Antwort stehen. Die Interessenten bekommen einerseits einen breiten Überblick über die Produktpalette der ausstellenden Bereiche, können aber auch im Gespräch in die Tiefe gehen und sich die Funktionsweise einzelner Komponenten erläutern lassen. Vor allem aber lernen sie die Menschen kennen, die diese Produkte entwickelt, konstruiert und getestet haben.

Auch die Personalabteilung ist vertreten. Sie bietet außer einer kompletten Übersicht über die derzeit offenen Stellen vor allem auch das erläuternde und beratende Gespräch. Außerdem lassen sich hier weiterführende Vorstellungstermine vereinbaren.

In Räumen rund um die „Messehalle" finden Vorträge zu Fachthemen oder zum „Mitarbeiter bei Bosch" statt. Man kann live das ABS auf der Teststrecke erproben oder Laborbereiche und Arbeitsplätze erkunden. Ein Rahmenprogramm sorgt dafür, dass man sich als willkommener Gast fühlt; für Entspannung bei Musik, Essen, Trinken und Gedankenaustausch steht ein Festzelt zur Verfügung.

Die Veranstaltung beginnt um 9.30 Uhr mit einer Eröffnung durch den Vorsitzenden der Geschäftsführung und endet um 17.00 Uhr mit einer gemeinsamen Abschlussveranstaltung. Die dazwischenliegenden rund 6 Stunden kann sich der Teilnehmer nach eigenem Geschmack gestalten, wobei er sich seinen Tageslauf mit halbstündigen Modulen selbst zusammenstellt.

Die Teilnehmer:
Mit Anzeigen in Zeitungen und im Internet, mit Plakaten an allen einschlägigen Hochschulen und durch persönliche Kontakte sprechen wir Absolventen und Studierende passender Fachrichtungen an. Die Interessenten bewerben sich mit kompletten Bewerbungsunterlagen um die Teilnahme. Von den rund 550 Bewerbern werden etwa 400 eingeladen.

Der Witz an der Sache:
Die Teilnehmer lernen in einer zwanglosen Atmosphäre („ohne Schlips und Kragen") auf einen Rutsch die Technik und die dahinter stehenden Menschen kennen und bekommen einen echten Einblick in das Unternehmen. Die Vorteile, die sonst nur ein Praktikum bietet, kommen hier in konzentrierter Form und in großem Umfang zum Zuge. Allein dadurch, dass das veranstaltende Unternehmen sich so darbietet, wie es ist, dass es sich den Bewerbern öffnet und zuwendet, gewinnt es an Ansehen.

Entsprechend begeistert sind die Reaktionen: „Ich wusste gar nicht, dass Bosch auch ..." – „Jetzt kann ich mir vorstellen, was mit Simultaneous Engineering gemeint ist" – „Das stärkste war die Fahrt auf der Teststrecke mit und ohne ABS" – „Ich glaube, ich habe mit dem Erfinder des ESP gesprochen". Derartige Äußerungen von Teilnehmern zeigen die tiefen Eindrücke, die eine solche Veranstaltung hinterlässt, und die Vielfalt, die an einem einzigen Tag dargeboten werden kann, ohne die Teilnehmer zu überfordern.

Der Wert der Veranstaltung wird in vollem Umfang sichtbar, wenn man die Abläufe mit denen eines klassischen Bewerbungsverfahrens vergleicht. Folgende positive Effekte werden deutlich:

- Schnelle Reaktion auf das Bewerbungsschreiben
- Früher persönlicher Kontakt

- Realistischer Einblick in die Arbeitsaufgaben und die Arbeitsumgebung
- Abgleich der angebotenen Positionen und ihrer Anforderungen mit den Wünschen und Fähigkeiten des Stellungsuchenden
- Und das alles in einer entspannten Atmosphäre, so dass die Chancen einer fundierten Entscheidung erhöht werden.

So wird dem Bewerber das Bewerbungsverfahren transparent, hier bekommt er Einflussmöglichkeiten geboten und dabei wächst ihm vielleicht eine schöne Aufgabe und ein potenzieller Arbeitgeber unmerklich ans Herz.

Auch intern hat die Veranstaltung übrigens eine gute Wirkung. Die gemeinsame Aufgabe der ansprechenden Unternehmensdarstellung schweißt die Mitarbeiter der Fachabteilung und Personalabteilung zusammen.

Und der Erfolg?
Etwa 15 bis 20 % der Teilnehmer nehmen innerhalb des nächsten halben Jahres ein festes Anstellungsverhältnis bei uns auf, noch einmal so viel sehen wir als Praktikanten, Diplomanden oder Doktoranden wieder. Und nahezu allen hat es gut gefallen, sie haben etwas dazugelernt und sie sprechen positiv über die Veranstaltung und den Veranstalter.

Angesichts dieser Ergebnisse lohnt sich der nicht unerhebliche finanzielle und personelle Aufwand für ein solches Event nicht nur eventuell.

Natürlich ist die Durchführung eines solchen Events mit zeitlichen und finanziellem Aufwand verbunden. Der Rahmen bestimmt dabei die Kosten. Es macht einen Unterschied, ob Sie für zehn vorselektierte Studenten einen Inhouse-Workshop organisieren, bei dem die Teilnehmer mit Praktikern Ihres Hauses an einem Projekt mitarbeiten können, oder ob Sie eine Großveranstaltung planen, bei der 5.000 Besuchern ein Einblick in Ihr Unternehmen geboten werden soll.

Spielen Sie doch einfach mal durch, was für eine Veranstaltung für Sie in Frage kommt und was Sie dazu planen und investieren müssten. Das Formblatt 5 „Inhouse-Event“ soll Ihnen dabei helfen:

Formblatt 5
Inhouse-Event

Ziele und Inhalt:

____

____

____

Projektbeschreibung:

Was soll genau durchgeführt werden?

____

Wer soll angesprochen werden?

____

Anzahl Teilnehmer __________

Personalkosten:

Projektteam zur Vorbereitung __________

Fachpersonal am Event (Fachabteilungen, Personalbereich) __________

Sicherheitspersonal am Event (Werkschutz, 1. Hilfe, Parkplatz, Feuerwehr) __________

Nachbereitung Event (Einzelgespräche, Kontaktpflege, Controlling Kosten-Nutzenanalyse) __________

Sachkosten:

Vorführungen/Präsentationen __________

Material/Broschüren/Hand-Outs __________

Ausschilderung/Namensschilder __________

Catering (Verpflegung) __________

Entertainment (Musik, Technik) __________

Werbung (Ankündigung in Medien, Plakate, Homepage-Programmierung) __________

Gesamtkosten: __________

Die Gesamtkosten Ihrer Inhouse-Veranstaltung sollten Sie ins Verhältnis mit den zu besetzenden Positionen stellen. Auf dieser Basis kann die Entscheidung getroffen werden, ob ein Inhouse-Event grundsätzlich für Sie in Frage kommt und welcher Rahmen gewählt werden sollte.

Ein Inhouse-Event ist immer dann besonders interessant, wenn Sie eine größere Zahl von Mitarbeitern suchen und aufgrund Ihrer Geschäftstätigkeit den Besuchern etwas zeigen oder vorführen können. Grundsätzlich ist auch hier zu überlegen, ob Sie eine offene Veranstaltung durchführen wollen, bei der jeder Interessierte einfach kommen kann, oder ob im Vorfeld eine Selektion erfolgen soll. Im zweiten Fall müssten Sie in Ihre Planung den Auswahlprozess noch mit aufnehmen. Mögliche Kriterien könnten dabei sein:

- Bewerbungsunterlagen
- Bestimmte Mindestqualifikationen (mindestens drei Jahre Berufserfahrung, Hochschulstudium)
- Fachrichtung, bisherige Arbeitsgebiete
- Alter

Tipp

Versuchen Sie die über einen solchen Event gewonnenen Kontakte zu pflegen, wenn es sich um interessante Kandidaten handelt, es aber aus bestimmten Gründen nicht direkt zu einer Einstellung kommen kann.

Es kann unzählige Gründe geben, warum ein interessanter Kandidat nicht unmittelbar eingestellt wird: Sie haben keine Position, auf die der Kandidat direkt passt. Der Bewerber ist derzeit noch nicht in der Lage oder gewillt, eine Stelle bei Ihnen anzunehmen. Dennoch ist es sehr wertvoll, mit diesen Personen weiterhin im Kontakt zu bleiben, da sich zu einem späteren Zeitpunkt daraus eine Neueinstellung ergeben kann.

2.10 Personalmarketing

Wir haben bisher in diesem Buch immer darüber gesprochen, wie Sie als Unternehmen aktiv auf potenzielle Kandidaten zugehen können, um vakante Positionen zu besetzen. Viel einfacher und angenehmer wäre es, wenn Kandidaten quasi von selbst auf Sie zukämen und sich Ihnen als potenzielle Mitarbeiter präsentieren würden. Die Rede ist von Initiativbewerbungen.

Unternehmen wie BMW oder IBM erhalten jährlich Initiativbewerbungen im fünfstelligen Bereich, Bewerbungen, die sie nie direkt „angefordert" haben. Bewerber schicken „auf Verdacht" ihre Unterlagen oder gehen von sich aus auf die Homepage dieser Unternehmen, mit dem Ziel, nähere Ansatzpunkte zu erhalten, um sich dort zu bewerben. Für sie ist das Unternehmen einfach attraktiv, vielleicht weil ihnen die Produkte gefallen oder das Unternehmen ein positives Image hat. Die Attraktivität eines Unternehmens hängt von zahlreichen Faktoren ab, die alle in der Beantwortung einer Frage münden: Ist es reizvoll für Menschen, in diesem Unternehmen zu arbeiten?

Nicht nur bei den Initiativbewerbungen zeigt sich die Attraktivität eines Unternehmens. Auch die Resonanz auf Stellenanzeigen zur Besetzung vakanter Positionen variiert enorm. Es macht einen großen Unterschied, ob Sie als Porsche AG einen neuen Mitarbeiter suchen, oder als Hinterhuber & Schmitt, der Schmierstoffe herstellt. Jahr für Jahr werden in der Presse Hitlisten der beliebtesten Arbeitgeber veröffentlicht.

Im Einzelnen bieten sich folgende Instrumente für Ihr Personalmarketing an:

a) Verbesserung des Unternehmens- und Arbeitgeberimages

b) Familienfreundlichkeit als Personalmarketinginstrument

c) Personalmarketing durch die Mitarbeiter und die Unternehmensleitung

d) Gestaltung einer Personalmarketing-Broschüre

Das Praxis-Statement von Dr. Juliane Wiemerslage zeigt, welche Instrumente

a) Verbesserung des Unternehmens- und Arbeitgeberimages

Die Attraktivität eines Unternehmens auf dem Arbeitsmarkt wird im Wesentlichen von zwei Faktoren bestimmt: Dem Unternehmensimage und dem Arbeitgeberimage (vgl. Formblatt 6). Das Unternehmensimage wird sehr stark durch die Produkte, die Marktposition und die Größe bestimmt. Das Personalpolitikimage hängt besonders von den Arbeitsbedingungen, Sozialleistungen und dem Betriebsklima ab.

Formblatt 6
Attraktivität eines Unternehmens auf dem Arbeitsmarkt

Unternehmensimage	
Produktimages:	
Marktposition:	
Größe:	
Arbeitgeberimage	
Arbeitsbedingungen:	
Sozialleistungen:	
Betriebsklima:	

Das Praxis-Statement von Dr. Juliane Wiemerslage zeigt, welche Instrumente die IBM Deutschland nutzt, um die Attraktivität als Arbeitgeber zu steigern.

Praxis-Statement:
Mitarbeiter-Recruiting und Mitarbeiter-Motivation: Neue Konzepte im Wettbewerb um die besten Köpfe

von Dr. Juliane Wiemerslage, Geschäftsführerin Personal und Arbeitsdirektorin, IBM Deutschland GmbH (www.ibm.de)

Obwohl die Bundesanstalt für Arbeit Monat für Monat über vier Millionen Arbeitslose meldet, übersteigt die Nachfrage nach qualifizierten Mitarbeiterinnen und Mitarbeitern immer noch das Angebot. Trotz der hohen Arbeitslosigkeit – so unsere Erfahrung – sind gute Leute schwer zu finden und noch schwerer langfristig zu binden. Umso wichtiger ist deshalb die Bereitschaft der Arbeitgeber, mit attraktiven Personalprogrammen und -initiativen auf die Bedürfnisse ihrer gegenwärtigen und zukünftigen Mitarbeiterinnen und Mitarbeiter einzugehen.

IBM gehört zweifellos zu den begehrten Arbeitgebern in Deutschland. Wir konnten im vergangenen Jahr unter rund 33.000 Bewerbern unsere Auswahl treffen. Woran liegt das? Zum einen sicherlich an unserem Namen und unserer Branche, zum anderen aber auch an unseren Personalprogrammen und -initiativen, die maßgeblich zu unserer Attraktivität beitragen.

Unsere Beobachtung: Geld allein spielt dabei nicht (mehr) die alles entscheidende Rolle – Entwicklungsmöglichkeiten, eine gute Arbeitsatmosphäre, flache Hierarchien und herausfordernde Aufgaben sind ebenfalls wichtige Trümpfe im Wettbewerb um die besten Leute. Hinzu kommen fortschrittliche Arbeitszeitkonzepte, eine besondere Frauenförderung und Familienprogramme.

Arbeitszeit und Arbeitsort selbst bestimmen

Arbeitszeitsouveränität, Teilzeit- und Telearbeit bieten dem Mitarbeiter neue Möglichkeiten, seinen Tagesablauf individuell zu planen und die Bedürfnisse von Beruf und Familie besser miteinander zu verbinden. IBM beschreitet hier verschiedene Wege. Ein wichtiger Eckpfeiler ist die Telearbeit, mit deren Einführung die IBM in Deutschland bereits 1989 begonnen hat. Heute gibt es rund 9.000 Telearbeiter – etwa ein Drittel aller Mitarbeiter, die mehr als 50 Prozent ihrer Arbeitszeit außerhalb des Unternehmens verbringen. Sie arbeiten hauptsächlich im Vertrieb und im Technischen Außendienst. Aber auch in den Stabs- und Verwaltungsbereichen nimmt die Anzahl telearbeitender Mitarbeiter kontinuierlich zu.

Ein weiterer Meilenstein in diesem Bereich ist die Flexibilisierung der Arbeitszeit. So haben IBM-Mitarbeiter seit dem 1. Januar 1999 die Möglichkeit, ihre Arbeitszeit von Montag bis Freitag zwischen 6 und 20 Uhr selbstverantwortlich und zeitsouverän einzuteilen. Kernarbeitszeit und Anwesenheitskontrolle entfallen, an ihre Stelle rückt das Prinzip „Vertrauen" in den Mitarbeiter.

Unterschiedliche Teilzeitarbeitsmodelle – die übrigens auch für Führungskräfte gelten – gehören ebenfalls in das Programm. Hinzu kommt die Möglichkeit, bis zu sechs Jahren, bei mehreren Kindern sogar bis zu zehn Jahren, Erziehungszeit in Anspruch nehmen zu können.

Diese Programme tragen ganz entscheidend zur Attraktivität der IBM als Arbeitgeber bei. Dies spiegelt sich auch wider in einer weltweiten Umfrage unter 26.000 Mitarbeitern in 48 Ländern, die wir im letzten Jahr in unserem Hause durchgeführt haben: Danach sagen rund 70 Prozent unserer Mitarbeiter in Deutschland, dass ihnen insbesondere die Telearbeit hilft, Familie und Beruf unter einen Hut zu bringen, fast drei Viertel bestätigen eine höhere Motivation. Auch das IBM-Engagement im Bereich der Kinderbetreuung findet großen Anklang: rund 70 Prozent begrüßen die Hilfe der IBM bei der Suche und Bereitstellung geeigneter Betreuungsmöglichkeiten.

Im Fokus: Frau und Beruf

Auch hier verfolgt die IBM mit einer ganzen Palette von Maßnahmen und Aktionen sehr aktiv das Ziel, Frauen in die IBM zu holen und in Führungspositionen zu bringen. Dazu gehören unter anderem das IBM Women's Leadership Council, das die Geschäftsführung in allen frauenrelevanten Themen berät und den Austausch von Erfahrungen koordiniert, sowie das Mentoring für Frauen in höherer Führungskräftelaufbahn. Es soll Frauen auf ihrem Weg nach oben unterstützen.

Darüber hinaus versuchen wir mit dezidierten Familienprogrammen – etwa dem Angebot von organisierten Feriencamps oder der Beteiligung an besonderen Kinderbetreuungsprogrammen – Mütter, aber auch Väter, privat zu entlasten und gleichzeitig stärker an die IBM zu binden.

Junge Mitarbeiter auf der Überholspur

Mit Your Future@IBM bieten wir Berufsanfängern ein 12-monatiges, innovatives, praxisorientiertes Einstiegsprogramm bei vollem Verdienst. Dabei binden wir die neuen Mitarbeiter – ganz im Gegensatz zu klassischen Traineeprogrammen – von Anfang an bei Ausbildung und Training kontinuierlich in Praxisprojekte in ihrem jeweiligen Einsatzgebiet mit ein. Neben der unmittelbaren Berufserfahrung erleichtert Your Future@IBM so auch den raschen Aufbau eines internen Netzwerkes.

Mit der „Sales University" bietet IBM ein weiteres Programm an, das Hochschulabsolventen mit IT-Schwerpunkt auf eine Karriere im Vertrieb vorbereitet Die Teilnehmer absolvieren eine fünfmonatige Schulung, bei der sowohl vertriebsorientierte als auch unternehmensspezifische Kenntnisse vermittelt werden.

Darüber hinaus gibt es schließlich auch ein Mentorenprogramm für neue Mitarbeiter. Die Idee ist so einfach wie effektiv: Neuen Mitarbeitern wird von Beginn an aus dem jeweiligen Einsatzgebiet ein Mentor für Fragen und Probleme für etwa ein Jahr zur Seite gestellt. Das hilft, sich schnell am Arbeitsplatz zurecht zu finden und von Anfang an die richtigen Kontakte zu knüpfen. Mit diesen Programmen gt natürlich auch die Aussicht auf eine erfolgreiche frühe AKrriere: Nicht selten bringen wir junge Mitarbeiter breits mit Anfang 30 in verantwortungsvolle Positionen.

Der Fokus Ihrer Personalmarketingaktivitäten sollte darauf liegen, Ihr Arbeitgeberimage zu verbessern und das, was Sie zu bieten haben, nach außen zu kommunizieren. Ziel ist es, Kandidaten auf Ihr Unternehmen aufmerksam zu machen und sie dafür zu interessieren, nach dem Motto: Tue Gutes und rede darüber! Wenn es Ihnen gelingt, ein positives Arbeitgeberimage aufzubauen und dieses in der Öffentlichkeit zu positionieren, werden Sie sich im Hinblick auf die Rekrutierung von Mitarbeitern deutliche Vorteile verschaffen können. Je mehr Bewerber sich für eine Mitarbeit interessieren, umso mehr Auswahlmöglichkeiten haben Sie bei der Besetzung Ihrer vakanten Positionen.

b) Familienfreundlichkeit als Personalmarketinginstrument

Die Vereinbarkeit von Beruf und Familie nimmt insbesondere bei jüngeren Bewerbern einen immer höheren Stellenwert bei der Entscheidung für einen Arbeitgeber ein. Dass Familienfreundlichkeit ein Personalmarketinginstrument ist, haben Unternehmen in den USA schon lange erkannt. Im jährlich veröffentlichten „family friendly index" wetteifern Unternehmen um die oberen Plätze. Hier in Deutschland hat die Hertie-Stiftung mit ihrer gemeinnützigen GmbH „Beruf und

Familie“ ein Audit entwickelt, mit dem Unternehmen ihre derzeitigen Maßnahmen zur Vereinbarkeit von Familie und Beruf analysieren und weitere Projekte gezielt entwickeln können. Das Audit wird derzeit auf europäische Beine gestellt und soll als Gütesiegel für Unternehmen dienen, die sich Familienfreundlichkeit auf ihre Fahne geschrieben haben.

Stefan Becker, Geschäftsführer der Beruf & Familie gGmbH, berichtet in seinem Praxis-Statement über das Audit „Beruf & Familie“ und die damit verbundenen Möglichkeiten von Unternehmen, gezielt ihr Arbeitgeberimage positiv zu beeinflussen.

Praxis-Statement: **Familienfreundlichkeit als Marketinginstrument**

von Stefan J. Becker, Geschäftsführer der Beruf & Familie gGmbH – eine Initiative der Gemeinnützigen Hertie-Stiftung, Frankfurt a. M. (www.beruf-und-familie.de)

Um im vielbeschworenen Wettkampf um Talente – und damit sind nicht nur die „high potentials“, sondern vor allem die „right potentials“ gemeint – bestehen zu können, reicht das Angebot von attraktiven Verdienstmöglichkeiten und die Aussicht auf gute Karrierechancen in vielen Fällen allein nicht aus. Immer mehr Bewerber machen ihre Entscheidung für ein Unternehmen davon abhängig, inwieweit dieses in der Lage ist, auch ihre familiäre Situation und ihre privaten Bedürfnisse zu berücksichtigen.

Doch wie ist es für Unternehmen möglich, eine familienbewusste und zugleich auch unternehmensgerechte Personalpolitik umzusetzen und damit erfolgreich Personalmarketing zu betreiben?

Um Unternehmen bei diesen Bemühungen zu unterstützen, wurde auf Initiative der Gemeinnützigen Hertie-Stiftung das Audit Beruf & Familie® entwickelt. Das Audit Beruf & Familie® ist ein personalpolitisches Managementinstrument, bei dem bereits umgesetzte Maßnahmen zur Vereinbarkeit von Beruf und Familie begutachtet, aber auch betriebsindividuelle Entwicklungsmöglichkeiten einer familienbewussten Personalpolitik aufgezeigt werden. Es wird von der Beruf & Familie gGmbH, einer Initiative der Gemeinnützigen Hertie-Stiftung, europaweit angeboten.

Mithilfe des Audits Beruf & Familie® wird ein kontinuierlicher Verbesserungsprozess initiiert, der die familienbewusste Personalpolitik eines Unternehmens nachhaltig verbessert. Dabei spricht das Audit Beruf & Familie® nicht nur Unternehmen an, die sich bereits als familienfreundlich profiliert haben, sondern auch diejenigen, die mit der Umsetzung einer familienbewussten Personalpolitik erst beginnen und hierfür Unterstützung in Anspruch nehmen möchten.

Das Audit Beruf & Familie® unterteilt sich in vier Schritte:

1. Standortbestimmung,
2. Entwicklungspotenzial aufzeigen,
3. Ziele vereinbaren,
4. Überprüfung der Zielerreichung.

Ein externer, unabhängiger Auditor, der von der Beruf & Familie gGmbH geschult wurde, begleitet den gesamten Prozess. Zur Durchführung des Audits Beruf & Familie® wird im Unternehmen eine repräsentative Projektgruppe gebildet. Mit der Beteiligung von Vertretern der Unternehmens- und Personalleitung, von Betriebs- bzw. Personalratsmitgliedern, Frauenbeauftragten, Führungskräften und interessierten Mitarbeiterinnen und Mitarbeitern ist sichergestellt, dass die Interessen aller relevanten Bereiche im Auditierungsprozess vertreten werden.

Im so genannten Basisworkshop erarbeitet diese repräsentative Projektgruppe unter Verwendung eines standardisierten Fragenkatalogs zusammen mit dem Auditor den Status quo der angebotenen Maßnahmen zur Vereinbarkeit von Beruf und Familie. Bei der Ermittlung dieses Angebots geht es vor allem um die Qualität der Maßnahmen: Für jede einzelne Maßnahme werden die Art der Institutionalisierung, die Zielgruppe, die tatsächliche Nutzung und Umsetzung sowie die Unterstützung durch Kollegen und Vorgesetzte erfasst.

Der Auditor wertet die Ergebnisse des Basisworkshops aus und erarbeitet unter Berücksichtigung des betriebsindividuellen Entwicklungspotenzials zielorientierte Anregungen für eine bedarfsgerechte Unternehmensstrategie. Im sog. Präsentations- und Zielfindungsworkshop werden die Ergebnisse der Status-quo-Analyse vorgestellt. Auf der Grundlage der zielorientierten Anregungen des Auditors bestimmt die repräsentative Projektgruppe weiterführende Ziele und konkrete Maßnahmen zur Verbesserung der familienbewussten Personalpolitik.

Das Audit Beruf & Familie® erfasst Maßnahmen, die in allen klassischen Bereichen der Personalpolitik ansetzen: vom Aufbau flexibler Arbeitszeitmodelle, der familiengerechten Gestaltung von Arbeitsabläufen und der Einführung von Telearbeit, über die Verbesserung der Informations- und Kommunikationsabläufe sowie der Führungskompetenz, Fragen der Personalentwicklung und der Gewährung von geldwerten Leistungen, bis hin zum Angebot eines flankierenden Betreuungs- und Beratungsservice für Familien.

Entscheidend ist die Tatsache, dass die Umsetzung einer familienbewussten Personalpolitik nicht zwangsläufig mit hohen Investitionen in Infrastruktur und Sozialbudget verbunden ist. So stehen beispielsweise im Bereich der Kinderbetreuung statt eines kostenintensiven Betriebskindergartens vielfältige andere Angebote zur Verfügung: Von der Vermittlung von Tagesmüttern über die Unterstützung von Elterninitiativen und den Erwerb von Belegplätzen bis hin zur Organisation eine Kinderbetreuung in Notsituationen und der Einrichtung von Eltern-Kind-Zimmern. Auch die Absprache mit bestehenden Einrichtungen zur Anpassung der Öffnungszeiten bringt spürbare Entlastung. Alle Maßnahmen werden – zusammen mit Links zu den auditierten Unternehmen – ausführlich im Internet unter „www.beruf-und-familie.de" vorgestellt und kontinuierlich ergänzt.

Nach erfolgreicher Durchführung des Audits Beruf & Familie® erhalten die Unternehmen ein entsprechendes Zertifikat, das ihnen erlaubt, das europaweit anerkannte Markenzeichen zum Audit zu führen.

Mit dem Zertifikat zum Audit Beruf & Familie® können Unternehmen ihr Engagement für eine familienbewusste Personalpolitik belegen. Zertifizierte Unternehmen erhalten ein besonderes Profil, mit dem offensiv Personalmarketing betrieben werden kann. Der Stellenwert des Zertifikats wurde durch die im Juli 2001 von den Spitzenverbänden der deutschen Wirtschaft ausgesprochenen Empfehlung, das Audit Beruf & Familie® zur Umsetzung einer familienbewussten Personalpolitik zu nutzen, in besonderer Weise bekräftigt.

Seit 1999 haben rund 60 namhafte Unternehmen das Audit Beruf & Familie® erfolgreich durchgeführt: Großunternehmen genauso wie kleine und mittelständische Unternehmen, Unternehmen aus der Industrie, aus dem Handel und dem Dienstleistungssektor, Unternehmen der Privatwirtschaft und Einrichtungen der öffentlichen Verwaltung. Alle Unternehmen haben die gleiche Erfahrung gemacht: Eine familienbewusste Personalpolitik wird zunehmend zu einem entscheidenden Wettbewerbsvorteil.

c) Personalmarketing durch die Mitarbeiter und die Unternehmensleitung

Eine wichtige Rolle im Rahmen des Personalmarketings nehmen Ihre Mitarbeiter ein. Die Personalakquise im Freundes- und Bekanntenkreis Ihrer Mitarbeiter ist ein wichtiges Personalbeschaffungsinstrument. Deshalb ist das Bild, das Ihre Mitarbeiter von dem Unternehmen nach außen tragen, von ganz entscheidender Bedeutung.

- Bringen Ihre Mitarbeiter gegenüber Freunden und Bekannten zum Ausdruck, dass sie gerne bei Ihnen arbeiten?
- Identifizieren sie sich mit Ihnen als Arbeitgeber?
- Machen sie Werbung für Ihr Unternehmen?

Tipp

Heben Sie gegenüber Ihren Mitarbeitern deren Bedeutung für ein positives Arbeitgeberimage hervor.

Nachfolgend einige Möglichkeiten, was Sie als Unternehmer oder Ihre Führungskräfte für das Personalmarketing tun können:

- Artikel in Fachzeitschriften
- Vorträge auf Tagungen oder Kongressen
- Vorlesungen an Hochschulen
- Teilnahme an Podiumsdiskussionen
- Mitarbeit in Arbeitskreisen und Gremien
- Sponsoring von Veranstaltungen
- Autoaufkleber des Unternehmens an Ihrem Fahrzeug

d) Gestaltung einer Personalmarketing-Broschüre

Haben Sie eine Unternehmensbroschüre? Einen Produktkatalog oder eine Übersicht Ihrer Dienstleistungen? Schön. Haben Sie aber auch Unterlagen, in denen Sie sich als Arbeitgeber präsentieren? Im Rahmen des Personalmarketings sollten Sie daran denken, das, was Sie für Mitarbeiter attraktiv macht, auch in schriftlicher Form zusammenzufassen. Das muss keine aufwändige Hochglanzbroschüre sein. Ein pfiffiger Flyer, mit Testimonials Ihrer Mitarbeiter, die etwas darüber sagen, warum sie gerne bei Ihnen arbeiten, kann da viel wirkungsvoller sein. Bevor Sie sich für eine Lösung entscheiden, empfiehlt es sich, die Entwürfe Ihrer Zielgruppe, sprich Bewerbern zu zeigen und darüber Rückmeldungen einzuholen. Eine Agentur kann Ihnen viel erzählen, wichtiger ist, wie Ihr „Auftritt“ bei denen wirkt, die Sie ansprechen wollen.

2.11 Hochschulmarketing

Unter Hochschulmarketing werden alle Aktivitäten verstanden, die darauf zielen, den Bekanntheitsgrad Ihres Unternehmens bei Studenten zu erhöhen und den Kontakt zu dieser Zielgruppe herzustellen. Wichtig ist, dass Sie sich zunächst einen Überblick verschaffen, welche Hochschulen für Sie von besonderem Interesse sind, damit Sie darauf Ihre Aktivitäten konzentrieren können.

Unter www.studienwahl.de finden Sie eine gute Übersicht der Hochschulstandorte und der betreffenden Fakultäten.

Die wesentlichen Instrumente des Hochschulmarketings sind:

a) Hochschulkontaktmessen

b) Road Shows

c) Stipendien

d) Firmenbesichtigungen

e) Präsentationen und Vorträgen

f) Professorenkontakte

g) Alumni

h) Praktika

i) Werkstudentenverträge

j) Diplomarbeiten

a) Hochschulkontaktmessen

Lesen Sie dazu Kapitel 2.9 (Abschnitt a).

b) Road Shows

Sie stellen eine Präsentation Ihres Unternehmens an verschiedenen Hochschulstandorten dar. Diese kann in Form von schriftlichen Unterlagen, Vorträgen, Präsentationen oder Firmenkontaktgesprächen erfolgen. Sofern Sie bei der Auswahl der Hochschulen und der Präsentation Ihres Unternehmens professionelle Unterstützung wünschen oder die Organisation nicht selbst übernehmen möchten, bieten Personalmarketingunternehmen ihre diesbezügliche Hilfe an. Diese organisieren auch Road Shows, in denen gleich mehrere Unternehmen präsentiert werden, und kündigen diese Veranstaltungen mit entsprechenden Werbemaßnahmen an.

Veranstalter von Road Shows:

- Staufenbiel Institut für Studien- und Berufsplanung (www.staufenbiel.de)
- Westerwelle Medien GmbH (www.westerwelle.de)
- HR Gardens Deutschland GmbH (www.careergardens.com)
- Jobfair24 GmbH (www.jobfair24.de)
- Alma Mater AG (www.alma-mater.de)

c) Stipendien

Stipendien für besonders leistungsstarke Studenten sind eine gute Möglichkeit, um frühzeitig potenzielle Leistungsträger mit Ihrem Unternehmen in Kontakt zu bringen. Die Stipendien können auf der Grundlage von Wettbewerben oder in Zusammenarbeit mit bestimmten Fachbereichen einer Hochschule vergeben werden.

d) Firmenbesichtigungen

Sie sind die Mini-Variante der Hausmessen oder Firmenevents (vgl. Kapitel 2.9.3). Sie bieten einer ausgewählten Gruppe von Studenten damit die Möglichkeit, einen ersten Einblick in Ihr Unternehmen zu bekommen und im direkten Kontakt weitere Ansatzpunkte auszuloten. Die Hochschulteams der Bundesanstalt für Arbeit, aber auch die Hochschulen selbst sind an diesbezüglichen firmenseitigen Angeboten sehr interessiert und unterstützen Sie in der Regel auch bei der Ansprache der Studenten.

e) Präsentationen und Vorträge

Wollen Sie nicht gleich eine Tour durch die Hochschullandschaft durchführen, können Sie auch mit Präsentationen und Vorträgen direkt an einzelne, für Sie interessante Hochschulen gehen. Bei den Vorträgen kann es sich zum einen um fachliche Themen handeln. Bei Studenten sehr beliebt sind aber auch Vorträge, die sich mit Einstiegs- und Entwicklungsmöglichkeiten im Unternehmen beschäftigen und einen Einblick in die Auswahlverfahren geben.

f) Professorenkontakte

Professorenkontakte, die sich im Rahmen von gemeinsamen Projekten oder sonstigen Kontakten ergeben können, sollten Sie gezielt auch als Hochschulmarketinginstrument nutzen.

TIPP

Beschränken Sie Ihre Bemühungen aber nicht nur auf Professoren. Beziehen Sie auch Assistenten und wissenschaftliche Mitarbeiter ein, da diese in der Regel einen noch engeren Kontakt zu den Studenten haben.

g) Alumni

Der Zusammenschluss von Absolventen einer Hochschule zu Ehemaligenorganisationen hat sich in den USA auf breiter Front etabliert. Sie stellen eine lebenslange Verbindung dar, die ein wichtiges Karrierenetzwerk bildet und Ihnen als Unternehmen einen wichtigen Zugang zu Absolventen und Professionals bietet. In Deutschland entstehen Alumni-Netzwerke erst langsam. Informieren Sie sich bei den für Sie interessanten Hochschulen, ob eine derartige Organisation besteht. Die Alumni organisieren häufig auch die Herausgabe von Absolventenjahrbüchern, in denen sich die frisch diplomierten Hochschulabgänger mit Lebenslauf präsentieren. Die Jahrbücher werden in der Regel gegen Gebühr an Unternehmen verkauft.

h) Praktika

Praktika, bei denen ein Student über mehrere Wochen oder sogar Monate in Ihrem Unternehmen tätig ist, vermitteln Ihnen einen hervorragenden Eindruck von dessen Arbeitsverhalten. Gleichzeitig bieten Sie dem Studenten die Chance einen realistischen Einblick in Ihr Unternehmen zu erhalten und die Arbeitspraxis kennen zu lernen. Praktika sind in der Regel zeitlich befristet und finden während der Semesterferien bzw. im Rahmen eines Praxissemesters statt. An vielen Hochschulen gibt es klare Anforderungskataloge, welche Inhalte im Rahmen des Praktikums zu vermitteln sind. Es hat sich in der Praxis überwiegend etabliert, dass Praktikanten eine Vergütung erhalten, die aber in der Höhe sehr variiert. Von € 200.– bis € 1.000.– im Monat reicht die gängige Bandbreite. Die Branche, der Einsatzbereich, die Erfahrung des Studenten, die Länge des Praktikums und der Standort stellen die wesentlichen Kriterien für die Höhe der Vergütung dar.

i) Werkstudentenverträge

Im Gegensatz zu Praktika bieten Werkstudentenverträge die Möglichkeit, einen Studenten studienbegleitend und regelmäßig mit einer bestimmten Stundenzahl bei sich im Unternehmen zu beschäftigen. Bei Werkstudenten wie auch Ferienjobbern steht die Leistungserbringung im Vordergrund. Die Werkstudenten sollen aktiv im Arbeitsprozess mitarbeiten und erhalten hierfür in der Regel eine Vergütung, die auf einem Stundensatz beruht. € 8.– bis € 12.– sind dabei durchaus üblich, besonders dann, wenn der Student bereits über einen längeren Zeitraum für Sie tätig ist, damit betriebliche Zusammenhänge kennt und eine hohe Produktivität aufweist. Im IT-Bereich haben gute Werkstudenten teilweise deutlich höhere Erwartungen im Hinblick auf die Vergütung.

Werkstudentenverträge bieten den großen Vorteil, dass sie mit Studienabschluss einen fließenden Übergang in ein festes Arbeitsverhältnis ermöglichen und damit die gesamte Einarbeitungszeit entfällt.

j) Diplomarbeiten

Die Betreuung einer praxisorientierten Diplomarbeit seitens eines Unternehmens bietet die Chance, eine aktuelle Fragestellung aus dem betrieblichen Umfeld wissenschaftlich fundiert bearbeiten zu lassen.

Dass sich der damit verbundene Aufwand für Sie als Führungskraft aber auch als Rekrutierungsinstrument auszahlen kann, zeigen die beiden folgenden Praxis-Statements. Frank Brenner, Führungskraft der DFS Deutsche Flugsicherung GmbH, und Frank Weber, der bei der DFS seine Diplomarbeit geschrieben hat, berichten jeweils aus ihrem Blickwinkel.

Praxis-Statement: **Vom Diplomanden zum Leistungsträger**

von Frank Brenner, Sprecher des Geschäftsbereiches Luftfahrtdatenmanagement der Deutschen Flugsicherung GmbH, Langen (www.dfs.de)

Die Deutsche Flugsicherung GmbH ist ein bundesweit tätiges Luftfahrtunternehmen. Sie ist verantwortlich für die Sicherung des Luftraums und verhindert Zusammenstöße von Luftfahrzeugen in der Luft oder am Boden.

In der Unternehmenszentrale in Langen bei Frankfurt werden in den Stabsbereichen zum großen Teil Mitarbeiter beschäftigt, die ein umfangreiches fachliches Wissen und praktische Erfahrung aus der Tätigkeit in unseren Kontrollzentralen und Kontrolltürmen mitbringen, wie z.B. Mitarbeiter, die als Fluglotsen oder auch Flugdatenbearbeiter gearbeitet haben. Für viele Aufgabenstellungen in den Abteilungen in der Hauptverwaltung unseres Unternehmens in gibt es darüber hinaus keine gesonderte spezifische Ausbildung, vielmehr ist es ein Training on the job.

Als Führungskraft stellt sich für mich die Herausforderung, neben den hoch qualifizierten Spezialisten immer mal wieder auch einen Hochschulabsolventen in die Mitarbeiterteams zu integrieren. Meistens handelt es sich um Absolventen eines Luft- und Raumfahrt- oder auch Maschinenbau-Studiums. Die jungen Kollegen müssen nicht nur den Praxisschock von der Uni in den Berufsalltag überstehen, sondern auch noch ihren Platz in einem Team von hochspezialisierten Flugsicherungsfachleuten finden. Dazu ist festzuhalten, dass die notwendige Anerkennung der jungen Kollegen durch die anderen Teammitglieder sich nie aus dem von der Uni mitgebrachten Wissen automatisch ableiten lässt, vielmehr brauchen die Berufsstarter ein überdurchschnittlich hohes Einfühlungsvermögen, um sich erfolgreich in die vielfach bereits seit langen Jahren existierenden „gestandenen" Teams zu integrieren. Bei der Auswahl der „richtigen", sich gut in das Team eingliedernden Berufsstarter lege ich großen Wert auf überfachliche Kenntnisse und auch praktische Erfahrungen, wie zum Beispiel in den Bereichen Präsentation, Moderation, Projektmanagement. Solche Eigenschaften und Kenntnisse sind nur sehr schwer in einem Vorstellungsgespräch mit einer Dauer von ein bis zwei Stunden abzufragen. Die Durchführung eines Assessment Centers ist vergleichsweise eine wesentlich bessere Auswahlmethode.

Am allerbesten hat sich aber die Beschäftigung von Diplomanden erwiesen, die ihre praxisnahe Diplomarbeit als Aufgabenstellung in Zusammenarbeit mit den möglichen zukünftigen Kollegen erarbeiten. Dies hat den Vorteil, dass die jungen Menschen bereits in den Fachbereich integriert werden und Zugang zu Informationen aus erster Hand erhalten und keine praxisferne Literaturarbeit als Diplomarbeit abliefern müssen. Wir haben daher immer den Hochschulen Themen für Diplomarbeiten angeboten, die uns aktuell beschäftigten und daher auch ganz konkret im Aufgabenbereich der Mitarbeiter standen. Wenn es einem Diplomanden gelingt, mit der Bearbeitung des Diplomarbeitsthemas nicht nur seinen Professor zu überzeugen, sondern auch im Unternehmen die Nützlichkeit und Sinnhaftigkeit seiner eigenen Arbeit darzustellen, können alle Beteiligten davon nur profitieren.

Kommt es im Anschluss an die Diplomarbeit zu einer Einstellung des Berufsstarters im Unternehmen, konnte dieser sich aufgrund der praxisnahen Diplomarbeit bereits einen sehr konkreten Eindruck über die im Unternehmen üblichen und unüblichen Dinge verschaffen und kennt bereits die geschriebenen und ungeschriebenen Gesetze. Die zukünftigen Kollegen haben den Berufsstarter bereits im Arbeitsalltag erlebt und haben eine Meinung über die Integrationsfähigkeit in das bestehende Team. Im Übrigen achte ich auch bei der Einstellung von Berufsstartern, die nicht bei uns ihre Diplomarbeit geschrieben haben, sehr stark darauf, ob eine mit einem anderen Unternehmen gemeinsam erstellte Diplomarbeit vorliegt. In diesen Fällen kennt der Aspirant zwar unser Unternehmen noch nicht, aber er hat bereits Praxiserfahrung gesammelt.

Die Strategie der Einstellung von Diplomanden habe ich in einigen Fällen wiederholt. Einer „meiner" Diplomanden beschreibt anschließend, wie sich dies für ihn dargestellt hat. Voraussetzung für diesen Erfolg sind aber immer die nachfolgenden Punkte:

- weitsichtige Professoren und Assistenten, die eine praxisnahe Diplomarbeit, die in einem Unternehmen geschrieben wird, unterstützen
- Diplomanden, die auf eine vermeintlich einfachere Literaturarbeit verzichten und auch bei Widerstand Ihren Professor und Assistenten von der praxisnahen Vorgehensweise überzeugen
- engagierte Personaler und auch Führungskräfte, die den zusätzlichen Aufwand, den die Betreuung von Diplomarbeiten verursacht, in Kauf nehmen um damit auch das Risiko bei der Personalrekrutierung und der Integration neuer Mitarbeiter zu minimieren
- Das Unternehmen verfügt über eine mittelfristig stabile Personal(nachwuchs)planung. Mit der Ausschreibung von Diplomarbeiten wird rechtzeitig vor der Zieltermin zur Besetzung von Stellen begonnen.

Und sollte mal ein Diplomand die in ihn gesetzten Erwartungen nicht erfüllen, Schwierigkeiten in der Integration in ein Arbeitsteam haben, dann ist es besser, man stellt dies im Rahmen einer Diplomarbeit fest, als im Rahmen einer Probezeit. Dies ist dann für alle Beteiligte die viel schmerzlichere Variante.

Analog der beschriebenen Vorgehensweise bei der praxisnahen Diplomarbeit gilt der Praxistest natürlich in ähnlichem Umfang bei Praktikanten.

Praxis-Statement:
Stellensuche über Diplomarbeit

von Frank Weber. Frank Weber hat an der Technischen Universität Darmstadt Wirtschaftsingenieurwesen studiert und ist über eine Diplomarbeit bei der DFS Deutsche Flugsicherung GmbH eingestiegen. Nach einer zweijährigen Tätigkeit in einem Projekt zur Reorganisation der Luftraumstruktur ist er heute als Referent der Geschäftsbereichsleitung der größten Business-Unit der DFS Deutsche Flugsicherung GmbH tätig. Nachfolgend beschreibt er seine Erfahrungen.

Während meines Studiums zum Diplom-Wirtschaftsingenieur habe ich mich mit Beginn des Hauptstudiums auf den Studienschwerpunkt Luftverkehr festgelegt. Über studienbegleitende Praktika und eine Studienarbeit in Zusammenarbeit mit der Luftfahrtindustrie konnte ich Erfahrungen über mögliche Einsatzbereiche bzw. Tätigkeiten im Luftverkehrssektor sammeln. Spätestens im letzten Drittel meines Studiums hatte ich schon eine recht konkrete Vorstellung von den Unternehmen, bei denen ich gerne arbeiten würde. Bei den in Frage kommenden Tätigkeiten hatte ich mich noch nicht endgültig festgelegt, wichtig war mir, dass sowohl kaufmännische als auch technische Inhalte vorkommen sollten. In Bezug auf die Bewerbung hatte ich zudem noch das Bestreben, möglichst frühzeitig, spätestens zum Studienende, ein oder mehrere konkrete Jobangebote vorliegen zu haben. Dabei konnte ich feststellen, dass gerade große Unternehmen bzw. Konzerne zukünftige Mitarbeiter gezielt schon während des Studiums über spezielle Veranstaltungen akquirieren. Sowohl der von den Unternehmen betriebene Aufwand als auch die zum Teil sehr verbindlichen Informationen über mögliche Tätigkeiten und offene Stellen hatten mich positiv überrascht. Und selbst die oft unverbindlichen Absolventenmessen bieten zumindest die Möglichkeit, einen ersten Kontakt herzustellen. Gerade bei einem frühen Zeitpunkt der Kontaktaufnahme zwischen Unternehmen und Absolventen wird seitens der Unternehmen die Möglichkeit der Erstellung der Diplom- bzw. Abschlussarbeit als „Einstiegsmöglichkeit" angesprochen. Dies war auch für mich ein Grund, nach einer universitätsexternen Diplomarbeit zu suchen. Meine persönliche Erwartungshaltung war, dass sich über eine Zusammenarbeit im Rahmen einer Diplomarbeit auch berufliche Perspektiven ergeben könnten.

Meine spätere Diplomarbeit fand ich über einen Aushang bei meinem Prüfungssekretariat an der Technischen Hochschule Darmstadt. Die DFS Deutsche Flugsicherung GmbH (DFS) suchte einen Diplomanden zur Durchführung einer Marktanalyse. Sowohl die Aufgabenstellung als auch das anbietende Unternehmen waren für mich interessant. Über zunächst telefonischen und später auch persönlichen Kontakt hatte ich mich über das Thema, aber auch die Rahmenbedingungen und vor allem die Erwartungen des Auftraggebers informiert. Hierbei stellte sich heraus, dass es noch keinen Lehrstuhl für die Betreuung der Diplomarbeit an der Universität gab – erst nach längeren Verhandlungen konnte eine Lösung gefunden werden. Nachdem ich auch von der DFS für die Diplomarbeit ausgewählt wurde, konnte ich recht zügig mit der Bearbeitung beginnen. Lediglich die Aufgabenstellung musste noch zwischen Lehrstuhl und Auftraggeber in Bezug auf Inhalt und Umfang angepasst werden, um einerseits den universitären Ansprüchen zu genügen und andererseits die Diplomarbeit in der vorgesehenen Zeit realistisch abschließen zu können. Während meiner Diplomarbeit wurde mir von der DFS ein Arbeitsplatz mit der entsprechenden Ausstattung zur Verfügung gestellt und ich konnte meine Anwesenheit im Unternehmen in Absprache mit meinem Betreuer flexibel gestalten. So konnte ich mir meist einen oder zwei Tage in der Woche für die Literaturrecherche in den Bibliotheken und für andere universitäre Aktivitäten vorbehalten. Aufgrund des Themas erhielt ich einen umfangreichen Einblick in das Unternehmen und die Dienstleistung Flugsicherung. Hier war es sehr hilfreich, dass ich einen Arbeitsplatz in dem Unternehmen hatte und meine Fragen – gerade bei komplexen Zusammenhängen – direkt an die Mitarbeiter stellen konnte. Die Unterstützung, aber auch das Interesse der Mitarbeiter an meiner Arbeit, war vorhanden. Ich konnte die firmeninternen Abläufe und Zusammenhänge zumindest in Teilbereichen kennen lernen, nicht zuletzt auch, weil ich selbst eingebunden war.

Die Betreuung durch die DFS und den Lehrstuhl an der TU Darmstadt war optimal, die gemeinsamen Abstimmungsbesprechungen sehr interessant – nicht zuletzt aufgrund der zum Teil unterschiedlichen Interessenlage zwischen dem Unternehmen als Auftraggeber und der Universität als Forschungsstätte. Wenn ich das heute etwas entspannter sehe, dann nicht zuletzt wegen der sehr fairen Bewertung meiner Diplomarbeit sowohl durch den Professor am Lehrstuhl als auch den Betreuer bei der DFS. Aufgrund der positiven Erfahrungen, die ich durch die Diplomarbeit bei der DFS gewonnen hatte, fiel mir die Entscheidung leicht, mich dort auf eine Einstiegsstelle zu bewerben. In der Abschlussbesprechung mit der Führungskraft des damaligen Bereiches wurde mir eine Stelle angeboten, auf der ich nach dem Studienabschluss meinen Einstieg in die DFS gefunden habe.

Als persönliches Fazit kann ich somit feststellen, dass sich meine Erwartungshaltung in Bezug auf die universitätsexternen Diplomarbeit erfüllt hat. Natürlich muss man für sich selbst entscheiden, ob man die Diplomarbeit bei einem Unternehmen und somit universitätsextern schreiben möchte. Der große Vorteil ist, dass man wertvolle Einblicke in ein Unternehmen nehmen und persönliche Kontakte zu den Führungskräften und Mitarbeitern knüpfen kann. Der Einblick in das Unternehmen ist wichtig für die persönliche Entscheidung, ob man bei diesem Unternehmen arbeiten möchte. Es kommt durchaus vor, dass der persönliche erlebte Umgang in einem Unternehmen doch erheblich von dem in Hochglanzbroschüren oder bei Studentenmessen präsentierten Unternehmensimage abweicht. Ebenso wichtig ist der persönliche Kontakt zu Führungskräften und Mitarbeiter. Man erhält die Möglichkeit, einen Eindruck von seiner Person und den erworbenen Fähigkeiten dem Unternehmen zu vermitteln und dies umfassender als es über Bewerbungsschreiben möglich ist. Auch wenn man später vielleicht nicht direkt eine Tätigkeit angeboten bekommt, so können doch die Kontakte genutzt werden, um sich auf Stellen in anderen Bereichen des Unternehmens gegebenenfalls sogar über eine entsprechende Empfehlung einer Führungskraft und/oder Mitarbeiters zu bewerben.

Dass man sich mit einer Diplomarbeit bei einem Unternehmen in einen Spagat zwischen dem universitären Anspruch der Forschung und Lehre und den mehr auf praktischen Nutzen ausgerichteten Zielen eines Unternehmens begibt, liegt in der Natur der Sache. Dieser Spagat zieht sich auch wie ein roter Faden durch die Zeit der Bearbeitung der Diplomarbeit, was sich insbesondere bei den Abstimmungen mit den Assistenten an der Universität und dem Betreuer im Unternehmen zeigt. Damit ergibt sich immer wieder die Notwendigkeit, eine Kompromisslinie zu finden, da auch das beauftragende Unternehmen eine Bewertung der Diplomarbeit abgibt, die bei der Notengebung in der Regel berücksichtigt wird. Ernst zu nehmende Konflikte dürften jedoch die Ausnahme bilden, da eigentlich alle Beteiligten an einem erfolgreichen Abschluss interessiert sind.

Für mich steht fest, dass ich diesen Weg wieder gehen würde.

2.12 Personalmarketing für kleine und mittelständische Unternehmen

2.12.1 Die Vorteile kleinerer und mittelständischer Unternehmen

Kleine und mittelständische Unternehmen klagen sehr häufig, dass sie gerade bei Hochschulabsolventen und hoch qualifizierten Nachwuchsführungskräften keine Chance haben, diese für eine Mitarbeit in ihrem Unternehmen zu gewinnen. Großkonzerne mit ihren bekannten Namen würden ihnen die besten Leute sowieso wegschnappen.

Als kleine oder mittelständischer Betrieb haben Sie nicht nur Nachteile gegenüber den „Großen". Nutzen Sie Ihre Wettbewerbsvorteile, damit Sie im Wettbewerb um gute Kandidaten für sich punkten können:

a) Schnelligkeit

b) Flexibilität

c) Nebenleistungen

d) Persönlicher Kontakt

a) Schnelligkeit

Ihr größter Wettbewerbsvorteil ist der Faktor Schnelligkeit. Kandidaten beklagen immer wieder, wie lange es vom Erstkontakt mit dem Unternehmen bis zur endgültigen Einstellentscheidung dauert.

Sie haben kurze Wege, können aufgrund Ihrer Strukturen schnell reagieren und entscheiden – tun Sie es auch! Die Bewerber werden es honorieren. Wie heißt es so schön: Nicht die Großen fressen die Kleinen, sondern die Shcnellen die Langsamen.

b) Flexibilität

Als kleiner oder mittelständischer Betrieb haben Sie die Möglichkeit, sehr individuell und flexibel auf die Bedürfnisse von Kandidaten einzugehen. Oftmals lassen Betriebsvereinbarungen, Prinzipien oder Gleichbehandlungsgrundsätze in Großbetrieben hierfür keinen Raum. Für einen Bewerber kann es z.B. ein wichtiges Kriterium sein, ob sein zukünftiger Arbeitgeber ihn darin unterstützt, seinen MBA zu machen. Für die allein erziehende Mutter ist die Übernahme der Kinderbetreuungskosten seitens des Abreitgeber ein besonderer Anreiz (die Sie als Arbeitgeber als Betriebsausgabe geltend machen können). Die auf öffentliche Verkehrsmittel angewiesene Verkäuferin, deren Bus 10 Minuten nach der offiziellem Ladenöffnungszeit ankommt und die ansonsten eine Stunde früher ihre Wohnung verlassen muss, wird es zu schätzen wissen, wenn Sie diese 10 Minuten abends dafür länger bleiben kann.

Dies sind nur einige Beispiele, die deutlich machen, wie Sie bei Bewerbern Attraktivität erzielen können.

c) Nebenleistungen

Sie haben Sonderkonditionen bei Ihren Lieferanten? Sie erhalten z. B. Firmenwagen mit Rabatten, die der Endverbraucher normalerweise nicht eingeräumt bekommt? Warum geben Sie dies Konditionen nicht an Ihre Mitarbeiter weiter? Auch der Lieferant kann dadurch mehr Umsatz machen und vielleicht noch günstigere Rabatte einräumen. Eine win-win-Situation für alle Beteiligten.

Aber auch kleine Annehmlichkeiten, wie ein Hemdenservice, der regelmäßig die Bügelwäsche der Mitarbeiter im Betrieb abholt, kostet Sie als Unternehmen wenig Geld, ist aber für die Mitarbeiter oft eine riesige Entlastung.

d) Persönlicher Kontakt

Viele Bewerber bewerten die Anonymität in Großunternehmen und die unübersehbaren Strukturen negativ. Niemand ist gerne nur ein kleines, unbedeutendes Rädchen in einem großen Getriebe. Persönliche Ansprache, kurze Wege, umfangreiche Entscheidungskompetenz und die direkte Erreichbarkeit des Chefs sind Vorteile, die Sie als kleiner oder mittelständischer Betrieb bieten können. Stellen Sie diese Vorzüge auch heraus, wenn Sie neue Mitarbeiter rekrutieren wollen.

Tipp

Bieten Sie interessierten Kandidaten an, dass sie mal für einen halben Tag in Ihr Unternehmen „reinschnuppern" können.

Für Bewerber ist die Möglichkeit, sich einen persönlichen Eindruck von den Aufgaben und dem Arbeitsumfeld zu machen häufig ein großer Anreiz. Als klein- oder mittelständischer Betrieb können Sie hier sehr flexibel vorgehen.

2.12.2 Pfiffige Ideen für kleinere und mittelständische Unternehmen

Als klein- oder mittelständischer Betrieb werden Sie verstärkt regional tätig sein und kennen in der Regel Ihr Branchenumfeld. Ihr wichtigstes Instrument sind daher Kontakte.

Hier noch ein paar konkrete Vorschläge:

a) Kontakte zu Bildungsträgern

b) Kontakte zur regionalen Wirtschaftsförderung

c) Kontakte zu Schulen und Hochschulen

d) Kontakte zur Presse

e) Aushänge

f) Personalmarketing mit Firmenfahrzeugen

g) Teilnahme an Wettbewerben

a) Kontakte zu Bildungsträgern

Bildungsträger führen vorwiegend im Auftrag des Arbeitsamtes oder der Berufsgenossenschaften Qualifizierungsmaßnahmen durch. Die Schulungen beinhalten in der Regel ein Praktikum, das mehrere Wochen, aber auch Monate dauern kann. Nutzen Sie die Möglichkeit, zum einen kostenlos diese Mitarbeiter auf Zeit beschäftigen und damit auch potenzielle Kandidaten für eine Festanstellung nach Qualifizierungsende gewinnen zu können.

Das Praxis-Statement von Jürgen Schmitt-Restle gibt hierzu einen tieferen Einblick.

Praxis-Statement: Sicht eines Bildungsträgers

Jürgen Schmitt-Restle, Geschäftsführer der Hartnack-Schule in Offenbach (www.hartnack.de), berichtet aus der Perspektive eines Bildungsträgers.

Die Hartnack-Schule GmbH zählt im Bereich der kaufmännischen und EDV-Qualifizierungen im Rhein-Main-Gebiet zu den führenden Anbietern. Neben Firmenschulungen führen wir insbesondere Trainingsmaßnahmen, Umschulungen und Weiterqualifizierungen durch, die den Teilnehmern seitens der Bundesanstalt für Arbeit finanziert werden. Die Zeitdauer reicht von drei Monaten bis zu zwei Jahren, wenn es um den Erwerb von Berufsabschlüssen mit IHK-Prüfung geht. Unser Ziel ist es, sowohl unter fachlichen wie auch berufspraktischen Gesichtspunkten ein hohes Qualifikationsniveau bei den Kursteilnehmern zu erreichen, um sie für ihren zukünftigen Einsatz in der Berufswelt fit zu machen. Unser Erfolg wird am Erfolg der Teilnehmer gemessen, der sich darin zeigt, dass sie im Anschluss an die Qualifizierung einen Arbeitsplatz finden. Unsere Ergebnisse können sich sehen lassen. Je nach Fachrichtung finden 70–90 % der erfolgreichen Prüfungsabsolventen im Anschluss an ihre berufliche Weiterqualifizierung eine Anstellung.

Als hervorragendes Instrument haben sich dabei Praxiseinsätze während der Qualifizierungsmaßnahme erwiesen. Die Vorteile liegen auf der Hand: Der Teilnehmer kann sein in der Theorie erworbenes Wissen unmittelbar in der Praxis einsetzen und damit Sicherheit und Routine gewinnen. Für Unternehmen bietet der Praktikant eine personelle Kapazitätserhöhung und das ohne zusätzliche Kosten.

Daher arbeiten wir mit über 800 Unternehmen im Rahmen der Praktika regelmäßig zusammen und sind für neue Kontakte stets offen. Dass die Betriebe mit unseren Praktikanten zufrieden sind, zeigt die sehr hohe Übernahmequote. Denn unsere Teilnehmer haben einen großen Vorteil gegenüber anderen Bewerbern: Ihre Kenntnisse sind auf dem neuesten Stand und sie besitzen gegenüber Berufsstartern praktische Erfahrung aus einer früheren Berufstätigkeit. Insbesondere unter den Berufsrückkehrerinnen, die ihre Kenntnisse im Rahmen einer solchen Qualifizierungsmaßnahme wieder auffrischen, haben viele Unternehmen schon exzellente neue Mitarbeiterinnen finden können. Und das Beste: Sie kaufen die Katze nicht im Sack, sondern können sich während des Praktikums einen konkreten Eindruck von Arbeitsverhalten verschaffen.

Und noch ein wichtiges Argument: Ob Office-ManagerInnen, Werbekaufleute, Kaufleute der Grundstücks- und Wohnungswirtschaft, Bürokaufleute, Industriekaufleute oder IT-Systemkaufleute, sie alle streben danach, das erworbene Wissen nun auch im Arbeitsalltag zum Einsatz bringen zu können, schließlich haben sie viel Energie in ihre Qualifizierung investiert.

Unternehmensvertretern empfehle ich daher, aktiv auf Weiterbildungsträger zuzugehen und Praktikumsplätze anzubieten. So können sie potenzielle Mitarbeiter ohne Kosten in der realen Arbeitssituation kennen lernen und testen.

b) Kontakte zur regionalen Wirtschaftsförderung

Mehr und mehr Städte und Gemeinden gehen dazu über, im Rahmen der Wirtschaftsförderung auch beschäftigungsorientierte Aktivitäten zu ergreifen.

Sprechen Sie mit den zuständigen Mitarbeitern, inwieweit Sie davon profitieren können, sei es über Zuschüsse oder die Vermittlung von geeignetem Personal.

c) Kontakte zu Schulen und Hochschulen

Insbesondere wenn Sie Ausbildungsplätze besetzen wollen, empfiehlt es sich, direkt bei entsprechenden Schulen Aushänge vorzunehmen und die Lehrerschaft über Ihre Ausbildungsangebote zu informieren. So kann interessierten Bewerber direkt der Kontakt zu Ihnen vermittelt werden. Aber auch bei der Recrutierung von Topkandidaten bieten sich für mittelständische Unternehmen Möglichkeiten.

Hier kann der Ansatz der Steinbeis-Hochschule eine interessante Alternative sein, um auch als mittelständischer Betrieb den Kontakt zu Topkandidaten zu finden und gleichzeitig aktuelle Projektaufgaben qualifiziert zu lösen. Das Praxis-Statement von Michael Wieland beschreibt das dahinter stehende Konzept des Steinbeis-Transfer-Instituts.

Praxis-Statement:
Projekt-Kompetenz-Studium an der Steinbeis-Hochschule Berlin

Dipl.-Ing. (FH) Michael Wieland ist Projektleiter an der Steinbeis-Hochschule Berlin und zuständig für das Projekt-Kompetenz-Studium (www.sti-mbe.de)

Recruitmentplattform und praxisnahe Ausbildung von Hochschulabsolventen mit staatlich anerkanntem Masterabschluss – Fortführung des dualen Prinzips

Mit dem von der Steinbeis-Hochschule Berlin angebotenen Projekt-Kompetenz-Studium (PKS) haben wir eine konsequente Weiterführung des dualen Prinzips im Bereich der Qualifizierung von potenziellen Nachwuchsführungskräften entwickelt. Die Zusammenarbeit mit renommierten internationalen Hochschulen, die Durchführung eines konkreten Beratungsprojektes für ein auftraggebendes Unternehmen und der staatlich anerkannte Abschluss „Master of Business and Engineering" (MBE®) charakterisieren das Alleinstellungsmerkmal unseres Studienangebotes.

Das Programm ist ausgesprochen praxisorientiert angelegt, und zielt auf einen unmittelbaren Zuwachs an Wissens-, Sozial- und Transferkompetenzen. Die Betreuung durch Professoren und Experten aus dem Steinbeis-Verbund stellt einen hohen Nutzwert sowohl für Studienteilnehmer – Fellows genannt – als auch für die teilnehmenden Unternehmen dar.

Ziel des PKS ist eine international ausgerichtete Ausbildung von Nachwuchsführungskräften mit betriebswirtschaftlich-technologischer Schwerpunktsetzung in den Bereichen General Management oder Informationstechnologie. Die Teilnehmer am PKS verfügen über ein abgeschlossenes Hochschulstudium, erste Berufserfahrung und teilweise über eine Promotion.

Das duale Prinzip ermöglicht den Unternehmen, über die Beratungsprojekte Kontakt zu den Nachwuchsführungskräften aufzunehmen und schon während des Studienzyklus Planungen für eine Festanstellung nach dem PKS zu treffen. Unabhängig von dieser Entscheidung erfolgt die zielorientierte Bearbeitung des Projektes. Das Steinbeis-Transfer-Institut tritt dabei als Vertragspartner gegenüber dem Auftraggeber auf. Für das Unternehmen fallen neben der Beratungsgebühr in Höhe von € 41.500,– keine weiteren Kosten an. Dafür steht der Fellow dem Projekt-Auftraggeber ca. 1.100 Stunden für die Bearbeitung des Projektes zur Verfügung. Über den gesamten Zeitraum des einjährigen PKS erhält der Fellow eine Zuwendung von € 7.500,– sowie die entstehenden Reisekosten zwischen Projektgeber und der Steinbeis-Hochschule Berlin. Studiengebühren entstehen ihm im Vergleich zu anderen Masterprogrammen nicht, was dazu führt, dass wir aus einer Vielzahl von hoch qualifizierten Bewerbern die Studienteilnehmer auswählen können. Das PKS ist daher für Unternehmen eine günstige Alternative zu der klassischen Rekrutierung von hoch qualifizierten Nachwuchskräften. So entsteht ein doppelter Nutzen: Ein anstehendes Projekt wird innerhalb des vorgegebenen Zeitrahmens bearbeitet und ein potenzieller neuer Mitarbeiter kann während der Projektlaufzeit schon „an Bord" genommen werden.

Ulrich Kreher, Geschäftsführer der Firma Elektror Karl W. Müller GmbH, hat im letzten Jahr über das PKS einen neuen Mitarbeiter rekrutiert. „Mit der Hilfe des Beratungsprojektes haben wir unsere Logistikprozesse neutral betrachtet – und eine neue Führungskraft gewonnen, die schon fast alle unsere internen Prozesse kennt!" Er wird auch weiterhin Nachwuchsführungskräfte durch das PKS suchen.

Ein Studentenjahrgang setzt sich aus 55 Teilnehmern aus allen Bereichen von Wirtschaft und Wissenschaft zusammen

Das Studium umfasst neben der Projektbearbeitung (23 Wochen) die Teilnahme an 19 intensiven Kursblöcken à 5 Tagen an der Steinbeis-Hochschule Berlin sowie bei internationalen Kooperationspartnern.

In den Kursen werden anwendungsorientiert fachliche Grundlagen für zukünftige Managementaufgaben interdisziplinär vermittelt sowie aktuelle wissenschaftliche Erkenntnisse praxisrelevant „transferiert". Eigene Dozenten der Steinbeis-Hochschule, der Partnerhochschulen und Vertretern aus Wirtschaft und Industrie stellen sicher, dass die Zielsetzung des Programms in allen Phasen erreicht wird. Hauptunterrichtssprachen sind Deutsch und Englisch. Der Leistungsnachweis wird durch schriftliche Prüfungen und die abschließend zu erstellende Masterthesis (schriftliche Ausarbeitung der Projektarbeit im Unternehmen) erbracht.

Wir gewährleisten, dass jedes Beratungsprojekt von erfahrenen Betreuern begleitet wird. Dafür finden regelmäßig Reportings und Projektgespräche zwischen Unternehmen, Betreuern und Studenten statt. Für weitergehende fachliche Betreuung steht zusätzlich das Transfer-Netzwerk der Steinbeis-Stiftung den Teilnehmern zur Verfügung.

Die Studienzyklen beginnen zum September, Kontakt und Vermittlung der Teilnehmer findet während des ganzen Jahres statt.

Informationen zum PKS-Studiengang erteilt das Steinbeis-Transfer-Institut Business and Engineering, Nord-West-Ring 34, 70794 Filderstadt, Telefon: 07 11 / 44 08 08–25 (Herr Wieland), E-Mail: wieland@stw.de Internet: www.sti-mbe.de.

d) Kontakte zur Presse

Warum teure Stellenanzeigen schalten, wenn Sie auch anders Ihren Personalbedarf in der Zeitung kommunizieren können? Pflegen Sie mit den Pressevertretern einen guten Kontakt. So wird insbesondere in der Lokalpresse auch die Möglichkeit bestehen, einen redaktionellen Beitrag über Ihr Unternehmen zu platzieren. Darin kann dann auch ein entsprechender Personalbedarf zum Ausdruck gebracht werden, der so manchen Bewerber zu Ihnen führt.

e) Aushänge

Ein wirksames, aber leider oft in Vergessenheit geratenes Instrument, um Mitarbeiter zu finden, ist auch der gute alte Aushang am Firmengebäude.

Der Aushang hat mehrere positive Effekte. Zum einen können Sie darüber potenzielle Kandidaten ansprechen, zum anderen signalisieren Sie eine gute Beschäftigungslage, was Ihrem Image als Arbeitgeber insgesamt gut tut. Über diesen Weg lassen sich insbesondere Sachbearbeiter, Facharbeiter und Hilfskräfte gut rekrutieren.

f) Personalmarketing mit Firmenfahrzeugen

Haben Sie auch darüber nachgedacht, Ihre Firmenfahrzeuge für Personalmarketing zu nutzen? Überlassen Sie aber das Anfertigen der Aufschrift einem Fachmann. Laienhafte Schriftzüge wirken eher kontraproduktiv.

g) Teilnahme an Wettbewerben

Ein weiterer interessanter Ansatz, um sich als Mittelstandsbetrieb auf dem Arbeitsmarkt zu profilieren und einer größeren Öffentlichkeit bekannt zu machen, ist die Teilnahme am Wettbewerb „Unternehmer des Jahres", der von der compamedia GmbH realisiert wird.

Außerdem unterstützen das Unternehmermagazin Impulse, der Recruiting-Dienstleister access AG, der Anbieter des Internetportals rund um Job und Karriere, jobpilot AG sowie der Anbieter des Human-Resources-Portals HRblue AG das Mittelstandsprojekt.

Grundlage für die Ermittlung des Preisträgers sind die Ergebnisse der Studie „TOP JOB", mit der die Attraktivität von Mittelstandsunternehmen als Arbeitgeber untersucht wird.

Weitere Informationen unter www.topjob.de.

3 Personalauswahlinstrumente

Bei der Vorauswahl mit Hilfe von Personalauswahlinstrumenten geht es darum, aus den vorhandenen Bewerbern diejenigen herauszufinden, die am besten Ihren Erwartungen entsprechen, sprich, bei denen das Matching zwischen Anforderungsprofil und Kandidatenprofil die höchste Deckung aufweist. Mit diesen Kandidaten sollten Sie dann im Einzelinterview die Grundlage für die endgültige Auswahlentscheidung schaffen.

Für die Personalauswahl stehen folgende Instrumente zur Verfügung:

- Bewerbungsunterlagen
- Einstellinterview (dieses wichtige Instrument stellen wir in einem eigenen Kapitel dar)
- Telefoninterview
- Assessment Center
- Psychologische Testverfahren
- Grafologische Gutachten
- Probearbeitstag

Sofern Sie einen Betriebsrat haben, hat dieser grundsätzlich das Recht, an der Personalauswahl beteiligt zu werden. In welchem Umfang der Betriebsrat hier tatsächlich Einfluss ausübt, schwankt von Unternehmen zu Unternehmen stark.

Tipp

Klären Sie im Vorfeld, ob es zwischen Unternehmensleitung und Betriebsrat entsprechende Betriebsvereinbarungen zum Thema Mitarbeiterauswahl gibt.

3.1 Bewerbungsunterlagen

Wenn Sie die klassischen Rekrutierungswege wählen, werden Sie den ersten Kontakt mit einem Bewerber in Form seiner schriftlichen Bewerbungsunterlagen haben. Der erste Eindruck über den Bewerber, wie er von den Bewerbungsunterlagen vermittelt wird, kann ausgesprochen falsch sein kann:

- Wohl formulierte Sätze, die aus Bewerbungsratgebern abgeschrieben sind,
- ein Foto, das vor zehn Jahren aktuell war,
- Lebensläufe, die leicht „geschönt" wurden, und
- das Vorgeben von Kenntnissen, die nicht oder zumindest nicht in der beschriebenen Form vorhanden sind.

Dennoch sind Bewerbungsunterlagen in der Praxis die häufigste Entscheidungsbasis für die Vorselektion von Bewerbern. Lassen Sie uns deshalb zunächst mit der Beurteilung von Bewerbungsunterlagen als Auswahlinstrument beginnen.

Haben Sie schon mal 200 Bewerbungen vor sich gehabt, die aufgrund einer Stellenanzeige eingingen? Ich hätte früher auch nicht geglaubt, wie viel 200 Bewerbungen sind – die passen nicht mehr auf den Schreibtisch, nein, sie lassen sich nur noch in Häufchen auf dem Boden neben dem Schreibtisch stapeln und jeden Morgen, wenn Sie Ihr Büro betreten, fällt der Blick auf die Stapel und Ihnen wird klar: irgendwie muss ich da durch. Und dann heißt es die Nadel im Heuhaufen zu finden und die Kandidaten zu ermitteln, die in die engere Wahl kommen. Selbst wenn Sie nur 50 Bewerbungsunterlagen haben, müssen Sie sich ein System überlegen, wie Sie die drei bis fünf Kandidaten herausfiltern, mit denen Sie ein Vorstellungsgespräch führen wollen. Denn sich mehr als fünf Bewerber pro Stelle anzusehen, lässt sich in der Praxis ganz einfach aus Kapazitätsgründen meist nicht realisieren.

Anhand der nachfolgenden Kriterien können Sie die Bewerbungsunterlagen einer ersten Beurteilung unterziehen:

- Der optische Gesamteindruck
- Das Anschreiben

- Der Lebenslauf
- Das Foto
- Arbeitszeugnisse
- Schul- und Ausbildungs- und Hochschulzeugnisse
- Weitere Auswahlinstrumente: Arbeitsproben, Bescheinigungen, Veröffentlichungen, Referenzen, Empfehlungsschreiben, CDs und Homepages, Zeugnisse

Um hier im Vorfeld falsche Erwartungen gleich im Keime zu ersticken: Es wird Ihnen niemand das Patentrezept für die 100 Prozent erfolgreiche Vorselektion der Bewerber anhand von Bewerbungsunterlagen liefern können. Das Risiko, dass der passendste Kandidat durchs Raster fällt, wird immer bleiben. Wie Sie am sinnvollsten vorgehen, hängt sicherlich von mehreren Kriterien ab:

- Anzahl der Bewerbungen
- Anforderungsprofil
- Zeitdruck
- Entscheidungsprozess und den daran Beteiligten

Nachfolgend ein paar grundlegende Hilfestellungen bei der Beurteilung von Bewerbungsunterlagen:

3.1.1 Der optische Gesamteindruck

Eine allererste Vorauswahl wird sehr häufig aufgrund des optischen Gesamteindrucks gemacht. Wer Bewerbungsunterlagen mit Kaffeeflecken und Eselsohren wegschickt, wird auch im Job nicht besonders auf ein positives Erscheinungsbild Wert legen. Denn die Bewerbungsunterlagen sind ja eine erste Arbeitsprobe, die der Kandidat abgibt, so die Argumentation.

3.1.2 Anschreiben

Das Anschreiben ist ein persönlicher Brief, mit dem der Bewerber seine Qualifikation und Motivation für die Position darlegen sollte. Viele Führungskräfte schauen zunächst das Anschreiben auf Schreib- oder Grammatikfehler durch und sortieren danach bereits die ersten Kandidaten aus.

Auf der Basis meiner Erfahrung bei der Sichtung von Bewerbungsunterlagen, habe ich vier Kategorien von Anschreiben kennen gelernt:

(1) Nichts sagende Standardbriefe in Kurzform, die mit „cut and paste“ immer wieder verwendet werden.

(2) Wohl formulierte, teilweise auch schon gestelzte Texte, die irgendwo abgeschrieben wurden und nichts mit der Person des Bewerbers zu tun haben.

(3) Nicht enden wollende Prosa, mit der der Bewerber im Anschreiben sein halbes Leben darlegt, aber nicht auf den Punkt kommt.

Und Gott sei Dank ...

(4) Aussagefähige Anschreiben, die auf einer Seite die wesentlichen Kriterien aufgreifen und Argumente liefern.

Ein Anschreiben ist dann aussagefähig, wenn es konkrete Argumente liefert, warum Sie den Bewerber für die Position in die engere Auswahl nehmen sollten.

Worauf sollten Sie nun bei einem Anschreiben achten? Die Checkliste 8 gibt Ihnen einige Hilfestellungen.

Checkliste 8
Anschreiben

		ja	nein
(1)	Handelt es sich um ein individuelles Anschreiben? (richtige Firmenanschrift, persönliche Anrede, Bezug auf die vakante Stelle, geht auf die geforderten Kriterien ein)	❒	❒
(2)	Macht das Anschreiben einen in sich stimmigen Eindruck? (einheitliche Sprache, logischer Gedankengang, klare Argumentation)	❒	❒
(3)	Kommt der Bewerber schnell auf den Punkt? (Anschreiben nicht über eine Seite lang, klare Sprache, keine gestelzten Formulierungen)	❒	❒
(4)	Vermittelt der Bewerber den Eindruck, dass er weiß, worauf es bei der Stelle ankommt und er die entsprechenden Qualifikationen auch besitzt? (erkennt die zentralen Anforderungskriterien und kann anhand von Beispielen seine Qualifikation belegen)	❒	❒
(5)	Liefert der Bewerber nicht nur Informationen über seine fachliche Qualifikation, sondern auch über seine Persönlichkeit und seinen Arbeitsstil? (sagt etwas über seine Person und seine Werte aus und beschreibt Leistungen und Erfolge, die er basierend auf dieser Grundlage erzielt hat)	❒	❒

Nachfolgend finden Sie ein Beispiel (Abbildung 9) für ein gelungenes Anschreiben und ein Beispiel für ein weniger taugliches Anschreiben (Abbildung 10). Die Anschreiben beziehen sich auf die Stellenanzeige in Kapitel 2.7.

Sabine Lambrecht
Ludwigstraße 51 69469 Weinheim
Telefon: (06201) 156713 Fax: (06201) 156714
Email: sabine.lambrecht@t-online.de

Symmantek Electronics
Herrn Müller
In den Auen 35
70211 Stuttgart

Weinheim, den 18. 03. 2003

Mitarbeiterin Back-Office Vertrieb
Unser Telefonat vom 17. 03. 2003

Sehr geehrter Herr Müller,

zunächst besten Dank für das freundliche und informative Telefonat mit Ihnen. Wie vereinbart sende ich Ihnen meine Bewerbungsunterlagen, weil sich die von Ihnen beschriebenen Anforderungen sehr gut mit meinem Qualifikationsprofil decken.

Ich bin derzeit als Sachbearbeiterin bei einem auf elektronische Bauteile spezialisierten Großhändler im Vertriebsinnendienst tätig. Das Aufgabenspektrum reicht von A wie Angebotserstellung bis Z wie Zahlungseingangsprüfung und wird von meinem Kollegen und mir selbstständig bearbeitet.

Wir bedienen Kunden im In- und Ausland, so dass ich auch heute bereits einen großen Teil meiner Arbeit in englischer Sprache erledige.

Aufgrund meiner guten EDV-Kenntnisse gelang es mir, das deutlich gestiegene Auftragsvolumen durch das Einrichten von Standardabläufen so zu rationalisieren, dass wir ohne zusätzliche personelle Ressourcen im Back-Office die gestellten Anforderungen erfüllen können.

Sie finden in mir eine motivierte, leistungsorientierte Mitarbeiterin, die sowohl konzeptionelle Fähigkeiten besitzt als auch vor großen Arbeitsmengen nicht zurückschreckt. Meine Kollegen im Außendienst schätzen besonders meine Einsatzbereitschaft, wenn es darum geht, Kundenwünsche termingerecht zu realisieren und meine „technische Denke", die für eine Kauffrau wohl nicht selbstverständlich ist.

Auf der Basis meiner Ausbildung zur Groß- und Außenhandelskauffrau habe ich mich berufsbegleitend weiterqualifiziert und Ende Januar erfolgreich die Prüfung zur Betriebswirtin (IHK) abgelegt. Jetzt suche ich eine neue Herausforderung in einem internationalen Umfeld, bei dem ich meinen Handlungsrahmen erweitern kann.

Einem persönlichen Gespräch sehe ich mit großem Interesse entgegen.

Mit freundlichen Grüßen

Sabine Lambrecht

Anlage: Bewerbungsmappe

Abb. 9: Gelungenes Anschreiben

Thomas Weber
Adlerstraße 25
70771 Leinfelden-Echterdingen
Telefon: 0711/6345287 18. 03. 2003

Symmantek Electronics
In den Auen 35
70211 Stuttgart

Mitarbeiter Back-Office Vertrieb
Ihre Anzeige in der Stuttgarter Zeitung vom 15. 03. 2003

Sehr geehrte Damen und Herren,

mit großem Interesse habe ich Ihre obige Anzeige gelesen, mit der Sie einen Mitarbeiter für Ihr Back-Office Vertrieb suchen. Die von Ihnen beschriebene Aufgabe interessiert mich sehr, deshalb bewerbe ich mich auf diese Stelle.

Weitere Einzelheiten zu meiner Person können Sie den beigefügten Unterlagen entnehmen.

Ich würde mich freuen, wenn meine Bewerbung Ihr Interesse findet und Sie mich zu einem persönlichen Vorstellungsgespräch einladen würden.

Mit freundlichen Grüßen

Thomas Weber

Anlage:
Lebenslauf
3 Zeugnisse

Abb. 10: Weniger gelungenes Anschreiben

Kommentar: *In dem ersten Beispiel (Abb. 9) gibt die Bewerberin Ihnen durch den Hinweis auf das gemeinsame Telefonat die Möglichkeit, sich an sie zu erinnern. Sie beschreibt gleich im zweiten Absatz, welche Aufgabe sie derzeit wahrnimmt und schafft damit den direkten Bezug zum Anforderungsprofil, das einschlägige Berufserfahrung und Englischkenntnisse fordert. Ihre EDV-Kenntnisse belegt sie mit einem Beispiel, das einen guten Ansatzpunkt für weitergehende Fragen in einem möglichen Vorstellungsgespräch darstellt. Neben ihren fachlichen Fähigkeiten geht die Bewerberin auch auf ihr Arbeitsverhalten ein, und belegt dieses wiederum anhand eines Beispiels. Zum Abschluss erläutert sie noch, warum sie sich beruflich verändern will. Die Anmerkung mit der „technischen Denke" geht bewusst auf Vorurteile ein, wonach eine Frau noch dazu mit einem kaufmännischen Hintergrund nichts mit Technik am Hut hätte. Offen bleibt, ob sie Erfahrung mit der Standardsoftware SAP hat und wie es um ihre zeitliche Flexibilität bei der Lage der Arbeitszeit steht. Insgesamt gelingt es der Bewerberin, Interesse an ihrer Person zu wecken, so dass wir als Leser Appetit bekommen, mehr über sie zu erfahren.*

Das zweite Beispiel (Abb. 10) hat praktisch keinen Aussagewert und kann damit nicht dazu beitragen, mehr über die Qualifikation des Bewerbers zu erfahren.

3.1.3 Lebenslauf

Neben den persönlichen Daten werden im Lebenslauf die einzelnen Stationen des Werdegangs aufgezeigt und damit die bisherige Entwicklung erkennbar.

Der Lebenslauf ist in der Regel als chronologische Darstellung in tabellarischer Form verfasst. Sie können dieser Auflistung zwar entnehmen, welche Abschlüsse der Bewerber hat und wo er in welcher Funktion beschäftigt war, wie erfolgreich er jedoch die gestellten Aufgaben bewältigt hat, geht aus dem Lebenslauf in der Regel nicht hervor. Sagt die Abschlussnote beim Schulabschluss oder Studium noch etwas über das Leistungsniveau, wird eine Bewertung bei den Beschäftigungsverhältnissen recht undurchsichtig.

Die Aussagekraft darüber, wie der Bewerber den Anforderungen gerecht wurde, welche Erfolge er erzielte oder wie innovativ er war, lässt sich aus den üblichen Lebensläufen nicht erkennen.

Nachfolgend zwei Beispiele (Abbildung 11 und 12).

Lebenslauf	
Name:	Thomas Weber
Geburtsdatum:	13.07.1970
Geburtsort:	Sindelfingen
Staatsangehörigkeit:	Deutsch
Familienstand:	verheiratet, zwei Kinder
Schulbildung:	
August 1976 – Juni 1980	Grundschule in Sindelfingen
Sept. 1980 – Juni 1983	Gymnasium in Sindelfingen
Sept. 1983 – Juli 1990	Gymnasium in Calw Abschluss: Allgemeine Hochschulreife
Studium:	
WS 1990/1991 – SS 1993	Studium der Volkswirtschaftslehre an der Johannes-Gutenberg-Universität in Mainz
SS 1994 – SS 1999	Studium der Betriebswirtschaftslehre FH Mainz Abschluss: Diplom-Betriebswirt (FH)
Berufstätigkeit:	
Febr. 2000 – Juli 2000	Sachbearbeiter Kalkulation Firma Schömkes in Reutlingen
August 2000 – Juli 2001	Sachbearbeiter Vertrieb Firma Rexnau in Tübingen
seit Sept. 2001	Sachbearbeiter Vertrieb Firma Tebes in Leinfelden-Echterdingen
EDV-Kenntnisse:	MS-Office-Paket, SAP/R3
Sprachkenntnisse:	Englisch, Französisch

Leinfelden-Echterdingen, den 18.03.2003

(Unterschrift)

Abb. 11: Lebenslauf (Beispiel 1)

Lebenslauf

Persönliche Daten

Name:	Sabine Lambrecht
Geburtsdatum und -ort:	26. 12. 1976 in Essen
Familienstand:	ledig

Berufserfahrung

seit 02/2000	Back-Office-Mitarbeiterin Vertrieb Firma Jonex GmbH in Bensheim • Angebotserstellung • Selbstständige Bearbeitung der gesamten Auftragsabwicklung • Unterstützung der Außendienstmitarbeiter • Neustrukturierung der internen Arbeitsabläufe
07/1998 – 01/2000	Sachbearbeiterin Customer Service Firma Elektronex AG in Heidelberg • Reklamationsbearbeitung • Einsätze im Call-Center Customer Service • Einsatzplanung der Service-Techniker

Berufsbegleitende Weiterqualifizierung

01/2001 – 01/2003	Studium zur Betriebswirtin (IHK) mit Abschluss (Note 1,8)

Berufsausbildung

09/1996 – 07/1998	Ausbildung zur Groß- und Außenhandelskauffrau Firma Elektronex AG Heidelberg Abschluss mit Auszeichnung (Note 1,4)

Schulbildung

08/1982 – 06/1992	Grundschule und Gesamtschule in Essen Realschulabschluss
09/1992 – 06/1995	Wirtschaftsgymnasium in Gelsenkirchen Allgemeine Hochschulreife (Note 2,0)

Auslandsaufenthalt

08/1995 – 07/1996	Au-Pair in Washington D.C. (USA) Betreuung von 3 Kindern im Alter von 2, 4, 7 Jahren Englischsprachkurs

Zusatzqualifikationen	
IT-Kenntnisse:	sicherer Umgang mit dem MS-Office-Paket Erfahrung in der Makroprogrammierung in MS-Excel SAP/R2-Erfahrung bei der Elektronex AG
Sprachkenntnisse:	Englisch fließend in Wort und Schrift (TOEFL-Test 605 Punkte)
Qualitätsmanagement:	Projekterfahrung in der ISO 9000-Zertifizierung
Persönliche Stärken	
	Teamfähigkeit, kundenorientierte Arbeitsweise
Weinheim, den 18. 03. 2003	

Abb. 12: Lebenslauf (Beispiel 2)

Kommentar: *Der zuerst wiedergegebene Lebenslauf (Beispiel 1) vermittelt zwar, dass es sich bei dem Bewerber um einen Dipl. Betriebswirt (FH) handelt, der über erste Berufserfahrung verfügt. Die Darstellung der Berufserfahrung ist jedoch wenig aussagefähig, da seine konkrete Tätigkeit, die erworbene Erfahrung und seine persönlichen Erfolge nicht beschrieben sind. Auch auf die Qualität seiner EDV- und Sprachkenntnisse geht der Bewerber nicht näher ein. Auf dieser Basis eine Einladung zu einem Vorstellungsgespräch auszusprechen, ist nicht mit einer hohen Erfolgswahrscheinlichkeit für die Passgenauigkeit verknüpft.*

Der zweite Lebenslauf (Beispiel 2) hat eine deutlich höhere Aussagekraft, da die Tätigkeiten im Rahmen der Berufserfahrung näher beschrieben werden. Auch die Zusatzqualifikationen sind spezifiziert und geben Ihnen als Leser eine konkrete Vorstellung darüber, welche Kenntnisse die Bewerberin besitzt. Die entgegengesetzt chronologische Reihenfolge stellt die Berufserfahrung, die ja für die zu besetzende Stelle eine wichtige Voraussetzung darstellt, mehr in den Blickpunkt und ermöglicht eine sehr schnelle Orientierung.

Teilweise ergänzen Bewerber Ihren Lebenslauf um eine so genannte „3. Seite“, die in manchen Bewerbungsratgebern empfohlen wird. Wenn Sie regelmäßig Bewerbungsunterlagen sichten, werden Sie die Standardformulierungen auch hier sehr schnell erkennen. Da heißt es dann als Überschrift: Was Sie sonst noch über mich wissen sollten. Viele Bewerber übernehmen dabei nicht nur die Form, sondern auch die konkreten Inhalte der Musterschreiben, was sich in den immer wiederkehrenden Standardformulierungen wie: *Ich überzeuge durch mein situationsgerechtes Handeln und meine zielorientierte Arbeitsweise.* Oder: *Ökonomische Zusammenhänge schnell zu erfassen und analytisch auszuwerten, ist Grundlage meines erfolgreichen Handelns.* Lassen Sie sich von diesen Floskeln nicht blenden, letztendlich ist entscheidend, welche Eigenschaften der Bewerber auch glaubhaft belegen kann.

Auch hier eine Checkliste (Nr. 9), die Ihnen bei der Lektüre und Auswertung von Lebensläufen helfen soll.

Checkliste 9
Lebenslauf

		ja	nein
(1)	Ist der Lebenslauf übersichtlich aufgebaut und können Sie sich schnell einen Überblick verschaffen? (Transparente, strukturierte Darstellung, klare Gliederung, gute Platzaufteilung, einheitliche Schrift und Struktur)	❐	❐
(2)	Gibt es Lücken im Lebenslauf? (zeitliche Sprünge, nur Jahresangaben keine Monatsangaben, Zeiten des Lebenslaufs weichen von den Zeugnisangaben ab)	❐	❐
(3)	Kann der Bewerber seine Qualifikation und Erfahrung belegen? (Konkrete Tätigkeitsinhalte, Erfolge, Bewertung der Kenntnisse z. B. bei Fremdsprachen, PC-Kenntnisse, Nachweise)	❐	❐
(4)	Ist eine klare Entwicklung des Bewerbers erkennbar? (Zunahme der Kompetenz und Verantwortung, Positionen bauen aufeinander auf)	❐	❐
(5)	Hat der Bewerber sich im Rahmen seiner Berufstätigkeit auch weiterqualifiziert? (Kurse zur Aktualisierung des Wissensstandes, berufsbegleitende Maßnahmen zur Weiterqualifizierung)	❐	❐

Tipp

Unklare oder offene Punkte, die Ihnen bei der Durchsicht des Lebenslaufes auffallen, sollten Sie sich sofort notieren, damit Sie diese ggfs. beim Vorstellungsgespräch ansprechen können.

3.1.4 Foto

Das Foto, im deutschsprachigen Raum fester Bestandteil einer wie es immer so schön heißt „aussagefähigen“ Bewerbung, soll einen ersten Eindruck vom Erscheinungsbild des Bewerbers vermitteln. Auch wenn es von den meisten nicht zugegeben wird, so spielt das Foto bei der Vorauswahl von Bewerbern eine entscheidende Rolle. Sympathisch, unsympathisch, gut aussehend oder vielleicht zu gut aussehend?

Ein Bild sagt mehr als 1000 Worte. Unser erster Eindruck wird sehr stark durch das Visuelle mitbestimmt und da ist das Foto ein wichtiger Einflussfaktor. Möchten Sie auf das Bewerberfoto verzichten? Nicht in Wirklichkeit – oder? Ihre Kollegen im europäischen Ausland oder in den USA werden ein Foto des Bewerbers nicht erhalten, da dies insbesondere in den USA zur Vermeidung von Diskriminierungen kein Bestandteil der Bewerbungsunterlagen ist. In Deutschland hält sich aber das Foto wacker, auch wenn der kürzlich kreierte europäische Bewerbungsstandard das Foto nicht vorsieht.

Die Qualität, ob Automatenbild oder Aufnahme im Fotostudio kann die Wirkung, ob sympathisch oder unsympathisch, auch beeinflussen, vermag doch ein Profi quasi die „Schokoladenseite“ des Bewerbers einfangen. Viele Bewerber haben hier schon oft an der falschen Stelle gespart. Dass aber auch die Qualität und die eingefangene Ausdrucksstärke einer Person bei Profifotografen sehr abweichen kann, soll das nachfolgende Beispiel zeigen:

Beispiel:

Abb. 13: Bewerber-Foto 1

Welchen Eindruck erweckt die abgebildete Person bei Ihnen?

____

____

Was für eine Position würden Sie ihr zutrauen?

____

Nun schauen Sie sich bitte das nachfolgende Foto an.

Abb. 14 Bewerber-Foto 2

Auch hier wieder die beiden Fragen:

Welchen Eindruck erweckt die abgebildete Person bei Ihnen?

Was für eine Position würden Sie ihr zutrauen?

Wie Sie sicherlich erkannt haben, handelt es sich bei beiden Fotos um dieselbe Person. Die Aufnahmen wurden im Zeitabstand von nur vier Wochen gemacht. In beiden Fällen waren ausgebildete Fotografen am Werk, die professionelle Bewerbungsfotos anfertigen sollten. Die Wirkung beider Aufnahmen ist jedoch sehr unterschiedlich. Foto 1 zeigt eine eher verschüchterte, farblose Person, die wenig Ausstrahlung und Dynamik vermittelt. Foto 2 dagegen stellt eine selbstbewusste, lebensbejahende Person dar, mit hoher Ausstrahlung.

Bewerberfotos beinhalten auch zahlreiche Fallstricke, weil das äußere Erscheinungsbild Vorurteile in uns wachruft.

- Kommt ein Bewerber mit Bart bei Ihnen grundsätzlich nicht in die engere Auswahl?
- Möchten Sie nur eine Sekretärin mit langen Haaren in Ihrem Vorzimmer sitzen haben?
- Ist Piercing bei Ihnen tabu?

Sicherlich ist ein bestimmtes Erscheinungsbild gerade in vertriebsnahen Positionen oft unerlässlich, häufig erzielen bestimmte äußere Erscheinungsmerkmale eine K.o.-Wirkung, die nicht gerechtfertigt ist.

Sie hätten jetzt auch gerne wieder eine Checkliste, anhand derer Sie das Foto bewerten können? Da muss ich Sie leider enttäuschen, denn die Beurteilung von Fotos ist so individuell, dass ich es an dieser Stelle nicht für seriös halte, Ihnen „Standardkriterien" an die Hand zu geben.

Tipp

Akzeptieren Sie Ihr Bauchgefühl, das Ihnen signalisiert, ob Ihnen die Person sympathisch oder eher unsympathisch ist.

3.1.5 Arbeitszeugnisse

Sie gehören als fester Bestandteil zu dem, was allgemein unter aussagefähigen Bewerbungsunterlagen verstanden wird. Die einen schwören darauf, für die anderen haben sie so gut wie keine Aussagekraft. Die Rede ist von Arbeitszeugnissen.

Zeugnisse sollen erbrachte Leistungen dokumentieren und, sofern es sich um so genannte qualifizierte Arbeitszeugnisse handelt, auch bewerten. In der Schule ist das noch recht einfach, da mit einem fest definierten Notenschlüssel gearbeitet wird.

Ganz anders sieht es bei der Bewertung von beruflicher Leistung aus. Die Maßstäbe sind höchst unterschiedlich und nicht alles, was ein Arbeitgeber über seinen Mitarbeiter zu berichten hätte, darf in das Arbeitszeugnis aufgenommen werden. Denn der Gesetzgeber gibt vor, dass ein Arbeitszeugnis „wohlwollend sein muss und den Arbeitnehmer nicht in seiner weiteren beruflichen Ausrichtung behindern darf".

Was also tun, wenn der Mitarbeiter selbst die Mindestanforderungen in keiner Weise erfüllen konnte? Oder noch schlimmer: Der Mitarbeiter hat Firmengelder unterschlagen oder durch Tätlichkeiten den Betriebsfrieden gestört?

Soll er dem Mitarbeiter dennoch gute Leistungen und Ehrlichkeit bestätigen, um ihn nicht in seiner weiteren beruflichen Ausrichtung zu behindern?

Ganz so einfach ist es dann auch nicht, denn wenn offensichtlich falsche Angaben gemacht werden, können Sie als neuer Arbeitgeber, bei dem sich die gleichen Fehltritte wiederholen, Schadenersatzansprüche erheben.

3.1.5.1 Arbeitszeugnisse und Zeugniscode

Dieses Dilemma hat dazu geführt, dass sich bei Arbeitszeugnissen ein so genannter Zeugniscode entwickelt hat, der in netten Worten Hinweise auf das Leistungsverhalten gibt, ohne dass das Zeugnis vor dem Arbeitsgericht angreifbar wäre.

Hier einige gängige Formulierungen, die dazu dienen das Verhalten eines Mitarbeiters zu beschreiben:

- *Er galt im Kollegenkreis als toleranter Mitarbeiter.*
  Bedeutung: Er hat den Führungskräften das Leben schwer gemacht.
- *Er war sehr tüchtig und wusste sich zu verkaufen.*
  Bedeutung: Es handelt sich um einen unangenehmen Mitarbeiter, der dazu neigt, sich selbst für viel zu wichtig zu nehmen.
- *Er hat die Arbeiten ordnungsgemäß erledigt.*
  Bedeutung: Es handelt sich um einen Bürokraten ohne Eigeninitiative.
- *Er war ein umgänglicher Kollege.*
  Bedeutung: Die meisten wollten nichts mit ihm zu tun haben.

Nachfolgend jetzt noch die gängigsten Formulierungen zur Beurteilung der Leistungen.

- Sehr gute Beurteilungen (Note 1):
  „Er hat die ihm übertragenen Arbeiten stets zu unserer vollsten Zufriedenheit erledigt."
  „Seine Leistungen fanden stets und in jeder Hinsicht unsere vollste Anerkennung."
  „Seine Leistungen haben unsere Erwartungen bei weitem übertroffen."
- Gute Beurteilungen (Note 2):
  „Er hat die ihm übertragenen Arbeiten stets zu unserer vollen Zufriedenheit erledigt."
  „Wir waren mit seinem Fleiß, seinen Leistungen und seiner Führung sehr zufrieden."
  „Er hat unseren Erwartungen in jeder Hinsicht entsprochen."
- Befriedigende Beurteilung (Note 3):
  „Er hat die ihm übertragenen Arbeiten zu unserer vollen Zufriedenheit erledigt."
  „Wir waren mit seinem Fleiß, seinen Leistungen und seiner Führung zufrieden."
  „Er hat unseren Erwartungen voll entsprochen."
- Ausreichende Beurteilung (Note 4):
  „Er hat die ihm übertragenen Arbeiten zu unserer Zufriedenheit erledigt."
  „Mit seinen Leistungen und seiner Führung waren wir zufrieden."
  „Er hat unseren Erwartungen entsprochen."
- Mangelhafte Beurteilung (Note 5):
  „Er hat die ihm übertragenen Arbeiten im Großen und Ganzen zu unserer Zufriedenheit erledigt."
  „Mit seinen Leistungen und seiner Führung waren wir im Allgemeinen zufrieden."
  „Er hat unseren Erwartungen weit gehend entsprochen."
- Ungenügende Beurteilung (Note 6):
  „Er war stets bemüht, die ihm übertragenen Aufgaben zu unserer Zufriedenheit zu erledigen."

Zeugniscodes sind zwar vielerorts bekannt, aber eben nicht überall. Und so kann es vorkommen, dass ein Vorgesetzter im besten Glauben ist, dem Mitarbeiter eine positive Bewertung zu geben, dabei aber voll ins Fettnäpfchen tritt. Wenn er ihm z. B. bestätigt, dass der Mitarbeiter zu einem guten Betriebsklima beigetragen hat, kann dies im Zeugniscode auch mit übermäßigem Alkoholkonsum gleichgesetzt werden.

3.1.5.2 Wie Arbeitszeugnisse zustande kommen

Auch die Art und Weise, wie Zeugnisse zustande kommen, ist höchst unterschiedlich und hat wesentlichen Einfluss auf dessen Aussagekraft.

- Da gibt es die Schlauen, die sich ihr Arbeitszeugnis mithilfe eines Profis selbst schreiben, dies als Entwurf Ihrem Arbeitgeber zukommen lassen und in der Regel auch genau dieses Zeugnis dann ausgestellt bekommen.
- Da gibt es die Fleißigen, die auch selbst Hand anlegen, aber eben nicht professionell an die Sache gehen und sich selbst ein Bein stellen.
- Da gibt es die Verhandler, die mit Abschluss eines Aufhebungsvertrages auch ein um zwei Stufen besseres Zeugnis mit aushandeln.
- Da gibt es die verkannten Genies oder auch die Gedemütigten, die vor das Arbeitsgericht ziehen und sich das vom Arbeitgeber erstellte Arbeitszeugnis nicht bieten lassen wollen. Dort feilschen dann die gegnerischen Anwälte um jedes Wort im Arbeitszeugnis, bis schließlich eine solch seichte Version als Kompromiss vereinbart wird, die überhaupt keine Aussagekraft mehr hat.
- Da gibt es die Betrogenen, denen der Arbeitgeber zum Schluss für manchen Ärger noch eins auswischen will, indem er ihnen ein paar versteckte Gemeinheiten ins Zeugnis schreibt, ohne dass sie es merken.
- Und da gibt es die Altgedienten, die betriebsbedingt nach 25 Jahren gekündigt werden müssen und denen der Arbeitgeber als letzte gute Tat aus Mitgefühl ein Zeugnis ausstellt, das den erbrachten Leistungen nicht entspricht.

Nachdem ich Ihnen nun hoffentlich ein wenig den Glauben an die unumstößliche Aussagekraft von Arbeitszeugnissen genommen habe (sofern dieser bei Ihnen noch bestand), doch noch ein paar grundsätzliche Informationen zum Aufbau eines Arbeitszeugnisses.

3.1.5.3 Bestandteile eines qualifizierten Arbeitszeugnisses

Ein qualifiziertes Arbeitszeugnis sollte die folgenden Bestandteile haben:

Eingangssatz

Üblich ist eine Aussage, für wen das Arbeitszeugnis erstellt wurde und in welchem Zeitraum der Mitarbeiter mit welcher Tätigkeitsbezeichnung im Unternehmen tätig war.

Beispiel:

Herr Thomas Weber, geboren am 13. Juli 1970 in Sindelfingen, war in der Zeit vom 1. August 2000 bis 9. Juli 2001 als kaufmännischer Sachbearbeiter in unserem Unternehmen beschäftigt.

Analyse: *Die wesentlichen Aussagen wurden gemacht. Der Zeitraum der Beschäftigung deutet darauf hin, dass das Arbeitsverhältnis nicht fristgerecht, sondern fristlos gekündigt wurde. Der Austrittstermin 9. Juli ist im Rahmen der gesetzlichen Kündigungsmöglichkeiten fristgerecht nicht möglich. Die Aussage, dass der Mitarbeiter „im Unternehmen beschäftigt" war, kann darauf hinweisen, dass es sich um einen eher passiven Mitarbeiter gehandelt hat.*

Positions- und Aufgabenbeschreibung

Die Beschreibung der Aufgabengebiete gibt einen Hinweis auf das Erfahrungsspektrum des Kandidaten und dessen Verantwortung. Teilweise wird auch die hierarchische Eingliederung der Position beschrieben.

Beispiel:

Nach intensiver Einarbeitung beinhaltete das Aufgabengebiet von Herrn Weber die folgenden Tätigkeiten:

- ▷ *Auftragsanlage im EDV-System*
- ▷ *Auftragsverfolgung und Terminüberwachung*
- ▷ *Versandabwicklung*
- ▷ *Rechnungsveranlassung*

Herr Weber arbeitete in einem Team von sechs Sachbearbeitern und berichtete an unseren Leiter Vertriebsinnendienst.

Analyse: *Der Hinweis auf die intensive Einarbeitung deutet darauf hin, dass der Mitarbeiter recht lange gebraucht hat, bis er in der Lage war, die Aufgaben selbstständig zu erledigen. Ein direkter Kontakt mit dem Kunden im Vorfeld des Auftrags, z. B. Angebotserstellung, Kundenbetreuung, scheint nicht Gegenstand des Aufgabengebietes gewesen zu sein.*

Beurteilung der Leistung und des Erfolgs

Die Beurteilung der Leistung setzt sich aus verschiedenen Teilaspekten wie

- Arbeitsbereitschaft
- Arbeitsfähigkeit
- Arbeitsweise
- Arbeitserfolg
- Führungsverhalten (sofern Vorgesetztenfunktion)
- allgemeine Zufriedenheit

zusammen.

Beispiel:

Während der Zugehörigkeit zu unserem Unternehmen lernten wir Herrn Weber als einen fleißigen und lernbereiten Mitarbeiter kennen. Er zeigte großes Interesse an den Arbeitsabläufen und wickelte die ihm übertragenen Aufgaben systematisch und entsprechend der vorgegebenen Arbeitsabläufe ab. Herr Weber eignete sich im Rahmen seiner Tätigkeit auch technische Produktkenntnisse an. Mit seinen Leistungen waren wir zufrieden.

Analyse: *Die Betonung der Lernbereitschaft und des Interesses und das Fehlen von konkreten Erfolgen machen deutlich, dass der Mitarbeiter keine neuen Impulse gesetzt hat. Er war vielmehr voll damit ausgelastet, die Aufgaben im Rahmen der vorhandenen Abläufe ohne Fehler abzuarbeiten. Insbesondere von einem Akademiker ist in der Regel mehr zu erwarten. Die Formulierung „Mit seinen Leistungen waren wir zufrieden" beschreibt im Zeugniscode eine Leistung, die gerade noch mit ausreichend (Note 4) bewertet werden kann.*

Beurteilung des Sozialverhaltens

Im Sozialverhalten wird sowohl das Verhältnis zu Vorgesetzten als auch den Kollegen beurteilt. In Positionen, die mit Kundenkontakt verbunden sind, wird auch das Verhalten gegenüber Kunden hier berücksichtigt.

Beispiel:

Sein Verhältnis zu Kollegen war stets einwandfrei.

Analyse: *Da keine Aussage bezüglich der Kunden und Vorgesetzten gemacht wird, ist davon auszugehen, dass der Mitarbeiter hier eher ein schlechtes Verhältnis hatte.*

Schlussabsatz

Der Schlussabsatz kann sich aus verschiedenen Komponenten zusammensetzen:

- Beendigungsgrund
- Bedauern
- Dankesformel
- Zukunftswünsche

Besonders der Beendigungsgrund kann für Sie als potenziellen neuen Arbeitgeber ein wichtiger Hinweis sein, obwohl gerade diese Aussagen zu einem nicht unerheblichen Prozentsatz „geschönt" sind. Die gängige Formulierung „er verlässt uns auf eigenen Wunsch" weist darauf hin, dass der Mitarbeiter selbst gekündigt hat.

Drückt ein Arbeitgeber sein Bedauern über den Weggang des Mitarbeiters aus, kann dies als Zeichen für hohe Zufriedenheit interpretiert werden. Gleiches gilt für die Dankesformel „wir bedanken uns für die geleistete Arbeit“ und die Zukunftswünsche. Da der Mitarbeiter diesbezügliche Aussagen auch vor dem Arbeitsgericht nicht erzwingen kann, ist das Weglassen dieser Bestandteile eine Möglichkeit, um zusätzlich Kritik erkennen zu lassen.

Beispiel:

Das Arbeitsverhältnis endet mit dem heutigen Tage. Wir wünschen Herrn Weber für die Zukunft alles Gute und beruflich viel Erfolg.

Analyse: *Die Tatsache, dass kein Beendigungsgrund angegeben wird und das Arbeitsverhältnis zu einem unüblichen Zeitpunkt endet, weist darauf hin, dass eine fristlose Kündigung seitens des Arbeitgebers vorliegt.*

Die Formulierung „Wir wünschen Herrn Weber für die Zukunft alles Gute und beruflich viel Erfolg“ bedeutet, dass der berufliche Erfolg bisher noch nicht eingetreten ist.

Datum und Unterschrift

Datum und Unterschrift lassen auch Spielraum für Interpretationen.

Das Zeugnis muss das korrekte Austrittsdatum enthalten und nicht nur den Monat und das Jahr. Ferner sollte das Zeugnis rechtsverbindlich unterschrieben und nicht nur mit einem Stempel versehen sein.

Von Bedeutung ist auch, wer das Zeugnis unterschrieben hat. Insbesondere bei leitenden Angestellten ist die Unterzeichnung durch die Geschäftsführung üblich, da sonst der Eindruck entstehen kann, es handle sich um einen weniger respektierten Mitarbeiter.

Beispiel:

Das Zeugnis von Herrn Weber ist mit dem Datum 27. 8. 2001 versehen.

Analyse: *Das Abweichen zwischen dem Austrittsdatum und dem Ausstellungsdatum kann ein Hinweis darauf sein, dass es zu einer gerichtlichen Auseinandersetzung kam oder zumindest Uneinigkeit über das Zeugnis bestand und die vorliegende Version des Zeugnisses erst zu einem späteren Zeitpunkt ausgestellt wurde.*

Viele Personalverantwortliche lesen ein Zeugnis nur selektiv, indem sie zunächst die Gesamtbeurteilung der Leistung und des Erfolges ansehen. Die Checkliste 10 soll Ihnen bei der Analyse von Arbeitszeugnissen helfen:

Checkliste 10
Beurteilung von Arbeitszeugnissen

		ja	nein
(1)	Handelt es sich um ein qualifiziertes Arbeitszeugnis (oder nur eine Arbeitsbescheinigung)? (Die Arbeitsbescheinigung macht nur Aussagen für den Zeitraum und die Tätigkeitsbezeichnung, jedoch nicht über Leistung und Verhalten)	❐	❐
(2)	Ist das qualifizierte Arbeitszeugnis vollständig? (Eingangssatz, Positions- und Aufgabenbeschreibung, Beurteilung der Leistung und des Erfolges, Beurteilung des Sozialverhaltens, Schlussabsatz, Datum, Unterschriften)	❐	❐
(3)	Wird nur ein Zwischenzeugnis eingereicht, obwohl das Arbeitsverhältnis schon beendet wurde? (Das Endzeugnis könnte wesentlich schlechter ausgefallen sein und der Kandidat versucht dies zu verschleiern)	❐	❐
(4)	Ist das Zeugnis in sich stimmig? (Laufen alle Formulierungen auf das gleiche Beurteilungsniveau hinaus oder bestehen große Schwankungen oder widersprüchliche Aussagen)	❐	❐
(5)	Macht das Zeugnis Aussagen zur Eigeninitiative und zur Innovationskraft des Mitarbeiters? (Hat er Veränderungen initiiert und erfolgreich umgesetzt, hat er Eigendynamik entwickelt oder eher „Dienst nach Vorschrift" gemacht)	❐	❐
(6)	Ist im Zeugnis ein Kündigungsgrund angegeben und deckt sich dieser mit den weiteren Daten des Lebenslaufes? (Grund Weiterbildung: Wurde eine Qualifizierung durchgeführt? Grund Ortswechsel: Ist dieser erfolgt? Grund Eigenkündigung zur Übernahme einer weiterführenden Position: Wurde die Position im direkten Anschluss übernommen?)	❐	❐

TIPP

Die Glaubwürdigkeit und Aussagekraft von Arbeitszeugnissen ist dann höher, wenn mehrere Zeugnisse unterschiedlicher Arbeitgeber vorliegen, die alle ein in sich stimmiges und einheitliches Bild der Person abgeben.

3.1.6 Schul-, Ausbildungs- und Hochschulzeugnisse

Das höchste Schulabgangszeugnis, alle Ausbildungsabschlüsse und Hochschulabschlüsse werden in der Regel als fester Bestandteil der Bewerbungsunterlagen gesehen. Je nach dem wie lange diese zurückliegen, sollte deren Bedeutung ins Gewicht fallen. Für einen Schulabgänger sind die Schulzeugnisse in der Regel die einzige Entscheidungsgrundlage, die eine leistungsmäßige Bewertung zulassen. Dem 50-jährigen Bewerber wird man sicherlich nicht mehr an seinen Schulnoten messen. Achten Sie darauf, ob Ausbildungsgänge erfolgreich abgeschlossen wurden und dies durch einen entsprechenden Nachweis gelegt werden. Im universitären Bereich hängt die Aussagekraft von Abschlussnoten sehr stark vom jeweiligen Fachbereich ab. Bei den Juristen beispielsweise werden Absolventen in zwei Kategorien geteilt: Die Elite mit Prädikatsexamen und der Rest. Im angelsächsischen Bereich spielt eine große Rolle, an welcher Hochschule Abschlüsse erworben wurden. Dies ist bisher hier in Deutschland noch nicht von so hoher Relevanz, da es ein ausgeprägtes Ranking der Hochschulen in diesem Maße wie in Großbritannien oder den USA nicht gibt.

3.1.7 Weitere Bestandteile der Bewerbungsunterlagen

Neben den bereits ausführlich behandelten Bewerbungsunterlagen können weitere Bestandteile die Aussagefähigkeit erhöhen.

- **Arbeitsproben**
  Arbeitsproben sind insbesondere bei „Kreativen" oder im gestalterischen Bereich üblich. Architekten, Grafiker, Layouter fügen Entwürfe und Arbeiten ihren Bewerbungsunterlagen bei, um Ihnen als Entscheider einen Eindruck ihrer Arbeit zu vermitteln. Aber auch in administrativen Tätigkeiten oder im technischen Bereich geben Arbeitsproben einen Einblick in das bisherige Leistungsspektrum: Die Sekretärin, die ein von ihr entwickeltes Ablagesystem kurz beschreibt, der Maschinenbauingenieur, der Fotos von einem seiner Prototypen beilegt, oder die Landschaftsgärtnerin, die Pläne einer Anlage beifügt, die sie gestaltet hat.
- **Bescheinigungen**
  Das 2-tägige Rhetorikseminar, der einwöchige Sprachkurs in England, die Praktikumsbescheinigung, werden von vielen Bewerbern geradezu im Großpack den Bewerbungsunterlagen beigefügt. Die Aussagekraft dieser Unterlagen hängt sehr stark davon ab, wie lange die Maßnahme gedauert hat, wie lange sie zurückliegt und ob eine Prüfung am Ende absolviert werden musste.
- **Veröffentlichungen**
  Insbesondere im wissenschaftsnahen Bereich sind Publikationen ein wichtiger Nachweis für die geleistete Arbeit und die eigene Reputation. Auch Artikel in Fachzeitschriften oder Branchenpublikationen vermitteln Engagement und Innovationsverhalten eines Bewerbers.

- **Referenzen**
  Referenzen sind Empfehlungen, die eine dritte Person bereit ist, für den Bewerber zu geben. Referenzen sind immer dann besonders wertvoll, wenn Sie denjenigen, der die Referenz bereit ist zu geben, kennen und damit einschätzen können, welcher Maßstab zugrunde liegt. Auch Referenzen von renommierten Persönlichkeiten, die einen guten Ruf in der Branche besitzen, haben besonderes Gewicht. Nutzen Sie die Angabe der Referenz , um mit dieser Person auch Kontakt aufzunehmen, sofern der Bewerber in die engere Auswahl kommt.
- **Empfehlungsschreiben**
  Ähnlich wie Referenzen zielen auch Empfehlungsschreiben darauf, die erworbene Anerkennung bei Dritten positiv in die Waagschale bei Ihrer Entscheidung zu werfen. Im Gegensatz zu Referenzen, die auf Wunsch oder bei Bedarf eingeholt werden können, sind Empfehlungsschreiben den Bewerbungsunterlagen bereits beigefügt. Empfehlungsschreiben sind dann besonders wertvoll, wenn sie individuell für Sie als Adressaten angefertigt wurden und speziell auf Ihre Bedürfnisse bei der zu besetzenden Stelle eingehen. Auch hier gilt: Je besser Sie den Empfehlenden kennen, umso höher die Aussagekraft.
- **CDs und Homepages**
  In jüngster Zeit versuchen Bewerber verstärkt, in digitaler Form auf sich aufmerksam zu machen. Die Gefahr von Viren und der erhöhte Zeitaufwand zum Lesen der Dateien veranlassen zahlreiche Unternehmen, derlei Bewerbungsunterlagen erst gar nicht näher anzusehen. Auch der Verweis auf eine selbst erstellte Homepage kann zwar als Arbeitsprobe angesehen werden, für die Vorselektion ist der Zeitaufwand in der Regel eher zu groß, als dass Sie sich als Unternehmensvertreter damit eingehend beschäftigen können. Im Hinblick auf eine Tätigkeit im IT-Bereich könnte sich der Klick auf eine Homepage durchaus lohnen, sofern der Bewerber vorgibt, diese selbst erstellt zu haben.

3.2 Telefoninterview

Der zeitliche und organisatorische Aufwand, um einen Kandidaten persönlich kennen zu lernen, ist recht hoch. Wenn Sie sich dennoch einen ersten Eindruck vom Verhalten eines Bewerber verschaffen oder offene Punkte zunächst klären möchten, bietet sich das Telefoninterview an. Wenn es darum geht, eine Vorauswahl zu treffen, ist die Aussagekraft dieses Instrumentes recht hoch, insbesondere dann, wenn Ihnen zusätzlich schriftliche Bewerbungsunterlagen als Gesprächsgrundlage vorliegen.

Welche Informationen über den Bewerber kann Ihnen das Telefoninterview liefern:

- Sprachliche Ausdrucksfähigkeit
- Reaktionsvermögen
- Logisches Denken
- Situationsgerechtes Verhalten
- Argumentationsfähigkeit
- Fähigkeit zur Selbstpräsentation
- Wirkung über das Medium Telefon
- Überzeugungsfähigkeit

Das Telefoninterview eignet sich auch hervorragend, um Ungereimtheiten, die es bei der Durchsicht der Bewerbungsunterlagen gegeben hat, zu klären. Damit festigen Sie Ihre Entscheidungsbasis, ob ein Vorstellungsgespräch Sinn macht oder nicht.

Telefoninterviews können unangemeldet oder mit vorheriger Terminvereinbarung durchgeführt werden; beides ist in der Praxis üblich.

Für das unangemeldete Telefoninterview spricht, dass Sie testen können, ob der Bewerber die Fähigkeit besitzt, sich schnell in dieser Situation zurecht zu finden. Flexibilität, situationsgerechtes Verhalten und Reaktionsvermögen sind hier insbesondere Kriterien, zu denen Sie Aussagen erhalten.

Selbst wenn Sie den Bewerber nicht im ersten Anlauf erreichen, kann dies einen Informationsgehalt für Sie bringen, wenn Sie z. B. mit dem Anrufbeantworter sprechen. Von Urwaldtönen bis zu fetzigen Sprüchen wie „Hallo Leute, bei mir seid Ihr richtig, nur ich bin auf Tour“ wird Ihnen so einiges begegnen.

TIPP

Wenn Sie feststellen, dass Sie den Bewerber in einer unpassenden Situation erreichen oder er gerade beim Anruf auf dem Handy im Straßenverkehr steckt, sollten Sie in jedem Fall einen neuen Telefontermin vereinbaren.

Souveräne Bewerber schlagen in derlei Situationen schon von sich aus vor, einen neuen Termin zu vereinbaren.

Telefoninterviews sollten bei berufstätigen Kandidaten bevorzugt in den frühen Abendstunden geführt werden. Ein Anruf bei der derzeitigen Arbeitsstelle, selbst wenn die Büronummer angegeben ist, ist weniger zu empfehlen.

Vorterminierte Interviews haben den Vorteil, dass der Kandidat im Hinblick auf Ort und Zeit entsprechende Vorkehrungen treffen kann, die einen ungestörten Gesprächsablauf sicherstellen.

Es hat sich in der Praxis bewährt, einen Interviewleitfaden für das Telefoninterview anzufertigen. Dies kann Ihnen helfen, eine solide Vergleichsbasis bei der Beurteilung der einzelnen Bewerber zu erhalten und wichtige Themenbereiche nicht ganz unberücksichtigt zu lassen.

Einen Vorschlag für einen telefonischen Interviewleitfaden bietet Merkblatt 5.

Der Zeitrahmen für ein Telefoninterview liegt in der Regel zwischen 10 und 30 Minuten.

Machen Sie sich zu den einzelnen Antworten des Kandidaten entsprechende Notizen, die zur Ergänzung und Vervollständigung der vorliegenden Bewerbungsunterlagen dienen können.

TIPP

Insbesondere wenn Sie eine Stelle zu besetzen haben, die einen intensiven telefonischen Kontakt mit Kunden beinhaltet, sollten Sie in jedem Fall ein Telefoninterview mit den Kandidaten führen, um deren Wirkung am Telefon kennen zu lernen.

Das Telefoninterview muss nicht immer von Ihnen ausgehen. Nutzen Sie die Chance, über einen Bewerber bereits am Telefon mehr zu erfahren, wenn er von sich aus mit Ihnen Kontakt aufnimmt. Machen Sie sich anhand des Telefonats ein Bild, das Sie dann mit den schriftlichen Unterlagen vergleichen können. Indem Sie in Stellenanzeigen direkt darauf hinweisen, dass Sie für einen ersten telefonischen Kontakt zur Verfügung stehen, nehmen Sie den Bewerbern die Scheu, mit Ihnen auf diesem Wege Kontakt aufzunehmen.

Es ist in diesem Fall empfehlenswert, einen telefonischen Interviewleitfaden griffbereit zu haben, um auch die für Sie wichtigsten Punkte anzusprechen.

Merkblatt 5
Leitfaden für ein Telefoninterview

Begrüßung:

Guten Tag, mein Name ist Müller von Symmantek Electronics in Stuttgart.

Sie haben sich bei uns um die Stelle als Mitarbeiterin im Back-Office Vertrieb beworben. Ich würde mich gerne mit Ihnen zunächst telefonisch unterhalten, haben Sie 15 Minuten Zeit?

Fragenteil:

(1) Was hat Sie an unserer Stellenausschreibung besonders angesprochen?

___

(2) Warum glauben Sie für die Position besonders geeignet zu sein?

___

(3) Worin sehen Sie die größte Herausforderung für sich in dieser Position?

___

(4) Mit der Übernahme der Position wäre für Sie ein Standortwechsel verbunden, stellt das ein Problem für Sie dar?

___

(5) Wir haben in unserer Anzeige darauf hingewiesen, dass die Lage der Arbeitszeit den Bedürfnissen unserer amerikanischen Kunden anzupassen ist. Dies bedeutet, dass aufgrund der Zeitverschiebung eine Erreichbarkeit bis circa 19 Uhr sichergestellt sein sollte. Ist das für Sie vorstellbar, selbstverständlich können Sie auch entsprechend später morgens beginnen?

___

(6) In Ihrer Bewerbung haben Sie SAP/R2-Erfahrung aufgeführt. Beinhaltet diese auch ABAP-Programmierkenntnisse?

___

(7) Haben Sie grundsätzliche Fragen zu der Position?

___

Abschluss:

Haben Sie vielen Dank für dieses Telefoninterview. Wir werden uns im Hinblick auf die weitere Vorgehensweise innerhalb der nächsten fünf Tage bei Ihnen melden. Haben Sie eine bestimmte zeitliche Präferenz, sofern es zu einem persönlichen Vorstellungsgespräch kommt?

3.3 Assessment Center

Rauchende Köpfe, zwei bis drei Tage Stress pur nicht nur für die Kandidaten, sondern auch für die Unternehmensvertreter und jede Menge Übungen, die für die Kandidaten zu bewältigen und für die Firmenbeobachter zu bewerten sind: So stellt sich das Assessment Center vielerorts dar. Der Begriff Assessment Center stammt wie so viele Fachbegriffe aus dem Englischen. Er setzt sich aus dem Wort „to assess“, das übersetzt „feststellen“, „bewerten“ oder „einschätzen“ heißt, und dem Wort „Center“, das „Zentrum“ oder „Mitte“ bedeutet, zusammen. Im Mittelpunkt des Assessment Centers stehen Kandidaten, deren Verhalten mittels einzelner Übungen beobachtet und bewertet werden soll. Die Übungen stellen in guten ACs praxisnahe Szenarien dar, d. h. es sind Situationen, die dem Kandidaten im Berufsalltag so auch begegnen können. Das Verfahren der Assessment Center ist eigentlich schon recht alt und hat eine weite Reise von Europa über die USA hinter sich, bis es seit Mitte der 70er-Jahre auch in Deutschland wieder verstärkt zum Einsatz kommt. Die Ursprünge des ACs liegen bereits in den Jahren Ende des Ersten Weltkriegs und der Weimarer Republik. Vorläufer der heutigen ACs, insbesondere führerlose Gruppendiskussionen und situationsbezogene Verhaltensübungen, wurden damals zur Offiziersauswahl der deutschen Streitkräfte eingesetzt. Der erste Einsatz in der Wirtschaft erfolgte in den 50er-Jahren. Die amerikanische Telefongesellschaft AT&T führte im Rahmen einer Langzeituntersuchung eine Bewertung von Führungsnachwuchskräften durch. Aufgrund der sehr guten Vorhersagequalität konnte die Methode Assessment Center mehr und mehr Anhänger gewinnen und ist heute insbesondere bei Groß- und Mittelbetrieben bei der Personalauswahl und -entwicklung ein fester Bestandteil. Im Rahmen der Rekrutierung werden ACs vor allem bei Hochschulabsolventen und Nachwuchsführungskräften eingesetzt, weil bei dieser Zielgruppe aufgrund kaum vorhandener praktischer Berufserfahrung nur wenig verlässliche Daten für die Bewerberauswahl vorliegen. Kleinere Unternehmen scheuen zumeist den zeitlichen wie finanziellen Aufwand, der mit der Durchführung eines ACs verbunden ist. Ein AC von zwei bis drei Tagen Dauer und acht bis zwölf Kandidaten verschlingt gerne mal € 25.000.– von der Konzeption bis zur Durchführung. Bei der Auswahl von Führungspositionen kommen eher so genannte Einzel-ACs in Betracht, bei denen die Kandidaten, wie der Name schon sagt, nicht ein Gruppenauswahlverfahren durchlaufen, sondern einzeln beurteilt werden.

Welche Motivation sollten Sie als Unternehmensvertreter haben, ein AC zur Personalauswahl durchzuführen?

Es geht ganz einfach darum, die Treffsicherheit bei der Personalauswahlentscheidung auf der Suche nach passgenauen Mitarbeitern zu erhöhen. Letztendlich haben Sie als Unternehmensvertreter nur drei Möglichkeiten, um festzustellen, ob der Kandidat auf die zu besetzende Position und das damit verbundene Umfeld passt:

1. Sie stellen ihn einfach ein, schauen sich die Sache ein halbes Jahr an und beurteilen dann, wie es gelaufen ist (hohes Risiko).

2. Sie beobachten den Kandidaten in unterschiedlichen, praxisrelevanten Situationen und bilden sich aufgrund seines Verhaltens Ihre Meinung.
3. Sie lassen sich vom Kandidaten Verhaltensweisen aus der Vergangenheit schildern und treffen auf dieser Basis Ihre Entscheidung (Möglichkeit im Vorstellungsgespräch).

Mit dem AC gehen Sie Weg Nummer 2 und verlassen sich nicht nur auf die Aussagen eines Bewerbers, sondern auf Ihre eigene Beobachtung.

Sozialverhalten und Persönlichkeitsmerkmale wie sprachliches Ausdrucksvermögen und Entscheidungsfreude stehen bei der Methode gegenüber fachlichem Wissen klar im Vordergrund. Dies wird bei den meisten Assessment Centern auch ganz bewusst so gestaltet. Fachwissen lässt sich anhand von Zeugnissen und Berufsabschlüssen meist noch recht gut einschätzen. Viel schwieriger ist es, Anforderungskriterien, die mehr im Verhaltensbereich liegen, zu beurteilen. Und genau hier setzt die Assessment-Center-Methode an.

3.3.1 Durchführung eines ACs

Bei der Durchführung eines ACs sind im Wesentlichen die folgenden vier Schritte zu unternehmen:

Schritt 1: **Inhaltliche Konzeption**

Schritt 2: **Räumliche und zeitliche Planung**

Schritt 3: **Zusammensetzung und Schulung der Beobachter**

Schritt 4: **Auswertung und Feedback an die Kandidaten**

Schritt 1: **Inhaltliche Konzeption**

Jedes AC steht und fällt mit der Passgenauigkeit der Übungen. Nur wenn ein hoher Praxisbezug erkennbar ist, wird die Aussagekraft der AC-Ergebnisse den Aufwand des Verfahrens rechtfertigen können.

Wer Vertriebsbeauftragten im Außendienst die gleichen Aufgabenstellungen gibt, wie Kapazitätsplanern in der Produktion, muss sich nicht wundern, wenn dabei keine brauchbaren Aussagen herauskommen.

Tipp

Sammeln Sie in Ihrem Berufsalltag Vorgänge oder Aufgabenstellungen, die typisch sind, und nutzen Sie diese als Grundlage für eine AC-Übung.

Achten Sie bei der Zusammensetzung der Aufgaben auf eine ausgewogene Mischung, bei der die unterschiedlichen Anforderungskriterien der Stelle Berücksichtigung finden. Für die Bearbeitung bzw. Lösung der Aufgaben sind klare Verhaltenserwartungen zu definieren. Also, was ist eine gute Leistung? Welche Lösungswege führen in der Praxis auch zum Erfolg? Ferner sollten Sie überlegen, welche Informationen Sie den Kandidaten zur Verfügung stellen, damit diese überhaupt in der Lage sind, die Aufgaben zu bearbeiten. Für Sie als routinierter Profi im Unternehmen mag manches völlig klar sein, was es aber noch lange nicht für einen Außenstehenden sein muss.

Teilweise werden die klassischen AC-Übungen durch psychologische Testverfahren wie Intelligenz- und Leistungstest sowie Persönlichkeitstests (siehe Kapitel 3.4) ergänzt. Diese sollen zum einen Zusatzinformationen liefern, dienen aber auch dazu, zeitliche Lücken im Rahmen des ACs zu füllen.

Das klassische Einzelinterview ist in nahezu allen Assessment Centern fester Bestandteil. Es bietet sowohl Ihnen als Unternehmensvertreter als auch den Kandidaten die Möglichkeit, individuelle Fragen zu klären und offene Punkte zu diskutieren. Für die Einzelinterviews gelten im Grunde die gleichen Regeln wie bei Vorstellungsgesprächen. Vgl. hierzu Kapitel 4.

Ein Assessment Center besteht meist aus folgenden Bestandteilen:

- Einzelübungen (vgl. Übersicht 5)
- Partnerübungen (vgl. Übersicht 6)
- Gruppenübungen (vgl. Übersicht 7)

Übersicht 5
Einzelübungen

Methode/Erläuterungen	Wesentliche Beurteilungskriterien
1. Postkorb Der Postkorb ist die klassische Einzelübung im AC. Die Bewerber schlüpfen in die Rolle eines Mitarbeiters, der eine Vielzahl von Vorgängen in seinem Posteingangskorb vorfindet. Die Aufgabe besteht darin, unter Zeitdruck die Vorgänge zu bearbeiten, Terminkonflikte zu erkennen und Entscheidungen zu treffen.	► Konzentrationsfähigkeit ► Belastbarkeit ► Systematische Arbeitsweise ► Problemerkennung und -analyse ► Entscheidungsfreude ► Risikoverhalten
2. Präsentation/Einzelvortrag Bei der Präsentation/Einzelvortrag sind die Bewerber aufgefordert, zu einem entweder frei gewählten oder vorgegebenen Thema einen Vortrag zu halten. Steht beim Einzelvortrag eher der inhaltliche Aspekt im Vordergrund, wird bei der Präsentation die Art und Weise, wie etwas vorgestellt wird, noch stärker im Blickpunkt der Beurteilung sein. Insbesondere bei Vertriebsaufgaben hat die Einzelpräsentation hohes Gewicht.	► Logisches Denken ► Problemerkennung ► Urteilsvermögen ► Kommunikationsverhalten ► Überzeugungskraft ► Durchsetzungsvermögen ► Kompromissbereitschaft ► Inhaltliche Strukturierung ► Zielgruppenorientierung
3. Organisationsaufgaben Bei Organisationsaufgaben sollen die Kandidaten unter Berücksichtigung bestimmter Rahmendaten einen möglichst optimierten Lösungsweg finden. Dabei kann es sich zum Beispiel um die Routenplanung eines Außendienstmitarbeiters, eine Raumplanung oder die Wahl des günstigsten Verkehrsmittels handeln.	► Problemerkennung und -analyse ► Belastbarkeit ► Systematische Arbeitsweise ► Kreativität ► Arbeitstempo ► Arbeitssorgfalt

Übersicht 6
Partnerübungen

Methode/Erläuterungen	Wesentliche Beurteilungskriterien
1. Konfliktgespräch Beim Konfliktgespräch soll das Konfliktverhalten der Testkandidaten näher beleuchtet werden. Konfliktgespräche werden häufig auch in Form von Rollenspielen z. B. Verkäufer-Käufersituation oder Vorgesetzter – Mitarbeiter durchgeführt und entsprechende Szenarien mit Rollenvorgaben verbunden. In der Regel ist nur einer der beiden Gesprächsteilnehmer ein Kandidat. Die zweite Rolle wird von einer Person aus dem Unternehmen übernommen, da keine Gleichwertigkeit der Rollen besteht und so einer der Kandidaten bevor- bzw. benachteiligt wäre.	▶ Kommunikationsverhalten ▶ Kompromissfähigkeit ▶ Durchsetzungsvermögen ▶ Einfühlungsvermögen ▶ Überzeugungsfähigkeit ▶ Führungsverhalten
2. Pro- und Kontradiskussion Bei dieser Zweierdiskussion geht es im Wesentlichen darum, den eigene Standpunkt klar und nachvollziehbar zu vertreten, dabei aber auch die Interessen des Gegenübers in die eigene Argumentation mit einzubeziehen. In der Regel handelt es sich um vorgegebene Themen, zu denen die beiden Kandidaten sich in zeitlich limitierten Statements äußern sollen.	▶ Kommunikationsverhalten ▶ Durchsetzungsvermögen ▶ Stressresistenz ▶ Einfühlungsvermögen ▶ Überzeugungsfähigkeit ▶ Konsensfähigkeit

Übersicht 7
Gruppenübungen

Methode/Erläuterungen	Wesentliche Beurteilungskriterien
1. Fallstudien Bei Fallstudien wird den Kandidaten ein bestimmtes Szenario vorgegeben. Dieses stellt sehr häufig eine reale Aufgabenstellung aus dem angestrebten beruflichen Umfeld dar, um den Realitätsbezug zu erhöhen. Es gilt den Sachverhalt möglichst schnell zu erfassen, Risiken zu erkennen und Lösungswege zu erarbeiten. Dabei werden zunehmend auch interkulturelle Anforderungen gestellt oder fachspezifische Aufgabenstellungen herangezogen. So kann angehenden Controllern z. B. eine betriebswirtschaftliche Ergebnisrechnung vorgelegt werden mit der Aufgabe, diese zu analysieren und im Gespräch mit der Bereichsleitung Vorschläge für Optimierungsansätze zu machen. Fallstudien werden am häufigsten in Gruppen durchgeführt, teilweise stellen sie aber auch eine Einzelübung dar.	► Logisches Denken, ► Problemerkennung und -analyse ► Problemlösungskompetenz ► Urteilsvermögen ► Kommunikationsverhalten ► Überzeugungskraft ► Durchsetzungsvermögen ► Interkulturelle Sensibilität
2. Rollenspiel Die eigenen Interessen in einem größeren Kreis von Konkurrenten zu vertreten, ist wesentliches Element der Rollenspiele. Es werden im Vorfeld fest definierte Rollenanweisungen verteilt, die als Ausgangssituation dienen. Die jeweilige Rollenanweisung enthält in der Regel auch eine klare Zielsetzung, für den einzelnen Kandidaten, die im Rahmen der Übung angestrebt werden soll und spezifische Informationen, die seine Mitstreiter nicht kennen. So sollen z. B. fünf Standortverantwortliche eines Produktionsunternehmens argumentativ versuchen, ein neu entwickeltes Produkt an ihren jeweiligen Fertigungsstandort zu holen.	► Kommunikationsverhalten ► Durchsetzungsvermögen ► Emotionale Stabilität ► Konfliktfähigkeit ► Zielorientierung ► Geistige Flexibilität ► Einfühlungsvermögen ► Kreativität ► Überzeugungskraft ► Kompromissbereitschaft

Methode/Erläuterungen	Wesentliche Beurteilungskriterien
3. Gruppendiskussion Zu den Gruppenübungen gehört an erster Stelle die Gruppendiskussion. Sie ist so gut wie in jedem Gruppen-Assessment Centers vertreten. Vier bis sechs Teilnehmer diskutieren ein in der Regel vorgegebenes Thema. Teilweise werden die Teilnehmer auch aufgefordert, sich auf ein Thema zu einigen. Gruppendiskussionen werden vorwiegend als so genannte führerlose Diskussionen durchgeführt, das heißt, im Vorfeld wird keine Rolle eines Diskussionsleiters vergeben. Die Teilnehmer haben sich demnach selbst zu organisieren.	▶ Initiative ▶ Kommunikationsverhalten ▶ Überzeugungskraft ▶ Akzeptanz ▶ Kooperationsfähigkeit ▶ Einfühlungsvermögen ▶ Emotionale Stabilität
4. Gruppenarbeit Bei der Gruppenarbeit steht die Fähigkeit im Mittelpunkt, im Team eine Aufgabenstellung zu lösen. Es handelt sich dabei um planerische, teilweise auch um „handwerkliche" Übungen, bei denen die Gruppe aus zur Verfügung gestellten Hilfsmitteln etwas bauen muss. Bekannt ist die Übung Brückenbau, bei der mithilfe von Metaplan-Karten, Klebestift und Schere eine Brücke mit 70 cm Länge gebaut werden soll, die ein volles Glas Wasser tragen kann.	▶ Teamfähigkeit ▶ Durchsetzungsvermögen ▶ Kreativität ▶ Kommunikationsfähigkeit ▶ Integrationsverhalten ▶ Initiative ▶ Organisationsverhalten ▶ Zeitmanagement

SCHRITT 2: **Räumliche und zeitliche Planung**

Die Organisation eines ACs stellt für die meisten Veranstalter schon das erste eigene Durchlaufen eines Assessment Centers dar. Es gilt den Ablaufplan so zu gestalten, dass für die Kandidaten keine unzumutbaren Wartezeiten entstehen und möglichst jeder Beobachter jeden Kandidaten in einer, besser in zwei Übungen gesehen hat. Zwölf Kandidaten und sechs Beobachter über einen Zeitraum von zwei oder drei Tagen auf drei oder vier Räume zu verplanen, ist gar nicht so einfach. Hinzu kommt eine sinnvolle Raumplanung, die kurze Wege gewährleistet und vom Platzangebot den unterschiedlichen Aufgabenstellungen gerecht wird. In den meisten Fällen werden mehrtägige ACs in Tagungshotels durchgeführt, da diese in der Regel eine geeignete Infrastruktur besitzen. Sie sollten darauf achten, dass Kandidaten wie Assessoren auch im Hotel übernachten, umso auch in den übungsfreien Zeiten, insbesondere am Abend, informelle Gesprächskontakte zu fördern und damit die Entscheidungsbasis noch zu erweitern. Schließlich wollen Sie ja die Bewerber so gut wie möglich kennen lernen und das gelingt „abends beim Bier" eben oft besser.

Die nachfolgende Checkliste 11 bietet Hilfestellungen für die Organisation eines AC.

Checkliste 11
Organisation eines Assessment Centers

		ja	nein
(1)	Spiegeln die AC-Übungen die tatsächlichen Anforderungen der zu besetzenden Stelle wider?	❒	❒
(2)	Haben die Kandidaten gleiche Startbedingungen (oder werden Fachkenntnisse für die Bearbeitung der Übungen vorausgesetzt, über die nur einzelne Bewerber verfügen)?	❒	❒
(3)	Steht der organisatorische Rahmen und haben Sie an AC-Assistenten gedacht, die Unterstützung bei der AC-Durchführung leisten? (Ansprechpartner für Kandidaten bei organisatorischen Fragen, Vorbereitung und Auswertung der Übungen)	❒	❒
(4)	Sind die Assessoren auf ihre Aufgabe vorbereitet? (Kennen sie die Übungen? Wurde ein gemeinsamer Beurteilungsmaßstab definiert? Sind sie für die Feedbacks geschult?)	❒	❒
(5)	Wie sieht das weitere Procedere aus? (Können Sie bereits am Ende des ACs den Kandidaten Vertragsangebote unterbreiten oder sollen noch weitere Gespräche vor der endgültigen Entscheidung folgen?)		

Aufgrund der dargestellten organisatorischen Schwierigkeiten greifen eine Vielzahl von Unternehmen bei der Konzeption und Umsetzung eines ACs auf externe Hilfe zurück.

TIPP

Holen Sie sich bei der erstmaligen Durchführung eines ACs professionelle Hilfe durch einen externen Berater oder, wenn Sie innerhalb eines Konzerns arbeiten, einen Fachmann aus dem zentralen Personalbereich.

Das Risiko, dass die ganze Veranstaltung daneben geht und Sie sich sowohl bei den Bewerbern als auch bei Ihren unternehmensinternen Beobachtern als Organisator blamieren, ist groß. Wenn Sie beabsichtigen, zukünftig ACs selbstständig durchzuführen, sollten Sie die erste Veranstaltung in enger Zusammenarbeit mit dem Berater planen und realisieren, um alle notwendigen Schritte und möglichen Stolpersteine auch zu erkennen. Auf dieser Basis können Sie dann weitere Veranstaltungen selbst durchführen, denn auch hier gilt: Übung macht den Meister.

Abbildung 15 zeigt beispielhaft einen Ablaufplan eines ACs.

AC-Ablaufplan	
	1. Tag
14.00 Uhr	Assessorenschulung
16.00 Uhr	Begrüßung der Teilnehmer Vorstellung der Assessoren Erläuterung der Zielsetzung des ACs
17.00 Uhr	Übung Gruppendiskussion
17.30 Uhr	Übung Postkorb mit Präsentation
19.00 Uhr	Übung Mitarbeitergespräch
20.00 Uhr	Abendessen und geselliger Ausklang
	2. Tag
8.30 Uhr	Präsentationsübung
9.30 Uhr	Rollenspiel
10.30 Uhr	Kaffeepause
10.45 Uhr	Organisationsübung
12.00 Uhr	Mittagessen
13.30 Uhr	Einzelgespräche
15.30 Uhr	Kaffeepause
15.45 Uhr	Beobachterkonferenz
18.00 Uhr	Feedback-Gespräche

Abb. 15: Ablaufplan eines ACs

Schritt 3: **Zusammensetzung und Schulung der Beobachter**

Auch der Auswahl und Vorbereitung der Beobachter, AC-Assessoren genannt, sollten Sie die nötige Beachtung schenken. Nur wenn die Assessoren auf einen gemeinsamen Bewertungsstandard „eingeschworen“ werden, ist eine Vergleichbarkeit der gezeigten Leistungen möglich. Besonders gut ist es, wenn die Beobachter die Übungen selbst schon einmal durchgeführt haben, aber die Praxis zeigt, dass dies meist ein frommer Wunsch bleibt. Terminengpässe und andere Prioritäten machen derlei Versuche meist unmöglich. Worauf Sie aber auf jeden Fall bestehen sollten, ist eine kurze Einführung der Assessoren zu Beginn des ACs, bei dem die Übungen und der organisatorische Ablauf erläutert wird. Wer als Assessor beteiligt sein sollte, hängt sehr stark von der zu besetzenden Position und den organisatorischen Rahmenbedingungen ab. In größeren Unternehmen sollten sowohl Vertretern des Fachbereiches, für den der neue Mitarbeiter gesucht wird, als auch Mitarbeiter des Personalwesens beteiligt sein. Es hat sich auch bewährt, Führungskräfte aus anderen Bereichen, die nicht direkt mit dem Mitarbeiter zusammenarbeiten werden, am AC-Prozess zu beteiligen, da diese mit einer noch höheren Objektivität an die Sache heran gehen.

Schritt 4: **Auswertung und Feedback an die Kandidaten**

Die einzelnen Übungen werden unmittelbar nach deren Durchführung seitens der Assessoren bewertet. Dabei sollen zunächst die gezeigten Verhaltensweisen wahrgenommen und dann im Anschluss bewertet werden. Nachfolgend ein Muster für einen Beurteilungsbogen einer Einzelpräsentation.

Am Ende des ACs steht eine so genannte Beobachterkonferenz, bei der die Assessoren ihre Eindrücke zusammentragen und die Entscheidung treffen, für welche Kandidaten man sich auf der Grundlage der AC-Ergebnisse entscheiden möchte. Die Konferenz kann recht zeitaufwändig sein, wenn sehr unterschiedliche Meinungen aufeinander prallen und die Diskussion beginnt. In vielen Unternehmen gilt das Veto-Prinzip: Sobald ein Assessor gegen die Einstellung eines Kandidaten ist, wird diesem kein Vertragsangebot gemacht, auch wenn er ansonsten positiv beurteilt wurde. Sie sollten sich überlegen, wie Sie die Kandidaten in der Zeit der Beobachterkonferenz beschäftigen können, da diese natürlich auf Kohlen sitzen. Hier bieten sich Videopräsentationen über das Unternehmen oder Gespräche mit Nachwuchskräften aus dem Hause an, die erst ein bis zwei Jahre im Unternehmen sind und ihre Eindrücke wiedergeben.

Insbesondere in Beratungsunternehmen werden bereits während des AC-Verlaufs Zwischenauswertungen gemacht und Kandidaten, die aufgrund ihres Verhaltens nicht überzeugen konnten, dann bereits verabschiedet. Diese Vorgehensweise wird von vielen Bewerbern als recht unangenehm und peinlich empfunden so nach dem Motto: zehn kleine Negerlein ...

Formblatt 7
AC-Beurteilungsbogen einer Einzelpräsentation

Teilnehmer:	
Assessor:	

Beurteilungskriterien	Leistungsverhalten ++	+	0	–	– –
Logisches Denken	❒	❒	❒	❒	❒
Strukturierter Aufbau	❒	❒	❒	❒	❒
Zielgruppenorientierung	❒	❒	❒	❒	❒
Kommunikationsverhalten	❒	❒	❒	❒	❒
Überzeugungskraft	❒	❒	❒	❒	❒
Gesamteindruck	❒	❒	❒	❒	❒

Stärken:

____

____

Schwächen:

____

____

Datum und Unterschrift:

____

Die Art und Weise, wie Sie den Bewerbern am Ende eines Assessment-Centers ein Feedback geben, wird großen Einfluss darauf haben, ob diese Ihre Entscheidung akzeptieren und welches Bild vom Unternehmen sie mitnehmen, auch wenn sie kein Vertragsangebot erhalten. Es gehört nicht nur zum guten Stil, nach zwei bis drei Tagen harter Arbeit eine ausführliche Rückmeldung über die gewonnenen Eindrücke zu geben. Es ist auch eine wichtige Hilfestellung für die Kandidaten, im Hinblick auf ein realistische Selbstbild und das Erkennen möglicher Defizite. Nur so kann der Kandidat das eigene Verhalten reflektieren und gegebenenfalls Maßnahmen ergreifen, mit denen er erkannte Schwierigkeiten abbauen kann.

Auch wenn der Bewerber kein Jobangebot von Ihnen erhält, sollte er Sie doch mit dem Eindruck verlassen, dass er gerne in Ihrem Unternehmen gearbeitet hätte und sich fair behandelt fühlte. Denn wie heißt es so schön: Man sieht sich immer zweimal im Leben und vielleicht wird der Bewerber von heute Ihr Kunde von morgen.

In der Literatur wird sehr häufig darauf hingewiesen, dass das Feedback durch ausgebildete Psychologen erfolgen sollte. In der Praxis sind es jedoch häufig die Führungskräfte aus den Fachbereichen und Vertreter aus dem Personalwesen, die diese Gespräche führen und über keine psychologische Ausbildung verfügen. Achten Sie in jedem Fall darauf, dass die Personen, die das Feedback geben, eine entsprechende Schulung erhalten und auf unterschiedliche Reaktionsweisen der Bewerber (Aggression, Wut, nervlicher Zusammenbruch) vorbereitet werden.

TIPP

Weitere Informationen rund um das Thema Assessment Center bietet der Arbeitskreis Assessment Center www.arbeitskreis-ac.de.

In seinem Praxis-Statement beschreibt Mathias Menner das Thema Assessment Center aus Bewerbersicht.

Praxis-Statement: **Positive und negative Erfahrungen eines Kandidaten**

von Mathias Menner

Hat man als Bewerber nach Versand der Bewerbungsunterlagen endlich grünes Licht erhalten, kann der weitere Rekrutierungsprozess in unterschiedlicher Form ablaufen. Neben dem gewöhnlichen Vorstellungsgespräch findet immer öfter das Assessment Center Anwendung. Ich persönlich habe bislang fünf solcher ACs durchlaufen und dabei die Erfahrung gemacht, dass, wenn sich Unternehmen für diese Form der Personalauswahl entscheiden, sie in der Regel sehr professionell vorgehen.

Meine ersten AC-Erfahrungen habe ich bei einem großen süddeutschen Industriekonzern gesammelt, wo ich in zwei verschiedenen Sparten angetreten war. Bei diesen ein- und zweitägigen ACs empfand ich es als ausgesprochen positiv, dass die einzelnen Übungen in ein sehr abwechslungsreiches Gesamtprogramm eingebettet waren, das Unternehmenspräsentation und Werksbesichtigung genauso enthielt wie die Gelegenheit, sich mit Führungskräften und Trainees auszutauschen. Dadurch habe ich als Bewerber diese Zeit nicht nur als Prüfungssituation erlebt, sondern auch interessante Eindrücke mit nach Hause genommen. Entscheidend für die Akzeptanz aus meiner Sicht war jedoch vor allen Dingen ein fundiertes Feedback am Ende dieser Veranstaltungen. Es wurde mir beide Male in einem persönlichen Vier-Augen-Gespräch das Ergebnis mitgeteilt und begründet, wobei in einem Falle sogar nach weitergehender Analyse eine noch ausführlichere Rückmeldung per Telefon erfolgt ist. Selbst im Falle einer Ablehnung habe ich es immer sehr geschätzt, wenn man mir ganz konkret meine Stärken und Schwächen erläutert hat, denn nur so kann man sich als Bewerber auch verbessern. Nicht zu unterschätzen ist aus Unternehmenssicht auch der Imagegewinn durch ein solches Vorgehen gerade bei jenen Kandidaten, die nicht zum Zuge kamen.

Wenn ich gesagt habe, dass in der Regel professionell vorgegangen wird, so bedeutet das leider auch, dass es die berühmten Ausnahmen dazu gibt. In einem Fall wurde ich von einem bedeutenden Fahrzeughersteller in den Osten der Republik zu einem Auswahltag eingeladen. Anfangs noch frohen Mutes, machte sich bald Ernüchterung breit, als nämlich zwei Drittel der Kandidaten bereits nach der Hälfte des Tages ohne qualifiziertes Feedback heimgeschickt wurden. Außer Spesen nichts gewesen, dachte ich mir, und selbst um deren Erstattung musste ich kämpfen, wie sich später herausstellen sollte. Was war geschehen? Alle diese Bewerber wurden nach einem Rollenspiel, dessen Bestehen für die Assessoren offenbar das entscheidende K.o.-Kriterium an diesem Tag war, hinausbefördert. Nur wurde dies nicht offen kommuniziert, es erfolgte lediglich eine Kurzkritik direkt im Anschluss an die Übung und danach der Rauswurf. Es wurde also nicht nur auf weitere Übungen verzichtet, sondern auch auf ein umfassendes Feedback, das die bereits durchlaufenen Bausteine wie Selbstpräsentation und Gruppendiskussion beinhaltet hätte. Stattdessen waren die Teilnehmer gezwungen, selbst über die Ursachen der Ablehnung zu spekulieren. Bis dato war ich der Meinung, dass die Stärke dieses Auswahlverfahrens gerade auf Methodenvielfalt beruht und von Unternehmensseite versucht wird, sich ein möglichst umfassendes Bild des Bewerbers zu machen.

3.3.2 Varianten zum klassischen AC

Zum klassischen AC gibt es noch einige Varianten bzw. Weiterentwicklungen, die ich Ihnen in diesem Zusammenhang noch gerne vorstellen möchte:

a) Computersimulation

b) Unternehmensplanspiel

c) Bewerbertage

a) Computersimulationen

In den letzten Jahren werden Assessment-Center-Übungen auch computergestützt durchgeführt. Dies bietet die Möglichkeit, komplexe, vernetzte Sachverhalte darzustellen und die vom Kandidaten getroffenen Entscheidungen in den weiteren Verlauf der Simulation mit einfließen zu lassen. Die Computersimulation hat aus Unternehmenssicht den Vorteil der ökonomischen Durchführung und der objektiven Auswertung, da diese vom Beurteiler unabhängig ist. Bei PC-gestützten Postkörben kann man ferner die Strategie, die der Kandidat für die Bearbeitung zugrunde gelegt hat, nachvollziehen und erhält damit wichtige Zusatzinformationen. Allerdings darf man die recht hohen Entwicklungskosten von Computersimulationen nicht vergessen, sofern Sie eine unternehmensspezifische Variante entwickeln und programmieren lassen möchten.

b) Unternehmensplanspiel

Ähnlich wie bei Fallstudien wird mit Planspielen versucht Unternehmenssituationen realistisch nachzubilden. Da Unternehmensplanspiele vom zeitlichen Umfang deutlich größer sind als Fallstudien, lassen sich wesentlich komplexere Zusammenhänge und Szenarien darstellen. Die Kandidaten übernehmen die Führung eines Unternehmens. Sie konkurrieren mit anderen Unternehmen am Markt und beeinflussen durch ihre Entscheidungen den weiteren Spielverlauf. Diese Mehrstufigkeit ermöglicht es, auch Aussagen über die Lernfähigkeit der Teilnehmer zu machen. Auch Unternehmensplanspiele lassen sich mit und ohne Computerunterstützung durchführen. Als reines Auswahlinstrument bei der Mitarbeiterrekrutierung ist das Unternehmensplanspiel häufig zu aufwändig. Es wird daher bei der internen Personalentwicklung (Besetzung von Förderkreisen, Identifikation von Mitarbeitern mit Potenzial) eingesetzt.

c) Bewerbertage

Das Assessment Center hat bei vielen Bewerbern den Beigeschmack, dass es sehr einseitig die Bedürfnisse nach Information seitens des Unternehmens befriedigt. Den Kandidaten werde quasi ein „Seelen-Striptease“ abverlangt, während das Informationsangebot für die Bewerber eher gering ist.

Vor diesem Hintergrund haben sich so genannte Bewerbertage etabliert, die eher einen partnerschaftlichen Ansatz haben und eine Mischung aus Firmenpräsentation und Assessment-Center-Übungen darstellt. Firmenpräsentationen, Besichtigungen und Gespräche mit Führungskräften und Mitarbeitern wechseln sich mit Kandidatenübungen ab.

Die Akzeptanz der Kandidaten für diese Durchführungsform ist in der Regel deutlich höher als das klassische AC. Sie bietet Ihnen als Unternehmensvertreter auch die Möglichkeit, Ihre Kernkompetenzen und Arbeitsweisen den Kandidaten zu vermitteln und gleichzeitig anhand der Übungen eine breitere Informationsbasis für die Auswahlentscheidung zu erhalten.

Beispielhaft auch hier ein möglicher Ablaufplan (Abbildung 16).

Bewerbertag-Ablaufplan

Uhrzeit	**Inhalt**
9.00 Uhr	Begrüßung und kurze Präsentation des Unternehmens
9.30 Uhr	1. Übung: Selbstpräsentation
10.30 Uhr	Werkrundgang mit Vorführungen
11.30 Uhr	2. Übung: Gruppenarbeit
12.30 Uhr	gemeinsames Mittagessen
14.00 Uhr	Einzelgespräche, parallel Informationsgespräche/Präsentation/ Diskussion mit Vertretern der Fachbereichs
17.00 Uhr	Assessorentreffen, Entscheidungsfindung über Kandidatenauswahl, parallel: Abwicklung Reisekosten
18.00 Uhr	Plenum, allgemeine Verabschiedung und anschließendes Einzelfeedback mit Auswahlentscheidung, Vertragsangebote
19.00 Uhr	Veranstaltungsende

Abb. 16: Ablaufplan für einen Bewerbertag

Tipp

Sofern Sie aufgrund Ihrer Infrastruktur dazu in der Lage sind, sollten Sie einen solchen Bewerbertag auf dem Firmengelände oder in unmittelbarer Nähe davon durchführen. Dies ermöglicht den Kandidaten einen besseren Einblick in Ihr Unternehmen und erhöht den Praxisbezug.

3.4 Psychologische Testverfahren

Hätten Sie gerne den gläsernen Bewerber? Diese Erwartungshaltung wird oft mit dem Einsatz psychologischer Testverfahren verknüpft. Ganz so einfach ist es jedoch nicht und die Bandbreite der Tests, ihrer Zielrichtung und ihrer Aussagekraft ist groß. Die Praxis zeigt, dass der Einsatz von psychologischen Tests in Deutschland im Vergleich zum europäischen Ausland oder zu den USA eher zurückhaltend gehandhabt wird.

Generell lässt sich sagen, dass mit psychologischen Testverfahren der Versuch unternommen wird, mehr über die Persönlichkeit, das Verhalten, die Fähigkeiten und das Potenzial eines Kandidaten zu erfahren.

Bei den Zielgruppen der Ausbildungsplatzsucher und Hochschulabsolventen ist es insbesondere wichtig, diesbezüglich Hinweise zu bekommen, da die Bewerbungsunterlagen hierzu nur sehr bedingt Aussagen möglich machen und keine einschlägige Berufserfahrung vorliegt, die eine Einschätzung erleichtern könnte. Bei Führungskräften liegt der Schwerpunkt der psychologischen Testverfahren mehr im Bereich der Persönlichkeits- und der Verhaltensanalyse. An welchen Werten und Grundsätzen orientiert sich der Kandidat, welches Führungsverhalten zeigt er, welche Belastbarkeit besitzt er? Dies sind Fragestellungen, die hier besonders beleuchtet werden.

Die gängigen psychologischen Verfahren sind standardisiert, d. h. der Inhalt, die Durchführung sowie die Auswertung dieser Tests ist klar vorgegeben. Fast alle Tests werden als so genannte „paper und penciltests" durchgeführt, das heißt, der Kandidat bekommt die Unterlagen in schriftlicher Form vorgelegt und bearbeitet diese auch schriftlich.

3.4.1 Gütekriterien

Wenn wir über die Qualität der psychologischen Testverfahren sprechen, so lässt sich diese am besten über die nachfolgenden drei Gütekriterien messen:

- **Objektivität:**
  Das Kriterium der Objektivität ist dann erfüllt, wenn die Aufgaben für jede Testperson in gleicher Weise und unter gleichen Bedingungen lösbar sind. Jeder Anwender muss zu den gleichen Ergebnissen kommen, wenn er das Instrument sachlich richtig auswertet.
- **Reliabilität:**
  Die Reliabilität gibt Auskunft darüber, ob die Ergebnisse verlässlich sind. Dies zeigt sich darin, dass bei einem Kandidaten bei mehrfacher Testdurchführung immer die gleichen Ergebnissen erzielt werden.
- **Validität:**
  Die Validität eines Testverfahren misst, inwieweit die Testergebnisse tatsächlich mit den Aspekten zusammenhängen, die man vorhersagen möchte. Also kurz gesagt: Misst der Test auch das, was er vorgibt zu messen?
  Aussagen hierzu lassen sich nur über einen längeren Zeitraum und eine große Zahl von Probanden (Testteilnehmer) machen. Daher sind die meisten Verfahren bereits recht betagt und neue Tests brauchen eine lange Vorlaufzeit, bis sie sich etablieren können.

3.4.2 Formen psychologischer Testverfahren

Lassen Sie uns die große Gruppe der psychologischen Testverfahren ein wenig untergliedern:

a) Intelligenztests

b) Wissens- und Fertigkeitentests

c) Leistungs- bzw. Konzentrationstests

d) Persönlichkeitstests

a) Intelligenztests

Da ist zunächst die Gruppe der Intelligenztests. Früher stand die Frage nach dem IQ (Intelligenzquotienten) im Mittelpunkt, die die Menschheit auf einer Skala in intelligente und weniger Intelligente einteilte. Ein IQ von 90 bis 100 gilt als durchschnittlich, wer einen IQ von 130 vorweisen kann, darf sich zu der Gruppe der Hochintelligenten zählen. Da man feststellte, dass diese Größe als Orientierungshilfe für Schulabgänger bei der Berufswahl wenig hilfreich ist – Bewerber mit gleichem IQ können sehr unterschiedlich für einen Beruf geeignet sein –, zielen heutige Intelligenztests nicht auf einen absoluten Wert, sondern auf die so genannte Intelligenzstruktur. Das bedeutet, das Stärken und Schwächen in Bezug auf einzelne Intelligenzfaktoren wie Sprachgefühl, logisches Denken oder räumliches Vorstellungsvermögen zunächst ermittelt und diese dann dem Anforderungsprofil des angestrebten Berufes gegenüber gestellt werden.

Je besser sich die Kurve des Bewerberprofils sich mit der Kurve des Anforderungsprofils in ihrem Verlauf deckt, umso höher ist die Wahrscheinlichkeit, dass der Bewerber den Anforderungen des Berufes aufgrund seiner Fähigkeiten gerecht werden kann. Bekanntester Vertreter dieser Test-Gruppe ist der I-S-T Intelligenz-Struktur-Test von R. Amthauer.

b) Wissens- und Fertigkeitentests

Sie dienen dazu die Eignung eines Bewerbers für ein Berufsfeld zu testen. Wissenstests prüfen die Allgemeinbildung sowie die fachlichen Kenntnisse. Fertigkeitentests prüfen vorwiegend die Geschicklichkeit und das handwerkliche Können. Fertigkeitentests werden vor allem im Bereich der IT-Anwendungsprogramme (z. B. MS-Office-Paket) eingesetzt, um Informationen über den tatsächlichen Kenntnisstand der Kandidaten zu erhalten.

c) Leistungs- bzw. Konzentrationstests

Die Gruppe der Leistungs- bzw. Konzentrationstests stellt das Arbeitsverhalten unter Zeitdruck in den Mittelpunkt der Betrachtung. Die Aufgaben sind an sich von ihrem Inhalt her ganz einfach, die Kandidaten kommen allerdings aufgrund der Menge ganz schön ins Schwitzen. So sind z. B. im Pauli-Test lange Zahlenkolonnen zu addieren. Ein beliebter Test besteht auch darin, Originale und Abschriften, bei denen sich Fehler eingeschlichen haben, zu vergleichen.

Gängig ist auch der so genannte „d2 Test", bei dem die Buchstaben d und b in zahlreichen Reihen bunt gemischt dargestellt sind. Die Buchstaben haben eine unterschiedliche Anzahl von Strichen und es sind genau die ds zu markieren, die zwei Striche haben.

Wesentliche Beurteilungskriterien bei Leistungs- und Konzentrationstests sind:

- Belastbarkeit
- Konzentrationsfähigkeit
- Stressresistenz
- die Veränderung der Leistung im Zeitverlauf

d) Persönlichkeitstests

Bei den Persönlichkeitstests geht es dann wirklich „ans Eingemachte". Mit ihnen sollen Aussagen über das Wesen und die Psyche eines Kandidaten gemacht werden. Viele der eingesetzten Persönlichkeitstests kommen ursprünglich aus der klinischen Medizin mit der Zielsetzung, krankhafte psychische Veränderungen am Persönlichkeitsbild zu ermitteln. Die Einstellung gegenüber Persönlichkeitstests ist sehr gemischt. Testanhänger vor allem in den USA stellen immer wieder deren hohe Vorhersagegenauigkeit für beruflichen Erfolg heraus. Testgegner zweifeln zum einen diese Vorhersagegenauigkeit an und führen noch ethische Argumente auf, wonach es im Rahmen der Personalauswahl für Kandidaten nicht zumutbar sei, einen solchen „Seelen-Striptease" ausführen zu müssen. Befragungen bei Personalberatern, die Persönlichkeitstests bei der Besetzung von Führungspositionen recht häufig einsetzen ergaben, dass die Bereitschaft eines Kandidaten, einen solchen Persönlichkeitstest auszufüllen, wesentlich höher sei, als z. B. an einem (Einzel-)Assessment-Center teilzunehmen.

Damit Sie für sich entscheiden können, ob Sie dieses Auswahlinstrument in der einen oder anderen Ausprägung zum Einsatz bringen möchten, lassen Sie uns die unterschiedlichen Formen der Persönlichkeitstests etwas näher beleuchten:

Persönlichkeitstests (vgl. Übersicht 7) lassen sich im Wesentlichen in die folgenden Untergruppen gliedern:

- Bilder-Frustrationstests
- Projektive Tests
- Fragebogentests

IHR SINN FÜR SAUBERKEIT IST BEMERKENSWERT, ABER DIE FLECKEN GEHÖREN ZUM TEST!

Übersicht 8
Persönlichkeitstests

Test/Beschreibung	Bemerkung
Bilder-Frustrationstests In Bilder-Frustrationstests werden Alltagsszenen dargestellt, an denen in der Regel zwei Personen beteiligt sind. Die Aufgabe des Testkandidaten besteht darin, sich mit einer der beiden Personen zu identifizieren und zu reagieren. Es können dabei Antwortalternativen vorgegeben werden oder freie Antworten zugelassen werden.	Mit dem Test soll Verhalten in kritischen oder Stresssituationen hinterfragt werden.
Projektive Tests Bei Projektiven Testverfahren geht es um die Interpretation von abstrakten, grafischen Darstellungen. Der bekannteste Vertreter dieser Testgruppe ist der Rorschach-Test, bei dem verschieden farbige oder schwarz-weiße Tintenkleckse zu interpretieren sind.	Da der Test aus der klinischen Medizin stammt, werden die Testergebnisse insbesondere im Hinblick auf psychische Krankheitsbilder wie Neurosen oder Psychopathie beleuchtet.
Fragebogentests Aus der Gruppe der Persönlichkeitstests kommen Fragebogentests im Rahmen der Bewerberauswahl am häufigsten zum Einsatz. Den Kandidaten wird dabei eine mengenmäßig große Zahl von Fragen gestellt, zu denen sie Aussagen machen sollen. Da sich die Fragestellungen immer wieder überschneiden, wird ein Kontrollmechanismus etabliert. Anspruch der Tests ist es nicht, eine „Durchleuchtung" des Kandidaten zu ermöglichen, sondern ein systematisches Selbstbild zu erhalten. Dieses kann in Verbindung mit Ergebnissen aus einem Assessment Center, das ja auf der Grundlage der Verhaltensbeobachtung eine Fremdeinschätzung darstellt, zu einer Verbesserung der Informationsbasis beitragen.	

Test/Beschreibung	Bemerkung
Der 16-Persönlichkeitsfaktoren-Test (16 PF) Auf der Grundlage von knapp 200 Fragen werden 16 Verhaltensbereiche wie z. B. Robustheit – Sensibilität oder Besonnenheit – Begeisterungsfähigkeit hinterfragt.	Dieser Test zählt zu den Klassikern und kommt auch heute in der Personalpraxis noch zum Einsatz.
Der Myers-Briggs-Typindikator (MBTI) Dies ist ein weiterer bekannter Vertreter der Persönlichkeitstest, der besonders in den USA und Japan, zunehmend aber auch in Deutschland populär ist. Ihm liegt die Typenlehre von C. G. Jung zugrunde. Etwas vereinfacht dargestellt – die Experten auf dem Gebiet des MBTI mögen es mir verzeihen –, wird dabei der Mensch anhand von vier Bereichen beurteilt, bei dem jeweils ein Buchstabenpaar die beiden Pole repräsentiert: ▶ Ist der Kandidat eher nach außen oder nach innen orientiert? (E–I) ▶ Orientiert sich der Kandidat mehr an Fakten oder ist er eher intuitiv gesteuert? (S–N) ▶ Gewinnt der Kandidat seine Beurteilung eines Sachverhalts auf der Grundlage einer analytisch logischen Vorgehensweise oder eher gefühlsorientiert? (T–F) ▶ Fühlt sich der Kandidat eher in einem geordneten klar strukturierten Umfeld wohl oder liebt er das kreative Chaos? (J–P)	Jeder Testteilnehmer wird mit einem Vier-Buchstabencode, entsprechend der Ausprägung seiner Testergebnisse beschrieben.
Das Bochumer Inventar zur berufsbezogenen Persönlichkeitsbeschreibung (BIP) Ein Persönlichkeitstest neuerer Ausprägung, der besonders dadurch überzeugt, dass er von den Wissenschaftlern Hossiep und Paschen in enger Zusammenarbeit und mit klarer Zielsetzung für die Personalpraxis entwickelt wurde. Es beleuchtet die folgenden vier Dimensionen eines Kandidaten: ▶ Berufliche Orientierung (z. B. Leistungsmotivation) ▶ Arbeitsverhalten (z. B. Flexibilität) ▶ Soziale Kompetenz (z. B. Kontaktfähigkeit) ▶ Psychische Konstitution (Belastbarkeit)	Es richtet sich ausschließlich an berufsrelevante Facetten von Verhalten und Persönlichkeit einer Person.

TIPP

1. Wenn Sie den Einsatz psychologischer Testverfahren planen, sollten Sie sich im Vorfeld mit einem erfahrenen Betriebspsychologen hierzu unterhalten und die Testdurchführung in fachlich versierte Hände geben.
2. Psychologische Testverfahren sind kein Spielzeug, auch wenn viele Boulevard-Zeitschriften mit ihren Psychotests und seichten Auswerteergebnissen dazu verleiten könnten, hier selbst tätig zu werden und einen Test für die Bewerberauswahl zu basteln.
3. Standardisierte Verfahren können in der Regel auch nur von Psychologen über Fachverlage bezogen werden, um einen Missbrauch zu vermeiden. Der Hogrefe Verlag (www.hogrefe.de) hat sich auf das Segment der psychologischen Tests spezialisiert, dort ist auch weitergehende Literatur zu den Verfahren in großer Zahl erschienen.

3.5 Grafologische Gutachten

Wird der Einsatz von psychologischen Testverfahren schon eifrig diskutiert, betreten wir beim Thema Grafologie ein Feld, wo sich nun wirklich die Geister scheiden. Sie ist für die einen der wahre Schlüssel zur Persönlichkeit, viele stellen sie auf die gleiche Ebene wie das Lesen im Kaffeesatz.

Das Instrument der Schriftanalyse oder Schriftpsychologie, wie es auch genannt wird, wird besonders in Frankreich, der Schweiz und den Benelux-Ländern im Rahmen der Personalauswahl intensiv genutzt. In Deutschland findet die Grafologie nur in Einzelfällen und dort vorwiegend im oberen Management ihren Einsatz. Dies belegt auch die Erhebungen des BDU (Bund Deutscher Unternehmensberater), nach der nur bei der Besetzung von Top-Managementpositionen auf erster Führungsebene der Einsatz von grafologischen Gutachten bei 12,5 % aller Fälle eine erwähnenswerte Rolle spielt.

Es würde an dieser Stelle zu weit führen, in die Grundlagen der Grafologie einzuführen. Die Homepage des Verbands der Grafologen (www.graphologie.de) bietet einen guten Einstieg für all diejenigen, die sich intensiver mit diesem Instrument auseinander setzen wollen und über einen möglichen Einsatz nachdenken.

3.6 Probearbeitstag

Sie können dem Bewerber den Arbeitsplatz in den schillerndsten Farben schildern. Auch der Bewerber kann viel über seine Arbeitsweise erzählen. Es bleiben aber schöne Worte und für beide Seiten steht die Frage im Raum: Entspricht das, was der andere mir erzählt, auch tatsächlich der Realität?

Um für beide Seiten mehr Licht ins Dunkel zu bringen und die gegenseitige Informationsbasis zu erhöhen, kann ein Probearbeitstag durchaus sinnvoll sein. Der Bewerber kommt für einen Tag in den Betrieb, kann sich Abläufe in der Realität konkret anschauen und am aller wichtigsten: Er erlebt die Menschen, mit denen er zukünftig arbeiten würde, in deren realer Arbeitsumgebung. Auch Sie als Unternehmensvertreter haben die Möglichkeit, dabei den Bewerber „live" zu erleben und gemeinsam mit Ihren Mitarbeitern zu überlegen, ob er wohl ins Team passt.

In Merkblatt 6 finden Sie einige Grundsätze zur Gestaltung eines Probearbeitstages.

Merkblatt 6
Gestaltung eines Probearbeitstages

		✔
(1)	Versuchen Sie nicht, am Probearbeitstag eine „heile Welt" darstellen zu wollen. Der Bewerber sollte ein realistisches Bild der Arbeitssituation erhalten.	❐
(2)	Stellen Sie sicher, dass der Bewerber zumindest kleinere Aufgaben auch selbst bearbeiten kann oder stellen Sie ihm Aufgaben, die für seinen Arbeitsplatz typisch wären. So haben Sie die Möglichkeit, sein Arbeitsverhalten zu erleben. (Sie merken, wir sind wieder ganz nah beim AC, allerdings in der wirklichen Arbeitsumgebung).	❐
(3)	Bitten Sie Ihre Mitarbeiter, auch deren Eindrücke von dem Kandidaten wiederzugeben.	❐
(4)	Sprechen Sie mit dem Bewerber über seine Eindrücke. Der Blickwinkel eines Externen kann Ihnen auch wichtige Erkenntnisse über Ihr Unternehmen bringen.	❐
(5)	Wenn Sie nach dem Probearbeitstag zu der Erkenntnis kommen, dass der Bewerber nicht passt, so nennen Sie ihm möglichst detailliert die Gründe. Dies bietet ihm Ansatzpunkte für eine mögliche Verhaltensänderung bzw. einen vorhandenen Qualifizierungsbedarf. Das ist nur fair, schließlich hat er einen Tag Freizeit investiert, da darf er ein Feedback erwarten.	❐

3.7 Spezielle Auswahlinstrumente bei internen Bewerbern

Wenn Sie innerhalb Ihrer Organisation Kandidaten haben, die sich für die vakante Position interessieren, so können Sie auf eine wesentlich fundiertere Informationsbasis zurückgreifen, als dies bei externen Kandidaten der Fall ist. Hierüber haben wir im Kapitel Rekrutierungswege bereits ausführlich gesprochen. Am einfachsten ist es natürlich, wenn Sie den Bewerber aus der direkten Zusammenarbeit bereits kennen: als früheren Kollege oder Mitarbeiter, als Teammitglied in einem gemeinsamen Projekt oder als (internen) Kunden oder Lieferant. Auch wenn Sie den Bewerber nicht selbst kennen, bieten sich zahlreiche Möglichkeiten der Informationsgewinnung:

a) Personalakte

b) Vorgesetztenbefragung

c) Kollegenbefragung

d) Arbeitsergebnisse

e) Kommissarische Übertragung der Aufgabe

f) Audits

a) Personalakte

In der Personalakte sind alle wesentlichen arbeitsbezogenen Informationen des Bewerbers enthalten:

- Bewerbungsunterlagen
- Personalfragebogen bzw. persönliche Daten
- Leistungsbeurteilungen ggfs. AC-Ergebnisse oder Potenzialerhebungen
- Entwicklung im Unternehmen (Ausgeübte Positionen, Gehaltsentwicklung)

Die Lektüre der Personalakte gibt Ihnen in der Regel einen guten Einblick in die firmeninterne Entwicklung des Mitarbeiters. Die Personalakte enthält auch Abmahnungen, sofern diese nicht zwischenzeitlich wieder entfernt wurden. Hierauf haben Mitarbeiter einen Anspruch spätestens zweieinhalb Jahren nach dessen Eintrag.

In Checkliste 12 finden Sie ein paar Fragen, die Sie sich bei der Durchsicht der Personalakte stellen sollten.

Checkliste 12
Durchsicht der Personalakte

		ja	nein
(1)	Welches Erfahrungsspektrum konnte sich der Mitarbeiter während der Betriebszugehörigkeit aneignen? ____________________ ____________________		
(2)	Gibt es hierbei Ansatzpunkte oder wichtige Erfahrungswerte für die angestrebte Tätigkeit?	❒	❒
(3)	Welche Vorgesetzten und Kollegen hatte er? ____________________ ____________________		
(4)	Wie waren seine Beurteilungen? Wo liegen seine Stärken/ Schwächen? ____________________ ____________________		
(5)	Lässt sich aus den Beurteilungen eine gewisse Tendenz oder Entwicklung ablesen?	❒	❒
(6)	Hat sich der Mitarbeiter weiter qualifiziert und konnte er während seiner bisherigen Mitarbeit im Unternehmen höherwertige Aufgaben mit mehr Verantwortung übernehmen?	❒	❒
(7)	Welche Erfolge kann der Mitarbeiter für sich verbuchen? ____________________ ____________________		
(8)	Gibt es kritische Verhaltensweisen, die zu Abmahnungen oder Ermahnungen geführt haben?	❒	❒
(9)	Besitzt der Mitarbeiter Auslandserfahrung?	❒	❒

b) Vorgesetztenbefragung

Ein Gespräch mit dem derzeitigen oder auch früheren Vorgesetzten des Mitarbeiters kann eine sehr aufschlussreiche Informationsquelle sein. Die Wahrscheinlichkeit, dass Sie eine wahrheitsgemäße Aussage erhalten ist sehr hoch im Vergleich zu Aussagen von Vorgesetzten in Drittunternehmen, bei denen der Mitarbeiter beschäftigt war. Warum? Innerhalb des Unternehmens herrscht in der Regel ein höheres Vertrauensklima. Eine solche Anfrage hat auch keinen offiziellen Charakter wie bei einer Anfrage in einem Fremdbetrieb, sondern ist eher „eine Gefälligkeit unter Kollegen".

Tipp

Lassen Sie sich von den (ehemaligen) Vorgesetzten konkrete Situationen schildern und die Verhaltensweise des Mitarbeiter, die er dabei gezeigt hat. Dies hilft Ihnen, sich ein eigenes Bild davon zu machen, wie Sie diese Verhaltensweise in dem genannten Kontext beurteilen.

Seien Sie auch darauf gefasst, dass der derzeitige Vorgesetzte häufig kein Interesse daran hat, dass ein guter Mitarbeiter in einen anderen Bereich wechselt. So kann es passieren, dass das Urteil über den Mitarbeiter eher mäßig ausfällt, aus der Sorge heraus, dass eine zu gute Bewertung die Wechselwahrscheinlichkeit deutlich vergrößern würde. Umgekehrtes gilt natürlich auch, dass eher schwache Mitarbeiter „weggelobt" werden sollen. Es gilt also, mehrere Personen zu befragen, damit Sie schließlich wie bei einem Mosaik ein ganzheitliches Bild der Person erhalten.

c) Kollegenbefragung

Die Befragung von Kollegen kann weiteren Aufschluss über die betreffende Person geben. Aber Vorsicht: Wenn Sie die Kollegen des Kandidaten nicht persönlich kennen, sollten Sie hier sehr behutsam vorgehen. Leicht kann sonst der Eindruck entstehen, dass Sie etwas über den Kollegen „ausspionieren" wollen. Besonders wenn der Mitarbeiter und seine Kollegen eine eingeschworene Gemeinschaft darstellen und diese Ihre Anfrage dem Kandidaten weitererzählen, kann es schon im Vorfeld zu Spannungen kommen, die das Klima für ein sich anschließendes Vorstellungsgespräch verschlechtern.

d) Arbeitsergebnisse

Aus der Personalakte, aber auch aus Gesprächen mit Vorgesetzten können Sie sich ein Bild der konkreten Arbeitsaufgaben des Mitarbeiters machen. Warum schauen Sie sich nicht die Früchte seiner Arbeit einfach mal näher an?

- Wie sieht das Ergebnis des Projektes aus, das er geleitet hat?
- Wie hat sich der Umsatz des von ihm betreuten Kunden entwickelt?
- Konnte er als Werkstattleiter die Durchlaufzeit der Produkte reduzieren?
- Gelang es ihm als Produktmanager sein Produkt erfolgreich in den Markt einführen?

Viele dieser „Leistungen" sind objektiv messbar und für Sie als „Internen" auch problemlos in Erfahrung zu bringen.

e) Kommissarische Übertragung der Aufgabe

Auch die Möglichkeit, dem Mitarbeiter die Aufgabe zunächst kommissarisch zu übertragen, sollten Sie bei einer internen Besetzung in Ihre Überlegungen mit einbeziehen. Dies ist sicherlich am einfachsten, wenn der Mitarbeiter bereits in Ihrem Bereich arbeitet. Wenn er aus einer anderen Abteilung kommt, bedarf dies natürlich der Abstimmung mit dem derzeitigen Vorgesetzten. Vielleicht kann der Mitarbeiter zunächst abgeordnet werden und verbleibt formal im alten Bereich? Wenn es sich um einen Mitarbeiter handelt, der in einer anderen Abteilung im Rahmen der Personalreduzierung „abgebaut" werden musste, besteht häufig auch die Möglichkeit, dass er auf einer so genannten „Strukturkostenstelle" bei der Personalabteilung zunächst bleibt, bei Ihnen aber im Bereich bereits arbeiten kann. So werden Ihnen noch nicht einmal die Kosten in dieser Zeit belastet, was Ihrem Budget gut tut. Hier gibt es eine Vielzahl von Varianten, die möglich sind.

Tipp

Sollte sich herausstellen, dass der Mitarbeiter für die von Ihnen zu besetzende Aufgabe nicht geeignet ist und Sie keinen dauerhaften Einsatz auf dieser Position mit ihm planen, versuchen Sie möglichst ohne Gesichtsverlust für den Mitarbeiter einen „Rückzug" zu planen.

f) Audits

Der Begriff Audit ist den meisten von Ihnen wohl aus dem Bereich der Qualitätssicherung und der Zertifizierung bekannt. Mit dem Audit wird eine IST-Aufnahme eines Systems oder Prozesses vorgenommen und dessen Stärken bzw. Schwächen identifiziert. Management Audits haben sich seit Mitte der 80er-Jahre im Zusammenhang mit Merger und Akquisitionen entwickelt, um den Faktor „Management-Kompetenz" also das Wissen, die Erfahrung und das Potenzial der Führungskräfte eines Unternehmens bei der Ermittlung eines marktgerechten Kaufpreises angemessen berücksichtigen zu können. Bei diesem Ansatz geht es also in erster Linie um die gesamtheitliche Bewertung des Managements.

Im Rahmen der Personalauswahl und -entwicklung wird das Management-Audit gezielt zur

- Potenzialerhebung (Was steckt in dem Mitarbeiter, kann er aufgrund seiner Persönlichkeit, seiner Fähigkeiten und Erfahrungen mittelfristig auch eine Position mit mehr Verantwortung übernehmen?) und zur
- Besetzung vakanter Positionen mit Mitarbeitern aus dem Unternehmen

genutzt. Aufgrund des hohen Aufwands findet es in der Regel nur Einsatz im mittleren und oberen Management.

Wie läuft ein Management-Audit ab?

In der Regel wird ein Management-Audit von externen Beratern gesteuert. Teilweise sind unternehmensinterne Experten aus dem Bereich der Personalentwicklung zusammen mit externen Beratern in Zweierteams tätig. Die Methodik ist ein gesprächsorientierter Ansatz. Die Berater führen zunächst mit den identifizierten Kandidaten Interviews, um daraus eine Informationsbasis über deren Qualifikations- und Erfahrungsprofil sowie deren Selbsteinschätzung zu erhalten. Dabei werden anhand bisheriger Aufgaben und Erfolge personenspezifische Verhaltensparameter ermittelt. Im Rahmen einer so genannten 360-Grad-Beurteilung holen die Berater ergänzend die Meinung aus dem Kreis der Mitarbeiter, der Kollegen, der Vorgesetzten sowie der internen Kunden über den Kandidaten ein, mit dem Ziel, ein abgerundetes Gesamtbild der Führungskraft entwickeln zu können. Im Rahmen der Personalentwicklung bieten sich nun Ansatzpunkte für gezielte Maßnahmen, sofern Defizite identifiziert wurden. Geht es konkret um eine Stellenbesetzung, können die gewonnenen Kandidatenprofile mit dem Anforderungsprofil der vakanten Position abgeglichen und damit die Besetzungsentscheidung unterstützt werden.

Wichtig bei diesem Prozess ist eine klare Informationspolitik gegenüber allen Beteiligten und wie beim Assessment Center ein fundiertes Feedback für die betroffene Führungskraft.

Tipp

Das Management-Audit sollte immer als Personalentwicklungsinstrument im Unternehmen positioniert werden. Wenn es den Beigeschmack erhält, als vorbereitende Maßnahme für den Rauswurf von Führungskräften benutzt zu werden, wird seine Akzeptanz deutlich sinken.

4 Einstellinterview

Das Einstellinterview stellt nach wie vor das entscheidende Auswahlinstrument bei der Mitarbeiterrekrutierung dar. Deshalb widmen wir diesem auch ein gesondertes Kapitel.

4.1 Ziele und Erwartungen der Unternehmensvertreter

Mit dem Einstellinterview werden die folgenden Ziele verfolgt:

a) Einen persönlichen Eindruck der Person gewinnen

b) Klärungsmöglichkeit für offene Fragen aus den Unterlagen

c) Belege für bestimmte Qualifikationen und Leistungen

d) Aussagen über die Leistungsbereitschaft und das Potenzial eines Kandidaten

e) Bauchgefühl, ob die Chemie stimmt

f) Reduzierung des Risikos bei der Einstellentscheidung

g) Schaffung einer gemeinsamen Basis für einen Vertragsabschluss

h) Darstellung des Unternehmens (Ziele, Unternehmensphilosophie, -struktur, Produkte und Märkte)

a) Persönlicher Eindruck der Person

Vorstellungsgespräche haben als zentrales Ziel, Ihnen die Möglichkeit zu geben, den Kandidaten persönlich kennen zu lernen. Sie möchten sich einen Eindruck davon machen, wie er auftritt, wie er spricht, wie er argumentiert und wie er sich allgemein gibt. Schließlich wird der Kandidat, wenn es zu einem Vertragsabschluss kommt, ja Ihr Unternehmen repräsentieren. Da spielt seine persönliche Erscheinung und der Eindruck, den er hinterlässt, eine wichtige Rolle, ganz besonders dann, wenn die Position zahlreiche Außenkontakte beinhaltet.

b) Klärungsmöglichkeit für offene Fragen aus den Unterlagen

Im Rahmen der Vorselektion haben Sie sich bereits mit dem Kandidaten beschäftigt. Häufig geschieht dies auf der Grundlage seiner Bewerbungsunterlagen. Viele Informationen sind für einen Außenstehenden zunächst nicht verständlich oder bedürfen der Erläuterung. Ein wichtiger Punkt ist dabei die Erläuterung von Lücken im Lebenslauf. Wichtiger als die reinen Fakten, also „was" ein Kandidat gemacht hat, ist „warum" und „wie" er etwas gemacht hat. Das Vorstellungsgespräch bietet die Möglichkeit, Antworten auf diese Fragen zu erhalten.

c) Belege für bestimmte Qualifikationen und Leistungen

Das, was der Bewerber vielleicht als Vorschusslorbeeren aus Empfehlungen oder in Form seiner Bewerbungsunterlagen an Qualifikationen vorgibt, möchten Sie im Rahmen des Vorstellungsgespräches hinterfragen. Sie suchen nach überzeugenden Belegen, dass der Bewerber das auch halten kann, was er verspricht. Das Vorstellungsgespräch soll also auch dazu dienen, mehr Sicherheit zu bekommen, dass Sie sich auf die Angaben auch verlassen können. Dies ist wiederum die Grundlage, um ein realistisches Bewerberprofil zu gewinnen, das Sie dem Anforderungsprofil der zu besetzenden Stelle gegenüberstellen können.

d) Aussagen über die Leistungsbereitschaft und das Potenzial eines Kandidaten

Kenntnisse und Fähigkeiten sind schön und gut. Aber was nützt Ihnen der bestqualifizierte Kandidat, wenn er nicht bereit ist, seine Fähigkeiten auch zum Wohle Ihres Unternehmens einzubringen und Ihnen sein ganzes Leistungspotenzial zur Verfügung zu stellen? Sie wollen also im Vorstellungsgespräch auch etwas darüber erfahren, wie es um die Motivation und die Leistungsbereitschaft des Bewerbers steht und ob er „das Zeug dazu hat“, mittelfristig auch weiterführende Aufgaben zu übernehmen. Hierzu zählt auch, ob er sich im Vorfeld des Gespräches mit Ihrem Unternehmen schon beschäftigt hat.

e) Bauchgefühl, ob die Chemie stimmt

Das Vorstellungsgespräch soll Ihnen aber auch einen Eindruck davon verschaffen, ob der Bewerber und Sie zusammenpassen. Ob Sie die gleiche „Wellenlänge“ haben, ob Sie miteinander klarkommen. Da spielt der Sympathiefaktor eine wichtige Rolle.

f) Reduzierung des Risikos bei der Einstellentscheidung

Erst die Probezeit, in der der neue Mitarbeiter in der realen Arbeitsumgebung sein Können unter Beweis stellt, wird endgültig zeigen, ob die Einstellentscheidung gut war. Sie werden nie erfahren, ob die Kandidaten, die Sie nicht zum Zuge haben kommen lassen, nicht zu Top-Mitarbeitern geworden wären. Das Risiko einer echten Fehlentscheidung für einen Kandidaten, der die Erwartungen in keiner Weise erfüllen kann, möchten Sie in jedem Fall durch das Einstellinterview reduzieren.

g) Schaffung einer gemeinsamen Basis für einen Vertragsabschluss

Das Einstellinterview dient ferner dazu, die Grundlagen für eine vertragliche Vereinbarung zu schaffen. Schließlich treffen zwei gleichberechtigte Partner die freiwillige Entscheidung zusammenarbeiten zu wollen oder auch nicht. Das sollten auch Sie als Unternehmensvertreter nie aus den Augen verlieren.

Die Gehaltsfindung, die konkrete Ausgestaltung der Position und der Eintrittszeitpunkt sind nur einige der Punkte, die dabei zu klären sind.

h) Darstellung des Unternehmens

Die bisher aufgeführten Punkte haben sich alle an Ihrem Informationsbedürfnis orientiert. Die Teilnahme an vielen Vorstellungsgesprächen zeigt aber, dass Unternehmensvertreter auch ein Mitteilungsbedürfnis haben. Sie wollen Ihr Unternehmen vorstellen, die Ziele, die Sie verfolgen und Ihre Produkte, auf die Sie stolz sind. Schließlich ist das Führen von Vorstellungsgesprächen auch immer eine Personalmarketingmaßnahme, da jeder Bewerber aus dem Gespräch ein bestimmtes Bild über das Unternehmen mitnimmt. Das Mitteilungsbedürfnis ist nicht zuletzt auch darin begründet, dass Sie als Unternehmensvertreter insbesondere gegenüber sehr guten Kandidaten auch die Notwendigkeit haben, sie von Ihrem Jobangebot zu überzeugen. Dies gelingt nur, wenn Sie die notwendigen Informationen und Argumente auch vermitteln.

4.2 Ziele und Erwartungen des Bewerbers

Wir haben bereits im Kapitel 1.5 ganz zu Beginn des Buches sehr allgemein über die gegenseitigen Erwartungen von Unternehmensvertretern und Bewerbern gesprochen. Beim Thema Vorstellungsgespräch lohnt sich abermals ein Perspektivenwechsel, um sich bewusst zu machen, dass auch der Bewerber bestimmte Ziele und Erwartungen mit dem Gespräch verbindet.

- Kennenlernen der Gesprächspartner (potenzieller Fachvorgesetzter, Vertreter der Personalabteilung)
- Informationen über das Unternehmen und seine Entwicklung
- Konkrete Informationen über die Anforderungen der zu besetzenden Stelle
- Darstellung des Arbeitsumfeldes (Kollegen) und ggfs. Besichtigung des Arbeitsplatzes
- Schilderung der eigenen Erwartungen im Hinblick auf die Stelle sowie im Hinblick auf die Zusammenarbeit mit Vorgesetzten und Kollegen.
- Möglichkeit zur Präsentation der eigenen Fähigkeiten
- Entwicklungsmöglichkeiten im Unternehmen
- Beantwortung eigener offener Fragen
- Informationen zu Gehaltsstruktur, Sozialleistungen und Weiterbildungsmöglichkeiten im Unternehmen

Die Aufstellung zeigt, dass auch Bewerber zum einen das Bedürfnis haben, Informationen zu bekommen, aber auch die Möglichkeit zu erhalten, sich und ihre Qualifikation darzustellen.

Im folgenden Praxis-Statement schildert Viktoria Weigel, Diplom-Designerin (FH), aus Bewerbersicht ihre Erfahrungen und Erwartungen im Zusammenhang mit einem Vorstellungsgespräch:

Praxis-Statement:
Erwartungen einer Bewerberin

von Viktoria Weigel, Dipl. Des. (FH) Kommunikationsdesign

Was wünsche ich mir als Bewerber in einem Vorstellungsgespräch?

- Pünktlichkeit: die Wartezeit sollte maximal 15 Minuten betragen;
- aufmerksame und höfliche Behandlung, d. h. unter anderem richtige Anrede;
- Bereitstellen von ein/zwei Getränken, wählbar mindestens zwischen Wasser und Kaffee;
- gleichwertige Gesprächsführung;
- Gespräch an einem möglichst neutralem Ort führen, wie Besprechungszimmer;
- Möglichkeit, ein ungestörtes Gespräch zu führen; Störfaktoren sind eingehende Telefonate und hereinplatzende Mitarbeiter;
- maximal drei firmeninterne Gesprächspartner;
- ist das Gespräch zeitlich begrenzt, im Vorfeld darauf hinweisen, gegebenenfalls einen neuen Termin vereinbaren;
- Hinweis, bis wann ich als Bewerber mit einer Antwort nach dem Vorstellungsgespräch rechnen darf;
- finanzielle und vertragliche Punkte ansprechen;
- bei Gefallen, wenn möglich, den Vertragsentwurf dem Bewerber mitgeben;

Welche Informationen möchte ich über die Firma und meinen zukünftigen Arbeitsplatz erfahren?

- Vorstellen der Firma, ihrer Struktur und Unternehmenskultur;
- Rundgang durch die Örtlichkeit, beinhaltet das Sichten des zukünftigen Arbeitsplatzes;
- Vorstellen von zukünftigen Mitarbeitern und Vorgesetzten;
- Vorstellen von bereits abgeschlossenen Arbeiten und Projekten;
- Gesamtüberblick des Tätigkeitsfeldes aufzeigen (Erklärung und Erläuterung des Arbeitsfeldes);
- Erläuterung der Erwartungshaltung und des genauen Anforderungsprofils an mich als zukünftigen Mitarbeiter;
- Aufzeigen, welche Ziele man gemeinsam erreichen möchte, gemeinsame Zukunftsperspektiven.

Gewinne ich als (erfolgreicher) Bewerber im Vorstellungsgespräch einen positiven Eindruck von der Firma, wird sich das von vornherein in der Haltung zum Unternehmen, wie Motivation und Arbeit positiv auswirken.

4.3 Vorbereitung des Interviews

Die Qualität des Gespräches wird in hohem Maße dadurch geprägt, wie intensiv dessen Vorbereitung erfolgte. In der Regel bewegen sich Interviews in einem Zeitrahmen von 45 bis 90 Minuten. Um diese Zeitspanne intensiv und effizient für alle Beteiligten nutzen zu können, sollten Sie sich im Vorfeld über die folgenden Punkte Gedanken machen:

a) Organisatorische Planung

b) Persönliche Vorbereitung

c) Inhaltliche Gestaltung

d) Aufgabenteilung zwischen Fachbereich und Personalabteilung

a) Organisatorische Planung

Der Bewerber steht vor der Tür, und nichts ist organisiert? Keine Getränke verfügbar? Die Bewerbungsunterlagen liegen irgendwo auf einem Stapel und die Firmenbroschüren, die Sie übergeben wollen, sind auch noch nicht bereitgelegt? Damit Ihnen das nicht passiert, empfiehlt sich im Vorfeld des Gespräches eine sorgfältige Planung des Ablaufs (Checkliste 13). Dies hilft nicht nur Ihnen, sich auf Ihre inhaltlichen Ziele zu konzentrieren, sondern vermittelt auch dem Bewerber Professionalität.

Checkliste 13
Gesprächsplanung

		ja	nein
(1)	Wer wird von Seiten des Unternehmens an dem Gespräch teilnehmen? ____		
(2)	Wo wird das Gespräch stattfinden? ____		
(3)	Wer kümmert sich um die Raumreservierung, Getränkebestellung, Abholung des Bewerbers im Foyer? ____		
(4)	Wer stellt Unterlagen (Organigramm/Stellenbeschreibung/ Firmenbroschüren) für das Gespräch zusammen? ____		
(5)	Gibt es ein gemeinsames oder getrennte Gespräche mit Fach- und Personalbereich? ____		
(6)	Wie sieht die Abstimmung zwischen Fach-/Personalbereich über den Gesprächsablauf und die jeweiligen Gesprächsschwerpunkte aus? ____		
(7)	Welche Kriterien werden vom Personal-/Fachbereich hinterfragt? ____		
(8)	Soll der nächst höhere Vorgesetzte im Auswahlprozess beteiligt werden?	❐	❐
(9)	Wer macht Aussagen zu Gehalt und Nebenleistungen? ____		
(10)	Wird die Auswahlentscheidung auf der Grundlage eines Gesprächstermins erfolgen oder ist eine zweite Auswahlrunde vorgesehen, bei der nur der engste Kreis der Kandidaten nochmals eingeladen wird?	❐	❐
(11)	Ist vorgesehen, dass die Bewerber den Arbeitsplatz besichtigen können?	❐	❐
(12)	Soll den Kandidaten die Möglichkeit geboten werden mit potenziellen Kollegen zu sprechen?	❐	❐

Wenn Sie von Ihrer Seite aus die organisatorische Planung stehen haben, ist es einen Gedanken wert, auch den Bewerber über das Prozedere zu informieren. Bewerber haben das Bedürfnis, möglichst schon im Vorfeld zu erfahren, wer mit ihnen sprechen wird und wie der Ablauf des Gespräches sein wird. Geben Sie deshalb dem Bewerber in der Einladung bereits einen Eindruck davon, was ihn erwarten wird.

- Wer sind die unternehmensseitigen Gesprächspartner?
- Bei wem soll sich der Bewerber melden?
- Welchen Zeitrahmen wird das Gespräch haben?
- Wird es getrennte Gespräche mit verschiedenen Unternehmensvertretern geben?
- Ist ein Firmenrundgang oder eine Besichtigung des Arbeitsplatzes geplant?

Mit diesen Informationen geben Sie dem Bewerber Sicherheit. Und Sie schenken ihm noch etwas: Vertrauen und Fairness. Indem Sie ihm im Vorfeld die Rahmenbedingungen des Gespräches nennen, schaffen Sie quasi „Waffengleichheit", eine wichtige Voraussetzung für eine partnerschaftlich geprägte Gesprächsatmosphäre.

b) Persönliche Vorbereitung

Sicherlich haben Sie über das Anforderungsprofil bereits die Kriterien, die für Sie wichtig sind, definiert. Im Rahmen der Gesprächsplanung heißt es nun festzulegen, wie Sie vorgehen wollen, um eine solide Informationsbasis für beide Gesprächspartner schaffen zu können. Dies macht es notwendig, dass Sie sich zunächst mit den vorliegenden Bewerberunterlagen nochmals eingehend beschäftigen und sich offene Punkte oder Unstimmigkeiten bewusst machen.

Nachfolgend ein paar Fragen, die im Zusammenhang mit der nochmaligen Sichtung der Bewerbungsunterlagen bei der Gesprächsvorbereitung wichtig sind:

- Sind die Angaben im Lebenslauf lückenlos?
- Wo sind Unstimmigkeiten in der Argumentation?
- Welche Angaben zu entscheidungsrelevanten Kriterien fehlen (Gehaltsvorstellung, frühester Eintrittstermin, Qualität der geforderten Kenntnisse ...)?
- Wo sind Schwächen/Defizite zu vermuten, die im Gespräch hinterfragt werden müssen?
- Fehlen Zeugnisse und Belege?

Bewerber berichten immer wieder, dass sich Unternehmensvertreter die Bewerbungsunterlagen das erste Mal während des Vorstellungsgespräches ansehen. Da entsteht Frust und es zeugt nicht von einer professionellen Arbeitsweise.

Zur persönlichen Vorbereitung gehört auch, dass Sie sich genügend Zeit einplanen und sich im Vorfeld Gedanken darüber machen, wie Sie als Unternehmensvertreter auftreten und argumentieren. Ihr Verhalten im Vorstellungsgespräch wird das Unternehmensbild des Kandidaten prägen. Dies bedeutet auch, dass Ihre eigene Motivation und Begeisterung, wie Sie Ihre Arbeit und Ihr Arbeitsumfeld beschreiben, dem Bewerber vermittelt, ob die häufig in Hochglanzbroschüren niedergelegte Unternehmenskultur und die Werte auch tatsächlich gelebt werden. Wenn man spürt, dass Sie gerne in dem Unternehmen arbeiten, wird dies den Kandidaten mehr überzeugen als noch so edel aufbereitete schriftliche Unterlagen. Gewinnt ein Kandidat dagegen den Eindruck, dass der Umgangston der Firmenvertreter untereinander eher unfreundlich ist und die agierenden Personen wenig eigene Identifikation und Begeisterung für das Unternehmen erkennen lassen, sind dies wichtige Signale, die häufig unbewusst dem Kandidaten gesendet werden. Seien Sie sich deshalb Ihrer persönlichen Verantwortung bewusst.

Haben Sie sich auch Gedanken gemacht, wie Sie während des Gespräches die Informationen sammeln wollen? Alles im Kopf behalten? Notizen machen?

Es hat sich bewährt, zumindest stichwortartig die wesentlichen Bewerberaussagen mitzuschreiben. So haben Sie einige Anhaltspunkte für die spätere Gesprächsauswertung. Aber achten Sie darauf, dass Sie sich nicht mehr mit Ihrem Aufschreiben als mit dem Bewerber beschäftigen. Wenn Sie mit einem weiteren Unternehmensvertreter das Gespräch führen, sollten Sie im Vorfeld klären, wer wann mitschreibt.

c) Inhaltliche Gestaltung

Bei der inhaltlichen Vorbereitung geht es darum die wesentlichen Gesprächsinhalte zu definieren und zu planen, wie Sie den Gesprächsverlauf gestalten wollen.

- Möchten Sie nach einem streng vorgegebenen Interviewleitfaden vorgehen?
- Soll das Gespräch mit einem halb strukturierten Leitfaden oder in ganz offener Form geführt werden?
- Möchten Sie weitere Elemente z. B. Präsentationen, Fallstudien oder eine Firmenbesichtigung mit aufnehmen?

Sie wissen nicht, was ein halb strukturierter Leitfaden ist? Keine Sorge, wir werden im Kapitel Gesprächsformen (4.5) noch näher auf die obigen Punkte eingehen.

Tipp

Sofern der Kandidat separate Gespräche mit mehreren Unternehmensvertretern führen soll, sollte im Vorfeld geklärt werden, wer welche Gesprächsschwerpunkte abdecken wird.

Für einen Bewerber ist es nicht besonders angenehm und es zeugt auch nicht gerade von guter Koordination im Unternehmen, wenn ihm in allen Gesprächen immer wieder die gleichen Fragen gestellt werden. Gleiches gilt auch für die Informationen, die Sie von Firmenseite bereitstellen. Möchten Sie dreimal die Firmenhistorie hören?

d) Aufgabenteilung zwischen Fachbereich und Personalabteilung

Sofern Sie in einem Unternehmen arbeiten, das eine Personalabteilung besitzt, ist das Thema Aufgabenteilung in jedem Fall bei der Planung zu berücksichtigen. Die Rolle, die die Personalabteilung im Rahmen der Rekrutierung einnimmt, ist von Unternehmen zu Unternehmen sehr unterschiedlichen. Teilweise obliegt der Personalabteilung ausschließlich die gesamte administrative Abwicklung, wie Bewerberkorrespondenz, Reisekostenabrechnung, ggfs. Vertragsausfertigung und Einholung der Betriebsratszustimmung. In anderen Unternehmen kommt der Personalabteilung die zentrale Bedeutung der Bewerberauswahl zu und der Fachbereich kann nur noch zwischen zwei oder drei Bewerbern entscheiden, die seitens der Personalabteilung vorselektiert sind.

Es hat sich bei der Rekrutierung von Mitarbeitern bewährt, das Vier-Augen-Prinzip einzusetzen. Das heißt, dass zumindest zwei Unternehmensvertreter an der Auswahl beteiligt sein sollten.

Wenn Sie in einem partnerschaftlichen Prozess gemeinsam mit der Personalabteilung die Einstellinterviews führen, bieten sich die in den Übersichten 9 und 10 aufgelisteten Fragen an.

Übersicht 9
Themenschwerpunkte Fachbereich

1 Fragen des Fachvorgesetzten

(1) Fachliche Qualifikation – In welchem Maße ist der Bewerber für die konkrete Position geeignet?

(2) Integrationsfähigkeit – Passt der Bewerber in das konkrete betriebliche Umfeld?

(3) Bisherige Aufgabenschwerpunkte

2 Fragen des Bewerbers

(1) Arbeitsplatzgestaltung

(2) Kollegen

(3) Einarbeitungsprogramm

(4) Arbeitsinhalte

Übersicht 10
Themenschwerpunkte Personalabteilung

1 Fragestellungen der Personalvertreter

(1) Erfüllt der Bewerber die Persönlichkeitsmerkmale für die Stelle?

(2) Ist anzunehmen, dass der Bewerber das Potenzial besitzt, in einigen Jahren eine weiterführende Aufgabe zu übernehmen?

(3) Lässt der Bewerber eine gewisse Offenheit und Vielseitigkeit erkennen, die es ihm ermöglicht, sich in neue Aufgabengebiete einzuarbeiten?

(4) Wird sich der Bewerber mit den Unternehmenszielen bzw. der Unternehmenskultur identifizieren können?

2 Fragestellungen des Bewerbers

(1) Aufbau und Struktur des Unternehmens

(2) Innerbetriebliche Personalentwicklung

(3) Vertragsgestaltung

Tipp

Berücksichtigen Sie bei Ihrer unternehmensseitigen Präsentation, ob ein Bewerber entsprechendes Informationsmaterial wie Imagebroschüre oder Geschäftsbericht im Vorfeld zugeschickt bekommen hat. Sie können dann mit Ihren Ausführungen in der Regel auf einem höheren Wissensniveau einsteigen.

Fazit

Machen Sie sich zum Abschluss des Kapitels Gesprächsvorbereitung bitte den folgenden Punkt nochmals bewusst:

Das Bild, das der Bewerber vom Unternehmen erhält, wird ferner durch Kriterien wie die Reaktionsgeschwindigkeit auf die eingegangene Bewerbung, die Art und Weise der Terminkoordination, die Bereitstellung von Informationen im Vorfeld und die Offenheit im Gespräch geprägt. Dies alles sind Eindrücke, die für den Bewerber entscheidungsrelevante Kriterien darstellen. Nicht selten haben gerade bei Spitzenkandidaten, die bei der Auswahl seitens des Unternehmens auf Platz 1 standen, solche Gründe dazu geführt, dass sie ein firmenseitiges Vertragsangebot abgelehnt haben.

Hierzu nochmals ein Praxis-Statement von Mathias Menner, der aus Bewerbersicht schon einmal zu Wort kam.

Praxis-Statement: **Erfahrungen eines Bewerbers**

von Mathias Menner

Eine Sache habe ich recht schnell gelernt: Wer Erfolg haben will, braucht einen langen Atem und viel Geduld. Selbst bei Anzeigen, in denen „schnellstmöglich" nach Mitarbeitern gesucht wird, verstreicht oft unnötig viel Zeit zwischen Erstkontakt und Folgegesprächen. Dies stellt für Bewerber eine psychische Belastung dar, die häufig überflüssigen Ärger verursacht. So habe ich mich beispielsweise gegen Ende meines Studiums bei einer Top-Adresse im deutschen Automobilbau beworben. Zu meinem großen Erstaunen sahen sich die Personalverantwortlichen nicht in der Lage, mir innerhalb angemessener Zeit ein Feedback zum aktuellen Bewerbungsstand zu geben. Erst sieben Monate nach Versand meiner Unterlagen wurde ich zu einem Vorstellungsgespräch eingeladen. Zu jener Zeit hatte ich längst woanders unterschrieben und gearbeitet. Da es sich aber um meinen Wunscharbeitgeber gehandelt hatte, war dies sehr bedauerlich.

Noch ein Wort zum Ablauf von Vorstellungsgesprächen: Was ich als Bewerber immer sehr geschätzt habe, war eine offene, ehrliche und realistische Tätigkeitsbeschreibung der vakanten Position, die auch die Schattenseiten nicht völlig unter den Tisch gekehrt hat. Das Unternehmen erscheint dadurch viel glaubwürdiger. Als positiv habe ich weiterhin empfunden, wenn sowohl Personal- als auch Fachabteilung anwesend waren. Bei einem französischen Automobilzulieferer erging es mir einmal so, dass die Fachvertreter erst später hinzugestoßen sind mit der Konsequenz, dass ich dasselbe in Grün nochmals schildern musste, was ich kurz zuvor ausführlich ihren Personalkollegen erläutert hatte. Als Bewerber läuft man dabei immer Gefahr, für den einen zu oberflächlich, für den anderen hingegen zu langatmig zu erzählen.

Ein fundiertes Feedback macht meines Erachtens auch nach Vorstellungsgesprächen einen Sinn. Viele Schreiben lassen mit ihren Standardfloskeln die wahren Gründe einer Absage leider nicht erkennen, so dass kein Lerneffekt möglich ist. Ich bin dazu übergegangen, im Einzelfall auch mal das Unternehmen zu kontaktieren, um eine Rückmeldung einzufordern. Leider besteht häufig wenig Auskunftsbereitschaft, und oft scheitert es auch schon daran, dass man gar nicht zum eigentlichen Entscheidungsträger durchkommt.

4.4 Gesprächsphasen

„Das“ Vorstellungsgespräch schlechthin gibt es sicherlich nicht. Jede Führungskraft hat aufgrund persönlicher Präferenzen und Erfahrungswerte einen sehr unterschiedlichen Angang, wie sie ein Vorstellungsgespräch führt. Und das ist auch gut so, denn auch in der späteren Zusammenarbeit wird der persönliche Stil entscheidenden Einfluss auf die Form der Zusammenarbeit haben. Dennoch gibt es in den meisten Unternehmen auf der Grundlage der Führungsphilosophie bestimmte Leitbilder, die das Verhalten der Führungskräfte und den Umgang miteinander zum Inhalt haben. Diese Mischung aus persönlichem Stil und firmenseitigem Leitbild bilden auch die Grundlage für das Einstellinterview. Demnach ist für den Bewerber die Art und Weise, wie das Einstellgespräch firmenseitig geführt wird, bereits ein wichtiger Hinweis auf dem Umgang miteinander im Unternehmen.

Lassen Sie sich bei aller Konformität kein stereotypes Schema für ein Vorstellungsgespräch überstülpen! Hier sollte durchaus eine gewisse Offenheit herrschen, nicht zuletzt, um zu vermeiden, dass das gesamte Gesprächsprozedere auf den Kandidaten den Eindruck einer „Standardabwicklung“ macht. Dennoch haben sich in der Praxis einige Gesprächsphasen herauskristallisiert, die nahezu in jedem Vorstellungsgespräch wiederzufinden sind.

Ein Interview geht in Abhängigkeit der Position, der Anzahl der vorgesehenen Gespräche und der unternehmensseitig beteiligten Personen in der Regel zwischen 45 und 90 Minuten. Wenn Sie die Notwendigkeit verspüren, sich wesentlich ausführlicher mit dem Kandidaten zu unterhalten, so scheuen Sie sich nicht, von diesem Regelwert abzuweichen. Sie müssen schließlich nachher mit dem Mitarbeiter, für den Sie sich entschieden haben, auch klarkommen. Da ist etwas „Extra-Einsatz“ gut investiert.

Dieser Abschnitt informiert über die wesentlichen Phasen. Der angegebene Zeitbedarf stellt nur eine Orientierungsgröße dar. Es hängt sehr stark von der jeweiligen Position und dem Bewerber ab, ob es hier zu Abweichungen kommen kann.

a) Warming-up	5 Minuten
b) Vorstellung des Bewerbers	5–10 Minuten
c) Präsentation des Unternehmens	10–15 Minuten
d) Vertiefungsphase	15–25 Minuten
e) Ergänzende Gesprächselemente (Tests, Präsentationen, Arbeitsplatzbesichtigung)	0–20 Minuten
f) Fragen des Bewerbers	5–10 Minuten
g) Gesprächsabschluss	5 Minuten

a) Warming-up

Dauer: ca. 5 Minuten

Spannung liegt in der Luft, wenn der Bewerber zur Tür herein kommt und Ihnen das erste Mal gegenüber steht. Bei den meisten Menschen entscheidet sich in nur wenigen Sekunden, ob Sympathie oder Abneigung den ersten Eindruck prägt. Und wie heiß es so schön: Für den ersten Eindruck gibt es keine zweite Chance. Das gilt wohlgemerkt gegenseitig. Das Fatale an der Sache ist: Der erste Eindruck wird den gesamten Verlauf des weiteren Vorstellungsgespräches beeinflussen, das heißt, Sie werden all das, was der Bewerber sagt oder tut, entweder mit einer „rosa Brille" betrachten oder eben mit der „grauen Brille" wahrnehmen, je nach dem, ob Sie ihm wohl gesonnen sind, oder er Sie z. B. an Ihren Nachbarn erinnert, mit dem Sie massive Spannungen haben. Natürlich können und sollen Sie sich um Objektivität bemühen, die Gesprächsführung mit einem Kollegen zusammen kann hierzu auch beitragen. Ganz nach objektiven Kriterien wird ein Vorstellungsgespräch jedoch nie ablaufen können.

Wodurch wird der erste Eindruck eigentlich beeinflusst?

- Erscheinungsbild
- Gesichtsausdruck
- Auftreten
- Stimme
- Händedruck
- Blickkontakt

Das sind die wesentlichen Faktoren, an denen wir uns orientieren.

Natürlich ist ein Bewerber sympathischer, der lächelnd auf Sie zukommt, Ihnen in die Augen schaut und einen festen Händedruck hat, als jemand, der Ihnen miesmuffig die Hand gibt und Sie dabei das Gefühl haben, als ob Sie einen „feuchten Waschlappen" anfassen.

Das sich anschließende „Warming-up" dient dazu, sich gegenseitig ein wenig näher zu „beschnuppern". Da die meisten Bewerber in den ersten Minuten aufgeregt sind – das ist auch nach mehreren Jahren Berufserfahrung noch ganz natürlich, denn schließlich handelt es sich bei einem Vorstellungsgespräch um eine Ausnahmesituation –, sollten Sie als Interviewer versuchen, die Gesprächsatmosphäre aufzulockern. Dies kann dadurch geschehen, dass Sie zunächst danach fragen, wie die Anreise war, oder ein belangloses Thema wie z. B. das Wetter ansprechen. Ziel des Gespräches ist es, ein realistisches Bild des Bewerbers zu erhalten. Je entspannter die Gesprächsatmosphäre ist, umso offener und natürlicher wird sich auch der Bewerber geben. Hierzu gehört auch, dem Bewerber etwas zu trinken anzubieten und das Gespräch nicht frontal am Schreibtisch, sondern an einem separaten Besprechungstisch oder in einer Sitzecke zu führen.

Tipp

Nennen Sie bei der Vorstellung nicht nur Ihren Namen, sondern auch Ihre Funktion im Unternehmen, damit der Bewerber Sie entsprechend zuordnen kann.

Nach dem „Warming-up“ scheiden sich bereits die Geister. Viele Interviewer beginnen nun damit, dem Kandidaten etwas über das Unternehmen zu erzählen. Bei den meisten Bewerbern ist diese Variante sehr beliebt, bietet sie doch die Möglichkeit, zunächst mal zuzuhören und nicht gleich selbst aktiv werden zu müssen.

Ich empfehle Ihnen jedoch, zunächst mit der Selbstpräsentation des Bewerbers zu beginnen und das aus einem ganz simplen Grund: Wenn Sie mit der Unternehmenspräsentation beginnen, nehmen Sie sich die Chance zu erfahren, inwieweit sich der Kandidat auf das Gespräch vorbereitet und sich über Ihr Unternehmen informiert hat.

Tipp

Lassen Sie zunächst den Bewerber starten!

b) Vorstellung des Bewerbers

Dauer: ca. 5–10 Minuten

„Erzählen Sie uns doch etwas über sich!“ Anhand der Beantwortung dieser so banal und offen formulierten Frage können Sie bereits viel über den Bewerber erfahren. Ich kenne im Wesentlichen fünf Antworttypen, die mir auf diese Frage immer wieder begegnen (Übersicht 11).

Diese kleine Typologie sollten Sie mit etwas Schmunzeln aufnehmen und den Eindruck, den Sie bei der Beantwortung dieser Frage bekommen, im weiteren Verlauf des Gespräches nochmals hinterfragen.

Die Selbstpräsentation des Bewerbers können Sie auch durch gezieltes Fragen auf bestimmte Punkte in seinem Werdegang lenken. Sofern der Bewerber nicht von alleine darauf kommt, seine Qualifikation für die zu besetzende Stelle herauszuarbeiten, sollten Sie ihn diesbezüglich direkt ansprechen. So können Sie feststellen, ob er im Vorfeld einen Abgleich seines Profils mit den ihm bekannten Anforderungskriterien der Stelle vorgenommen und sich über das Unternehmen informiert hat. Dies spiegelt auch seine Motivation im Hinblick auf die Bewerbung wider. Und schließlich bietet die Selbstpräsentation des Kandidaten Ihnen auch zahlreiche Ansatzpunkte, auf die Sie im weiteren Verlauf des Gespräches näher eingehen können.

Darauf sollten Sie bei der Selbstpräsentation besonders achten:

- Beschreibt der Bewerber bisherige Erfahrungen und wichtige Qualifikationen in Bezug auf die angestrebte Stelle?
- Gibt es in seinen Ausführungen einen roten Faden?
- Zeigt der Bewerber auf, inwiefern die angestrebte Position eine logische berufliche Weiterentwicklung für ihn ist?
- Liefert der Kandidat Gründe, warum Sie ihn einstellen sollten?

Übersicht 11
Antworttypen

Typ/Beschreibung	Bewertung
Der Einfallslose Er sieht den Interviewer ungläubig an und kann mit der Frage gar nichts anfangen. Häufig kommt dann die Bemerkung: „Ja, was gibt es denn über mich so zu sagen? – wieder Schweigen – und ein hilfloser Blick, der einen dann als Interviewer dazu veranlasst, dem Bewerber eine Hilfestellung zu geben und anhand des vorliegenden Lebenslaufes konkret einzusteigen.	Initiative und geistige Flexibilität ist von diesem Bewerber eher nicht zu erwarten. Er möchte lieber an die Hand genommen werden.
Der Unsichere Er reagiert auf die Frage mit einer Gegenfrage: Was wollen Sie denn genau wissen? Soll ich Ihnen meinen Lebenslauf nochmals erläutern?	Er lässt sich leicht verunsichern, möchte nichts falsch machen, und fragt deshalb lieber nochmals nach.
Der Biedere Er beginnt seinen Lebenslauf nochmals chronologisch zu erzählen.	Er hat sich alles gedanklich fein zurecht gelegt und seinen Lebenslauf auswendig gelernt. Den kann er nach Schema F einfach runterbeten. Er wird im Job den Blick für das Wesentliche nicht unbedingt haben und am liebsten anhand klarer Vorgaben Routinearbeiten ausführen.
Der Freizeittyp Er schildert in den schillerndsten Farben sein Privatleben, berichtet über die Familie und seine Hobbys.	Bei ihm besteht die Gefahr, dass für ihn das Privatleben eine klare Dominanz besitzt und sein berufliches Engagement eher begrenzt sein wird.
Der Souveräne Er steigt in der Gegenwart ein, schildert seine Kenntnisse und Fähigkeiten, die er für den zu besetzenden Job mitbringt, und liefert damit Argumente, warum man ihn einstellen soll.	Er hat den Blick für das Wesentliche, geht auf die Bedürfnisse des Interviewers ein und weiß um seine Qualifikation. Hier ist es nur wichtig, im weiteren Verlauf des Gespräches näher auf den Zahn zu fühlen, ob der Kandidat das, was der vorgibt, auch halten kann, oder ob es sich nur um einen geschickten Blender handelt.

c) Präsentation des Unternehmens

Dauer: ca. 10–15 Minuten

Das Vorstellungsgespräch sollte kein Verhör, sondern ein partnerschaftliches Geben und Nehmen zwischen Bewerber und Unternehmensvertreter darstellen. Schaffen Sie also keine Verhörsituation, sondern geben Sie auch dem Bewerber alle wichtigen Informationen über das Unternehmen und sein mögliches zukünftiges Arbeitsgebiet. Achten Sie darauf, ob der Bewerber Ihren Ausführungen einfach nur zuhört, oder qualifizierte Fragen hierzu stellt. Sehr positiv zu bewerten ist, wenn sich der Bewerber bereits im Vorfeld, sei es über den Geschäftsbericht, Firmenbroschüren oder einem Besuch der Homepage des Unternehmens wesentliche Informationen angelesen hat. Dies ermöglicht Ihnen, nicht „bei Adam und Eva" anfangen zu müssen, sondern auf einem höheren Niveau einsteigen zu können. Im Rahmen der Unternehmenspräsentation gilt es auch die zu besetzende Position näher zu beschreiben. Für den Bewerber ist es wichtig, die Stellenanforderungen und firmenseitigen Erwartungen sehr detailliert zu kennen, um diese mit seinen eigenen Vorstellungen und Fähigkeiten abgleichen zu können. Orientieren Sie sich bei der Unternehmenspräsentation auch an den Zielen und Erwartungen der Bewerber, die wir zu Beginn dieses Kapitels aufgelistet haben. Und noch ein Hinweis: Bewerber wissen es sehr zu schätzen, wenn Sie nicht nur als Unternehmensvertreter, sondern auch aus dem Blickwinkel eines Mitarbeiters berichten. Beschreiben Sie, was Ihnen gut an dem Unternehmen gefällt, wie Sie das Betriebsklima empfinden und was Sie hier hält. Je mehr Sie bereit sind, sich zu öffnen und persönliche Eindrücke preiszugeben, umso eher ist auch der Bewerber gewillt, dies zu tun. Wie gesagt, alles ist ein Geben und Nehmen.

Tipp

Erzählen Sie nicht nur über das Unternehmen, sondern nutzen Sie vorhandene Materialien wie Organigramme oder Broschüren, um etwas zu erläutern. Besonders einprägsam ist es für den Bewerber, wenn Sie z. B. am Flip-Chart die Bereichsstruktur für ihn aufzeichnen oder Ablaufstrukturen entwickeln.

d) Vertiefungsphase

Dauer: ca. 15–20 Minuten

Jetzt geht es in die Tiefe. Die Vertiefungsphase soll dazu dienen, offene Punkte und Unklarheiten anzusprechen sowie detaillierte Informationen zum Qualifikationsprofil des Bewerbers zu sammeln. Je zielgerichteter und intensiver der Informationsaustausch in dieser Phase erfolgt, umso fundierter kann eine Auswahlentscheidung auf der Grundlage des Interviews getroffen werden. Aus Sicht des Unternehmens sollten Sie versuchen, einen möglichst hohen Redeanteil des Bewerbers (circa 70 %) anzustreben.

Mögliche Fragestellungen sind:

- Gründe für Berufswahl oder Berufswechsel
- Motive für die Bewerbung
- Fachliche Schwerpunkte
- Erläuterung von Schwachstellen/Unstimmigkeiten in den Bewerbungsunterlagen
- Methodisches Vorgehen bei der Problembewältigung
- Persönliche Einstellung zu Arbeit, Erfolg, Leistung
- Mobilität
- Stärken und Schwächen
- Private Situation und Freizeitaktivitäten
- Zukunftspläne, Weiterbildungswille
- Gehaltswunsch
- Verfügbarkeit

Mit welchen Methoden es Ihnen am besten gelingt, die gewünschten Aussagen zu erhalten, werden wir im Kapitel Kommunikationstechniken behandeln. Alle diejenigen, die nicht warten wollen, können ja schon mal auf Seite 225 vorblättern.

Special:
Thema Gehalt

Wie Sie mit dem Thema Gehalt und Nebenleistungen umgehen, hängt davon ab, ob Sie die Einstellentscheidung auf der Grundlage eines Gesprächstermins treffen wollen oder ein Zweitgespräch vorsehen.

Bei der ersten Variante ist selbstverständlich im Rahmen des Vorstellungsgespräches bereits das Gehaltsthema zu klären. Es empfiehlt sich, den Bewerber zunächst nach seinen Gehaltsvorstellungen zu fragen. In der Regel wird er Ihnen eine nackte Zahl nennen. Hinterfragen Sie diese, indem Sie den Kandidaten bitten, kurz zu erläutern, wie er auf diese Größe kommt und welche Rahmenbedingungen er dabei zugrunde legt. So können Sie in Erfahrung bringen, ob er sich wirklich Gedanken zu seinem Marktwert gemacht hat oder ganz einfach auf der Basis seines bisherigen Gehaltes argumentiert. Fragen Sie ruhig auch nach, wie hoch sein bisheriges Gehalt war. Dies gibt Ihnen einen Hinweis, wie viel der Bewerber „on top" zu seinem bisherigen Gehalt haben möchte. 10 bis 20 % sind für einen guten Kandidaten, der sich beruflich weiterentwickeln will, als durchaus realistisch zu betrachten. Dies hängt aber sehr stark von der Marktsituation ab oder ob ein Ortswechsel mit dem neuen Job verbunden wäre. Aber Vorsicht: Aussagen zum bisherigen Gehalt sind von Ihnen nur dann überprüfbar, wenn Sie den Mitarbeiter während des Kalenderjahres einstellen, in dem er noch bei seinem bisherigen Arbeitgeber beschäftigt war. Dann erhalten Sie nämlich seine Lohnsteuerkarte, auf der das bisherige Einkommen eingetragen ist. Ansonsten müssen Sie sich einfach auf seine Angaben verlassen.

Im Zusammenhang mit dem Thema Gehalt sind letztendlich drei Situationen möglich:

(1) Der Bewerber möchte deutlich weniger Geld, als was Sie sich als Budget für die Position gesteckt haben.

(2) Seine Gehaltsvorstellungen und Ihre Vorstellungen decken sich weit gehend.

(3) Seine Gehaltsforderungen sind deutlich höher, als was Sie bezahlen wollen (oder können).

Zu 1) Sie sollten sich nicht gleich die Hände unter dem Tisch reiben und freuen, was für ein Schnäppchen Sie hier machen. Prüfen Sie lieber besonders kritisch, ob der Bewerber wirklich das, was Sie erwarten, auch bringen kann. Ist die Position nicht eine Nummer zu groß für ihn? Oder der Schritt in diese Verantwortung einfach noch zu früh? Natürlich kann es sein, dass sich der Kandidat in seinen bisherigen Positionen einfach unter Wert verkauft hat. Dies ist häufig dann der Fall, wenn ein Kandidat nach der Lehre im Ausbildungsbetrieb übernommen wurde und gehaltlich nie einen großen Sprung machen konnte. Das Gehaltsniveau hängt sicherlich auch von der Branche oder der Region ab, in der der Bewerber bisher gearbeitet hat. Aber auch Bewerber haben nichts zu verschenken, deshalb ist durchaus Vorsicht geboten. Auf Dauer werden Sie einen guten Mitarbeiter nicht halten können, wenn Sie ihm nicht ein marktgerechtes Gehalt bezahlen.

Zu 2) Gut, das scheint eine für beide Seiten vernünftige Basis zu sein. Hier geht es jetzt noch um gehaltliche Feinheiten, die zu klären sind, wie bestimmte Nebenleistungen, die nicht schon automatisch durch einen Tarifvertrag oder eine Betriebsvereinbarung vorgegeben sind. Es ist auch zu überlegen, ob nicht während der Probezeit ein etwas geringeres Gehalt bezahlt wird, das sich nach Ende der Probezeit dann entsprechend erhöht.

Zu 3) Schwierig stellt sich die Situation dar, wenn die gehaltlichen Vorstellungen des Bewerbers deutlich höher sind als Ihre. Bevor Sie in Gehaltsverhandlungen einsteigen, sollten Sie zunächst überlegen, ob Sie an dem Bewerber wirklich interessiert sind, sprich ob er dem Anforderungsprofil im Vergleich zu anderen Bewerbern in besonderer Weise entspricht. Wenn Sie diesen Vergleich während des Vorstellungsgespräches noch nicht vornehmen können, ist es empfehlenswert, das Thema zu vertagen und in diesem Fall doch noch einen zweiten Termin ins Auge zu fassen. So gewinnen Sie Zeit und können überlegen, wo tatsächlich Ihre Schmerzgrenze liegt und ob es echte Alternativen zu dem Kandidaten gibt. Nehmen Sie einfach seinen Gehaltswunsch zur Kenntnis und weisen Sie nur darauf hin, dass Sie das Thema nochmals separat behandeln möchten.

Wenn die Gehaltsvorstellungen zu weit auseinander liegen, wird es schwierig sein, auf einen gemeinsamen Nenner zu kommen. Wenn der Bewerber zu große Abstriche von seinen Gehaltsvorstellungen machen muss, um sich mit Ihnen einigen zu können, wird ihn das nicht gerade motivieren, mit voller Energie den neuen Job zu beginnen. Insbesondere wenn Sie in einem größeren Unternehmen arbeiten, sind Sie, was die Gehälter betrifft, recht festgelegt. Dies gilt besonders für Einstiegsgehälter von Hochschulabsolventen, die sich „nach Konzernvorgabe" in einer bestimmten Bandbreite bewegen müssen.

Wenn Sie von vorne herein einen zweiten Gesprächstermin beabsichtigen, ist es zwar empfehlenswert, den Bewerber im Erstgespräch bezüglich seiner Gehaltsvorstellungen zu befragen. Sie sollten das Thema dort aber nicht vertiefen, sondern erst im Zweitgespräch den endgültigen Gehaltsrahmen festziehen.

e) Ergänzende Gesprächselemente

Dauer: ca. 0–20 Minuten

Viele Einstellinterviews beschränken sich bei der Beurteilung von Qualifikationen auf ein nettes Plaudern, das ziemlich an der Oberfläche bleibt. Ziel des Einstellinterviews sollte es sein, dass Sie nicht nur die Vermutung, sondern handfeste Belege bekommen, dass der Bewerber bestimmte Qualifikationen besitzt und den gestellten Anforderungen gewachsen ist. Die Ursache für so manche Fehleinstellung lag in den unterschiedlichen Vorstellungen und Bewertungen, die Sie als Unternehmensvertreter und der Bewerber haben.

- Was sind für Sie gute PC-Kenntnisse?
- Was verstehen Sie unter einem souveränen, serviceorientierten Kundenumgang am Telefon?
- Welches Niveau haben gute Englischkenntnisse für Sie?
- Was verstehen Sie unter professionellen Präsentationsfähigkeiten?

Wenn Sie mehr darüber erfahren wollen, wie es tatsächlich um die Kenntnisse und Fähigkeiten eines Bewerbers aussieht, sollten Sie die Probe aufs Exempel machen.

Es muss nicht immer gleich ein komplettes Assessment Center sein, um einem Bewerber auf Herz und Nieren zu prüfen oder ganz einfach unterschiedliche Vorstellungen oder Bewertungsmaßstäbe abgleichen zu können. Auch das Einstellinterview bietet durchaus die Möglichkeit, kleine Übungen, Fallstudien oder Arbeitsproben einzubauen und damit „live" zu sehen, wie der Bewerber agiert. Diese Elemente besitzen nicht nur einen hohen Aussagewert, sie können das Gespräch auch auflockern und damit bereichern.

Tipp

Wenn Sie Praxisübungen in ein Einstellinterview einbauen möchten, sollten Sie den Bewerber immer vorab fragen, ob er dazu bereit ist.

Da sich der eine oder andere Bewerber durch die Aufforderung, sein Können unter Beweis zu stellen, überrumpelt fühlen mag, weil er dies im Vorstellungsgespräch nicht erwartet hat, ist es ein Gebot der Fairness, ihm die Entscheidungsfreiheit zu lassen, ob er dies tun möchte oder nicht. Sie können aber auch bereits bei der Einladung auf diesbezügliche Übungen hinweisen. Hier ein Formulierungsvorschlag:

Beispiel:

Da wir uns gerne ein konkretes Bild von Ihren Fähigkeiten machen möchten, beabsichtigen wir im Rahmen des Vorstellungsgespräches auch eine(n) kleine(n) ______________________ (Fallstudie, Fremdsprachenübung, MS-Word-Test ...) durchzuführen. Diese Übung erfordert von Ihrer Seite aus keine gezielte Vorbereitung, sie dient nur dazu, eine solide Entscheidungsbasis zu gewinnen.

Wichtig ist, dass Sie dem Bewerber vermitteln, dass es letztendlich im Interesse beider Seiten ist, dass sich die gegenseitigen Erwartungen und Fähigkeiten decken.

Ergänzende Elemente des Einstellinterviews finden Sie in Übersicht 12.

Sicherlich gibt es noch eine Reihe weiterer Möglichkeiten, um das klassische Vorstellungsgespräch zu ergänzen und damit zusätzliche Informationen zu gewinnen.

Tipp

Seien Sie ideenreich und orientieren Sie sich an den Anforderungen der Stelle.

Beispiel:

Gehen wir wieder von unserer Stelle des Back-Office-Mitarbeiters Vertrieb aus.

Hier würde eine Sprachprobe sicherlich sinnvoll sein, da ein großer Teil der Korrespondenz auf Englisch erfolgen muss. Auch eine Fallstudie mit einer typischen Fragestellung aus dem Vertriebsinnendienst wäre geeignet, um weitergehende Informationen über das Arbeitsverhalten des Bewerbers zu erhalten.

Übersicht 12
Ergänzende Elemente des Einstellinterviews

Fallstudie

Stellen Sie dem Bewerber eine Situation vor, die für die Position, auf die er sich bewirbt, realistisch ist. Sie können ihn nun bitten, Vorschläge zu machen, wie er diese Situation meistern würde. Noch realistischer ist es, wenn Sie daraus ein kleines Rollenspiel entwickeln, bei dem der Bewerber und Sie jeweils Rollen übernehmen.

Beispiel: Nehmen Sie mal an, einer unserer Kunden in den USA hat einen Auftrag über Produkt A platziert und sich nun umentschieden, dass er doch lieber Produkt B möchte. Produkt A ist bereits auf dem Weg zum Kunden. Wie verhalten Sie sich?

Fallstudien sind eine gute Möglichkeit, um die Vorgehensweise eines Bewerbers kennen lernen zu können.

Beurteilungskriterien:

- Entspricht sein Verhalten Ihren Vorstellungen?
- Meistert der Bewerber die Situation oder eskaliert sie zu einem Konflikt?
- Bringt der Bewerber die notwendigen Kenntnisse oder Erfahrungen mit, um in der Situation als kompetenter Ansprechpartner agieren zu können?

Telefonat

Besonders wenn die Stelle einen intensiven Telefonkontakt mit sich bringt, kann eine kleine Demonstration diesbezüglicher Fähigkeiten sehr aufschlussreich sein. Wer z. B. in einem Call-Center Produktmarketing oder aktiven Verkauf betreiben soll und vorgibt, über einschlägige Berufserfahrung zu verfügen, muss in der Lage sein, eine kleine „Kostprobe“ aus dem Stegreif zu geben.

Gestalten Sie die Situation so realistisch wie möglich, indem Sie ein Telefon im Raum verfügbar machen und einen Kollegen in einem anderen Raum bitten, als Gesprächspartner zu fungieren.

Beurteilungskriterien:

- Freundlichkeit
- Argumentation und Einwandsbehandlung
- Zielgerichtetes Handeln

Präsentation

Vor einer Gruppe von Menschen einen Sachverhalt präsentieren zu können, gehört heute bei einer Vielzahl von Tätigkeiten einfach zum Job. Daher ist es hilfreich, wenn Sie sich auch hiervon beim Bewerber einen Eindruck verschaffen können.

Lassen Sie den Bewerber entweder ein Thema seiner Wahl vorstellen oder geben Sie ihm entsprechende Vorgaben. Es kann z. B. sinnvoll sein, dass Sie dem Bewerber vor Beginn des Vorstellungsgespräches die entsprechenden Unterlagen aushändigen lassen, die er zur Vorbereitung braucht. Wichtig ist, dass Sie ihm die zur Verfügung stehenden Medien vorab nennen bzw. Folien oder Flip-Chart Papier bereitstellen. Räumen Sie dem Bewerber 15 bis 20 Minuten Zeit ein, um eine Präsentation vorzubereiten. Erst danach beginnen Sie mit dem eigentlichen Vorstellungsgespräch und integrieren dann diese Übung. Diese Vorgehensweise hat den Vorteil, dass Sie selbst Zeit gewinnen, da Sie die Vorbereitungszeit des Bewerbers für andere Tätigkeiten noch nutzen können.

Beurteilungskriterien:

- Problemerkennung
- Strukturierter Aufbau
- Zielgruppenorientierung
- Kommunikationsverhalten
- Überzeugungskraft
- Medieneinsatz

Arbeitsprobe

Wenn es bei der zu besetzenden Tätigkeit um handwerkliche Fertigkeiten oder bestimmte praktische Kenntnisse geht, ist es sehr hilfreich, wenn Sie sich von den diesbezüglichen Fähigkeiten der Kandidaten ein eigenes Bild machen. Nehmen wir das Beispiel Computerarbeiten. Wenn Sie einen Mitarbeiter einstellen wollen, der am PC arbeiten und bestimmte Programme beherrschen soll, ist es ratsam, seine diesbezüglichen Kenntnisse zu testen. Lassen Sie den Kandidaten eine Aufgabe bearbeiten, die für die angestrebte Tätigkeit typisch ist, z. B. Schreiben eines Textes mit MS-Word, Erstellen einer Tabelle mit MS-Excel, Ändern einer Zeichnung mit AutoCAD und Anlegen eines Artikelstammes in SAP/R3.

Hier können Sie von den Personaldienstleistungsunternehmen viel lernen. Da diese ständig mit dem Problem konfrontiert sind, dass Bewerber „gute PC-Kenntnisse" vorgeben, die Kunden und die Kandidaten aber unter „gut" häufig etwas anderes versteht, sind sie dazu übergegangen, entsprechende Tests durchzuführen. So wissen sie genau, welche Kenntnisse tatsächlich vorliegen.

Beurteilungskriterien:

- Kenntnis der Funktionalitäten
- Geschwindigkeit
- Fehlergrad

Sprachprobe
Soll Ihr neuer Mitarbeiter vorwiegend in Englisch korrespondieren? Wenn Sie sich nicht darauf verlassen wollen, dass er Ihnen mit treuen braunen Augen versichert, gut Englisch zu können, sollten Sie sich auch hier einen persönlichen Eindruck verschaffen, wie es um seine Fremdsprachenkenntnisse steht. Wenn Sie selbst die erforderliche Fremdsprache beherrschen, ist es sehr elegant, im Laufe des Gespräches einen entsprechenden Wechsel der Sprache anzukündigen und dann die weiteren Themen in der Fremdsprache zu erörtern. Sind Sie der geforderten Sprache selbst nicht mächtig, können Sie entweder einen Kollegen bitten, diesen Part zu übernehmen, oder einen schriftlichen Sprachtest durchführen. Dieser empfiehlt sich insbesondere, wenn im Job vorwiegend schriftliche Korrespondenz gefordert ist. Beurteilungskriterien: ► Wortschatz ► Ausdrucksvermögen ► Hörverständnis
Teamprobe
Der neue Mitarbeiter sollte nicht nur Ihren Erwartungen entsprechen, sondern auch im Kreis der Kollegen Akzeptanz finden. Warum beziehen Sie Ihre Mitarbeiter nicht in den Auswahlprozess mit ein? Ermöglichen Sie dem Kandidaten und Ihren Mitarbeitern im Rahmen des Vorstellungsgespräches sich kennen zu lernen. Dies kann entweder in Form einer kleinen Unterbrechung des eigentlichen Vorstellungsgespräches geschehen oder am Ende. Zeigen Sie Vertrauen, indem Sie den Kandidaten ungestört mit Ihren Mitarbeitern sich austauschen lassen und nicht selbst wie ein „Wachhund" dabei stehen. Gespräche mit Bewerbern zeigen immer wieder, welche positive Wirkung diese Möglichkeit des Kontaktes mit potenziellen Kollegen hat. Auch für Ihre Mitarbeiter ist es ein Zeichen von Wertschätzung, wenn Sie sie in den Rekrutierungsprozess einbinden. Das Feedback Ihrer Mitarbeiter kann Ihnen wichtige Zusatzinformationen bringen, die Sie bei Ihrer endgültigen Auswahlentscheidung mit einfließen lassen können. Und Sie sollten eines nicht vergessen: Sie können fachlich den tollsten Kandidaten einstellen, wenn er im Kreise der Kollegen keine Akzeptanz findet, werden Sie wenig Freude an dessen Mitarbeit haben. Schließlich werden Ihre Mitarbeiter alles dafür tun, um Ihnen nachzuweisen, dass es ein Fehler war, „den Neuen" eingestellt zu haben. Und noch ein Aspekt: Wenn Sie Ihre Mitarbeiter an der Auswahlentscheidung beteiligen, sitzen sie mit im Boot und können sich nachher nicht über den neuen Kollegen bei Ihnen beschweren. Beurteilungskriterien: ► Akzeptanz im Team ► Verbreiterte Beurteilungsbasis ► Kontaktfähigkeit

f) Fragen des Bewerbers

Dauer: ca. 5–10 Minuten

Nicht nur Sie haben Fragen bezüglich des Bewerbers. Auch für den Bewerber gibt es eine Vielzahl von Themen, die einen wichtigen Einfluss auf seine Entscheidung haben. Viele der offenen Punkte werden sich im Laufe des Gespräches bereit geklärt haben. In jedem Fall sollten Sie dem Kandidaten nochmals explizit Gelegenheit geben, eigene Fragen zu stellen. Sie demonstrieren damit zum einen die Grundeinstellung, dass es sich bei dem Vorstellungsgespräch um einen Entscheidungsprozess zweier gleichberechtigter Partner handelt und auch Sie bereit sind, Informationen preis zu geben. Das ist die eine Seite. Aus der Qualität der gestellten Fragen können Sie aber auch wichtige Rückschlüsse auf den Bewerber ziehen. Hat er keine eigenen Fragen, kann dies ein Hinweis auf geringes Interesse und wenig Vorbereitung seinerseits sein. Drehen sich die Fragen ausschließlich um Themen wie Urlaubsanspruch, Lohnfortzahlung im Krankheitsfall oder Arbeitsbeginn und -ende, lässt dies den Rückschluss zu, dass es ihm weniger um die Aufgabe selbst, als vielmehr um einen „sicheren, geregelten Job“ geht. Fragen, die dagegen die Arbeitsinhalte, die Gestaltung der Arbeitsabläufe oder mögliche Perspektiven bei erfolgreicher Bewältigung der Aufgaben zum Gegenstand haben, vermitteln eher Motivation und Interesse für die Arbeit.

g) Gesprächsabschluss

Dauer: ca. 5 Minuten

Zum Abschluss des Gespräches sollten Sie mit dem Bewerber konkret vereinbaren, werden, wer sich bis wann bei wem meldet. Üblich ist häufig, dass Sie sich bei dem Bewerber wieder melden. Nennen Sie einen Zeitrahmen, bis wann Sie die endgültige Einstellentscheidung planen, um dem Bewerber eine Orientierung geben zu können.

Tipp

Bitten Sie den Kandidaten, sich nach ein bis zwei Tagen zu melden, um seinerseits eine Aussage zu machen, ob er sich eine Mitarbeit konkret vorstellen kann. Dies erspart Ihnen Zeit und Energie in der Auswahlentscheidung, um sich nicht auf Kandidaten zu fixieren, die auf der Grundlage des Vorstellungsgespräches kein Interesse an der Stelle mehr haben und ein Vertragsangebot ablehnen würden.

Verabschieden Sie den Bewerber und stellen Sie sicher, dass seine Reisekosten entsprechend erstattet werden. Hierauf hat er sogar einen Rechtsanspruch, es sei denn, Sie haben bereits im Einladungsschreiben darauf hingewiesen, dass Sie keine Reisekosten erstatten. Aber davon kann ich Ihnen nur ganz entschieden abraten. Dieser erste Eindruck wird insbesondere gute Kandidaten veranlassen, erst gar nicht zum Vorstellungsgespräch zu kommen. „Wenn die schon am Anfang so knausern, wie sieht das dann erst später aus ...“, so die Überlegungen der anderen Seite.

Übersicht 13
Die 20 häufigsten Bewerberfragen

(1) In welcher Form erfolgt die Einarbeitung?
(2) Wie ist die organisatorische Eingliederung der Stelle?
(3) Gibt es eine Stellenbeschreibung?
(4) Wo sehen Sie die Aufgabenschwerpunkte?
(5) Wer ist mein direkter Vorgesetzter?
(6) Ist die Stelle mit Handlungsvollmacht oder Prokura versehen?
(7) Warum ist die Stelle zu besetzen?
(8) Warum wurde die Stelle neu geschaffen?
(9) Welche Erwartungen haben Sie an den neuen Stelleninhaber?
(10) Ist die Position mit Reisetätigkeit verbunden?
(11) Bieten Sie Weiterbildungsmöglichkeiten?
(12) Finden regelmäßig Beurteilungs- und Feedbackgespräche statt?
(13) Welche Entwicklungsmöglichkeiten hat die Position?
(14) Haben Sie spezielle Förderprogramme für Nachwuchskräfte?
(15) Welche Ziele streben Sie im Unternehmen an?
(16) Wie sehen Sie die zukünftige Marktposition Ihres Unternehmens?
(17) Worin sehen Sie die wichtigsten Wettbewerbsvorteile Ihres Unternehmens?
(18) Besteht Gleitzeitmöglichkeit?
(19) Welche Sozialleistungen bieten Sie?
(20) Besteht die Möglichkeit, den Arbeitsplatz mal zu sehen?

Haben Sie darauf gute Antworten parat?

4.5 Gesprächsformen

Es gibt sehr unterschiedliche Möglichkeiten, ein Einstellinterview zu führen. Vom lockeren, netten Plausch bis zum Verhör ist so ziemlich alles anzutreffen in der Praxis. Der Stil, wie Sie das Einstellinterview führen, gibt dem Bewerber einen ersten Eindruck, welche „Gangart" im Unternehmen wohl üblich ist und wie er sich als Bewerber behandelt fühlt.

Formal lassen sich im Wesentlichen drei Interviewformen unterscheiden.

a) Strukturierte Interviews

b) Halb strukturierte Interviews

c) Freie Interviews

a) Strukturierte Interviews

Beim strukturierten Interview wird im Vorfeld ein fest umrissener Interviewleitfaden erstellt, der genaue Fragen und Zeitraster zum Inhalt hat. Die Vorgehensweise und die Reihenfolge der Fragen ist exakt definiert und für alle Kandidaten gleich.

Das spricht dafür:

- Sie stellen sicher, dass alle wichtigen Themen und Fragen angesprochen werden.
- Alle Bewerber haben genau die gleichen Fragen und damit eine identische Ausgangsbasis.
- Die Gesprächsauswertung wird vereinfacht, da von allen Kandidaten Antworten zu den gleichen Fragen vorliegen.

Das spricht dagegen:

- Das Interview vollzieht sich in einem absolut vorgegebenen Rahmen und lässt keinen Freiraum für eine individuelle Vorgehensweise.
- Auf spezifische Eigenschaften einzelner Kandidaten kann nicht vertiefend eingegangen werden.
- Der Auswahlprozess bei der Gesprächsauswertung verläuft sehr schematisch.

Wann empfiehlt sich ein strukturierter Interviewleitfaden?

Wenn Sie „neu" im Geschäft sind und noch wenig Erfahrung im Führen von Einstellinterviews haben, kann es sinnvoll sein, sich einen strukturierten Interviewleitfaden zu erstellen (Merkblatt 7) und das Gespräch daran auszurichten. So laufen Sie nicht Gefahr, wichtige Fragestellungen zu vergessen oder sich zu verzetteln. Mit zunehmender Erfahrung und Routine stellt der enge Rahmen für Sie eher eine Einschränkung dar, da Sie wichtige Ansatzpunkte, die ein Bewerber von sich heraus bietet, nicht gezielt weiterverfolgen können.

Merkblatt 7
Beispielfragen für einen strukturierten Interviewleitfaden

✔

1 Begrüßung/Vorstellung ❐

2 Fragen an den Bewerber ❐

3 Biografische Fragen

(1) Erzählen Sie uns ein wenig über sich. ❐

(2) Was waren die Motive für Ihre Berufswahl? ❐

(3) Wie zufrieden sind Sie heute mit Ihrer Wahl? Was würden Sie heute anders machen? Was waren die Beweggründe für Ihren Wechsel von der Stelle A auf die Stelle B? ❐

(4) Worin sehen Sie den Hauptgrund für Ihr bisheriges berufliches Vorwärtskommen? ❐

(5) Welche Fremdsprachen sprechen Sie? ❐

(6) Wie haben Sie Ihren Auslandsaufenthalt empfunden? Was war Ihre wichtigste Erkenntnis, die Sie mitgenommen haben? ❐

(7) Wie steht es um Ihre EDV-Kenntnisse? ❐

(8) Welche methodischen Kenntnisse haben Ihnen bei der Lösung bisheriger Aufgaben besonders geholfen? Bitte nennen Sie uns ein paar Beispiele. ❐

(9) Haben Sie Erfahrung im Projektmanagement? ❐

(10) Wo lagen bislang Ihre Aufgabenschwerpunkte? Welche Funktionen übten Sie aus? Konnten Sie sich Spezialwissen erwerben? ❐

(11) Wurden Ihnen bestimmte Vollmachten übertragen? ❐

(12) Wem waren Sie zuletzt unterstellt (Funktion)? ❐

(13) Wie sieht gegenwärtig ein typischer Arbeitstag bei Ihnen aus? ❐

(14) Mussten Sie besondere Herausforderungen meistern (z. B. Sonderaufgaben, „Aufbauarbeit“, Projektarbeit)? ❐

(15) Was war ihr bislang größter beruflicher Erfolg? ❐

(16) Mit welchen Rückschlägen mussten Sie fertig werden? ❐

(17) An welchen Kriterien messen Sie die Attraktivität eines Arbeitsplatzes? ❐

		✔
(18)	Stellenbezogene Fragen	❒
(19)	Aus welchen Gründen haben Sie sich gerade für diese Stelle beworben?	❒
(20)	Was hat Ihr Interesse für unser Unternehmen geweckt?	❒
(21)	Was für eine Vorstellung haben Sie von der Position, um die Sie sich beworben haben?	❒
4	**Dem Bewerber die Einbindung der Abteilung in das Unternehmen/der Stelle in die Abteilung erläutern (Organigramm) Funktion/Aufgaben der Stelle erläutern (Stellenaus- bzw. -beschreibung)**	
(1)	Welche der geschilderten Aufgaben erledigen Sie bereits heute in Ihrer derzeitigen Position?	❒
(2)	Mit wie viel Einarbeitungszeit rechnen Sie?	❒
(3)	Welche der geschilderten Aufgaben stellt für Sie die größte Herausforderung dar?	❒
(4)	Bei welcher Aufgabe sehen Sie die größten Schwierigkeiten auf sich zukommen?	❒
(5)	Welche Dinge entscheiden Ihrer Meinung nach über Erfolg und Misserfolg bei der Stelle?	❒
(6)	Was sind Antriebskräfte/Rahmenbedingungen, die sich auf Ihre Arbeit bei dieser Position positiv auswirken (könnten)?	❒
(7)	Wie motivieren Sie sich selbst bzw. wodurch lassen Sie sich motivieren?	❒
(8)	Wie wird/sollte sich die Stelle in den nächsten Jahren entwickeln?	❒
(9)	Welche Ziele/Prioritäten würden Sie sich innerhalb des nächsten Jahres setzen, wenn Sie der zukünftige Stelleninhaber wären?	❒
(10)	Welche Möglichkeiten sehen Sie für sich, um ein eventuell erhöhtes Arbeitsaufkommen zu bewältigen?	❒
(11)	Bei welchen der gestellten Aufgaben glauben Sie, besonders „Fingerspitzengefühl“ zeigen zu müssen?	❒

✔

5 Zusammenarbeit mit Kunden

(1) Was bedeutet für Sie Kundenorientierung bezogen auf die Position, über die wir uns unterhalten? ❒

(2) Wie gehen Sie vor, um ein Vertrauensverhältnis zu einem Kunden (intern/extern) aufzubauen? ❒

(3) Mit welchem Kunden-Typ fällt es Ihnen schwer, zurecht zu kommen? ❒

(4) Haben Sie Erfahrung in der Neuakquise von Kunden? ❒

(5) Was halten Sie von dem Satz: Der Kunde hat immer recht? ❒

6 Zusammenarbeit mit Kollegen

(1) Was ist Ihnen bei der Zusammenarbeit mit Kollegen wichtig? ❒

(2) Welche Eigenschaften besaß der Kollege, mit dem Sie bislang am besten/schlechtesten ausgekommen sind? ❒

(3) Über welche Verhaltensweisen/Angewohnheiten von Kollegen können Sie sich besonders ärgern? Mit welchen Fragen und Problemen kommen Kollegen zu Ihnen? ❒

7 Zusammenarbeit mit Vorgesetzten

(1) Wie kann Sie Ihr Vorgesetzter am besten unterstützen, damit Sie auf der möglichen zukünftigen Position erfolgreich sind? ❒

(2) Mit welchen Fragen, die Sie nicht entscheiden können, gehen Sie zu Ihrem Vorgesetzten? Können Sie uns ein Beispiel aus einer früheren Tätigkeit nennen? ❒

(3) Sie haben in einer wichtigen Sache eine Fehlentscheidung getroffen. Wie gehen Sie damit um? ❒

(4) Waren Sie schon einmal anderer Meinung als Ihr Vorgesetzter? Was haben Sie unternommen, um den Konflikt beizulegen? ❒

(5) Haben Sie Ihrem Vorgesetzten schon einmal gute Vorschläge gemacht, auf die er nicht einging? Nennen Sie Ihre „beste Idee“! Was haben Sie daraufhin unternommen? ❒

(6) Wie gehen Sie vor, um zu Ihrem Vorgesetzten ein Vertrauensverhältnis aufzubauen? ❒

(7) Was bevorzugen Sie: Klare Vorgaben und Rahmenbedingungen oder viel Freiraum für eigene Ermessensentscheidungen? ❒

(8) Welche Eigenschaften besaß Ihr bislang bester/schlechtester Vorgesetzter? ❒

		✔
8	**Weiterbildung/Karriere**	
(1)	Wo sehen Sie für sich noch Qualifizierungsbedarf?	❒
(2)	Welchen Stellenwert hat für Sie Weiterbildung?	❒
(3)	Sind Sie bereit, auch einen Teil Ihrer Freizeit für die berufliche Weiterbildung zu investieren?	❒
(4)	Was tun Sie, um sich beruflich fit zu halten?	❒
(5)	Wo wollen Sie in fünf Jahren beruflich stehen?	❒
(6)	Welche persönlichen Ziele haben Sie sich mittel- und langfristig gesetzt?	❒
9	**Persönlichkeit**	
(1)	Wo sehen Sie Ihre persönlichen Stärken?	❒
(2)	Mit welchen persönlichen Schwächen haben Sie zu kämpfen?	❒
(3)	Wie verhalten Sie sich gewöhnlich, wenn Sie mit unliebsamen Situationen im Beruf konfrontiert werden?	❒
(4)	Wie gehen Sie mit Stress und Zeitdruck um?	❒
(5)	Sind Sie ehrgeizig?	❒
(6)	Wie belastbar sind Sie?	❒
(7)	Nennen Sie uns einige Gründe, warum wir Sie einstellen sollten.	❒
10	**Vergütung und Eintrittstermin**	
(1)	Wo liegen Ihre Gehaltsvorstellungen?	❒
(2)	Wie kommen Sie auf diesen Wert?	❒
(3)	Wann ist Ihr frühest möglicher Eintrittstermin?	❒
(4)	Sehen Sie einen Verhandlungsspielraum mit Ihrem bisherigen Arbeitgeber, eventuell früher aus dem Vertrag zu kommen?	❒
11	**Sozialleistungen des Unternehmens vorstellen**	
12	**Fallstudie**	
13	**Sprachtest**	
14	**Fragen des Bewerbers**	
15	**Verabschiedung**	

b) Halb strukturiertes Interview

Das halb strukturierte Interview gibt einen groben Rahmen vor, quasi einen Fahrplan, nach dem Sie das Interview aufbauen. Dabei werden bezogen auf das Anforderungsprofil der Stelle wichtige Themenbereiche fixiert, die auf jeden Fall angesprochen werden sollen. Im Gegensatz zum strukturierten Interview ist jedoch der Freiraum, wann und wie Sie die Themen ansprechen, wesentlich größer.

Das spricht dafür:

- Mit allen Bewerbern sprechen Sie die für die Position wesentlichen Themenbereiche an.
- Es besteht die Flexibilität auf individuelle Besonderheiten des einzelnen Bewerbers näher einzugehen.
- Als Interviewer haben Sie die Möglichkeit, Ihre individuelle Gesprächsstrategie und -atmosphäre zu entwickeln.

Das spricht dagegen:

- Die Vergleichsmöglichkeit der Kandidaten ist schwieriger als beim strukturierten Interview, da nicht alle Bewerber genau die gleichen Fragen und damit unterschiedliche Ausgangssituationen vorfinden.
- Der persönliche Interviewstil wird durch das vorgegebene Raster eingeschränkt.

Nachfolgend ein Merkblatt, wie ein halb strukturierter Interviewleitfaden aussehen kann:

Merkblatt 8
Beispielthemenfelder für einen halb strukturierten Interviewleitfaden

✔

1 Werdegang

(1) bisherigen Werdegang im Hinblick auf die angestrebte Stelle hinterfragen, ❒

(2) besondere Qualifikationen, die während der Ausbildung/der Berufstätigkeit erworben wurden, ermitteln, ❒

(3) Gründe für bisherige Stellenwechsel erläutern lassen, ❒

(4) Lücken im Lebenslauf ansprechen, ❒

(5) Erfolge/Misserfolge beleuchten. ❒

		✔
2	**Soziale Kompetenz**	
(1)	Beispiele für Verhalten in Teams nennen lassen,	❐
(2)	bisheriges Verhältnis zu Vorgesetzten und Kollegen hinterfragen,	❐
(3)	Führungsstil anhand von Beispielen analysieren,	❐
(4)	auf Kommunikationsverhalten achten,	❐
(5)	Durchsetzungsvermögen.	❐
3	**Methodenkompetenz**	
(1)	Projektmanagementerfahrung hinterfragen,	❐
(2)	Arbeitsstil/Selbstorganisation beleuchten,	❐
(3)	Erfahrung mit Präsentations- und Moderationstechniken ansprechen und hinterfragen.	❐
4	**IT-Kenntnisse**	
(1)	PC-Kenntnisse spezifizieren,	❐
(2)	Erfahrung in der Internetrecherche.	❐
5	**Fremdsprachenkenntnisse**	
(1)	Sprachkenntnisse im Gespräch testen.	❐
6	**Persönlichkeit**	
(1)	Selbstbild des Bewerbers erfragen und mit Fremdbild abgleichen,	❐
(2)	Motivation für die Stelle beschreiben lassen,	❐
(3)	Mobilität im Hinblick auf Auslandsreisen erfragen,	❐
(4)	Flexibilität bezogen auf die Lage der Arbeitszeit besprechen,	❐
(5)	Belastbarkeit testen.	❐
7	**Fragen des Bewerbers**	
(1)	Auf Qualität und Stoßrichtung der Fragen achten.	❐
8	**Gehalt und Rahmenbedingungen**	
(1)	Gehaltsvorstellungen erfragen,	❐
(2)	Sozialleistungen vorstellen.	❐
9	**Weitere Vorgehensweise abstimmen**	
(1)	Wer meldet sich bis wann bei wem?	❐

c) Freies Interview

Individualität ist groß geschrieben, wenn Sie sich für die Form des freien Interviews entscheiden. Das Ganze hat damit einen hohen Freiheitsgrad, birgt aber auch die Gefahr in sich, dass Sie bei einem netten „Kaffeekränzchen" landen und einfach ins Plaudern geraten. Es gehört viel Erfahrung und Professionalität dazu, um bei einem freien Interview wirklich alle wesentlichen Themenbereiche anzusprechen und den Dingen auf den Grund zu gehen. Seien Sie sich bewusst, dass jedes Gespräch in puncto Länge und Verlauf ganz unterschiedlich sein wird, was die Vergleichbarkeit der Kandidaten nicht gerade erleichtert.

Das spricht dafür:

- Hohe Flexibilität im Hinblick auf bewerberspezifische Sachverhalte.
- Individueller Gesprächsstil kann praktiziert werden.
- Der Bewerber hat nicht das Gefühl „von der Stange" behandelt zu werden.

Das spricht dagegen:

- Keine einheitliche Informationsbasis über alle Bewerber.
- Gefahr, den roten Faden zu verlieren.
- Festbeißen in Spezialthemen mit dem Risiko, nicht mehr genügend Zeit für andere wichtige Gesprächsinhalte zu haben.

Fazit:

Das halb strukturierte Interview stellt für die Mehrzahl der Unternehmensvertreter eine sinnvolle Gesprächsgrundlage dar. Wenn Sie mit anderen Unternehmensvertretern das Interview gemeinsam führen, sollten Sie sich im Vorfeld abstimmen, wer welche Themenbereiche schwerpunktmäßig abdecken wird.

Bevor Sie sich nun mit dem Thema Kommunikation und einzelnen Frageformen und Gesprächstechniken näher beschäftigen, also das Handwerkzeug des Interviewers lernen, lassen Sie uns eine kleine Pause machen und ein wenig reflektieren.

Was geht eigentlich im Vorstellungsgespräch ab? Dr. Hermann Refisch beleuchtet in seinem Praxis-Statement aus dem Blickwinkel des Psychologen das Vorstellungsgespräch.

Praxis-Statement:
Das Einstellinterview: Perspektive des psychologischen Beraters

von Dr. Hermann Refisch, www.refisch.de

Sie suchen kompetente und engagierte Mitarbeiter, zukünftige Kollegen? Das Gespräch mit aussichtsreichen Kandidatinnen und Kandidaten ist der Versuch, in die Zukunft zu blicken. Sie suchen Antwort auf die Frage „Kann und will dieser Mensch mit uns gemeinsam erfolgreich sein?".

Zu dieser spannenden und vielseitigen Aufgabenstellung liefern Psychologen Hilfestellung, indem sie sich mit dem Denken, Fühlen, Wollen und Handeln von Menschen beschäftigen. Schon aus diesen vier Grundbereichen lassen sich zahlreiche Fragen ableiten, beispielsweise „Über welches Wissen verfügt die Person, welche Emotionen sind im Spiel, was motiviert meinen Gesprächspartner, welche Verhaltensmerkmale sind zu beobachten?".

Die konkrete Interview-Situation kann aus unterschiedlichen Blickwinkeln betrachtet werden. Diese Perspektiven sind von persönlichen Erfahrungen, Interessen und Erwartungen der Gesprächspartner geprägt und beeinflussen maßgeblich den Verlauf und das Ergebnis.

Eine systemische Betrachtungsweise geht noch weiter und berücksichtigt, dass auch soziale und wirtschaftliche Umgebungsfaktoren wirken. Dann wird deutlich, dass – einer Zwiebel gleich – bei immer weit reichenderen Betrachtungen zunehmend mehr Personen von den Resultaten berührt sind. Vorgesetzte, Kollegen, Lieferanten, Kunden, Wettbewerber, aber auch Familienangehörige, Ehepartner, Freunde. Plötzlich sitzen, ob physisch anwesend oder nicht, weit mehr als nur zwei Personen am Tisch.

In dieser Konstellation versuchen nun die Akteure, sich selbst zu positionieren. Gleichzeitig beurteilen sie ihre Gesprächspartner. Naiv ist, wer hier glaubt, objektiv zu sein. Denn es sind zahlreiche Fehlerquellen erforscht, die unsere Beurteilung verwässern.

So mag es passieren, dass wir uns schnell einen ersten Eindruck bilden („diese Person ist sehr gebildet!") und in der Folge ausschließlich versuchen, diesen zu bestätigen. Klüger wäre, den ersten Eindruck bewusst zu reflektieren und gezielt auch nach Ausnahmen zu suchen („Über welche Bereiche wissen Sie nichts?").

Oder es treten Reihenfolge-Effekte auf: Das Ergebnis des ersten Kandidaten verändert die Maßstäbe für eine Beurteilung des zweiten. Am stärksten in Erinnerung verbleiben zudem häufig die letzten Eindrücke. Ohne gute Notizen verblasst die Erinnerung schnell – vergleichbare Aufzeichnungen sind auch aus diesem Grund unerlässlich.

Wir neigen dazu, einen hübschen Menschen auch für intelligent zu halten oder schreiben Sympathischen ungeprüft Kompetenzen zu. Ein Merkmal strahlt auf ein anderes über, eine getrennte Beurteilung unterbleibt. Um diesen „Halo-Effekt" zu verhindern, brauchen Interviewer Klarheit über die verwendeten Fragen und über die Interpretation.

Bekannter sind störende Einflüsse der selektiven Wahrnehmung („ich sehe nur das, was mir gefällt"), der Projektion („entdecke ich beim Gesprächspartner meine eigenen Schwächen, reagiere ich besonders kritisch") oder Übertragung („diese Frisur erinnert mich an einen anderen Menschen, und der war ganz unzuverlässig").

Erfahrungen aus Karriereberatung und Interview-Training belegen, dass sich die Unsicherheiten und die Verhaltensweisen beider Seiten sehr ähneln. So gilt für alle Beteiligten: Gehen Sie misstrauisch in ein Interview, dann dürfen Sie sich über ein schlechtes Gesprächsklima nicht wundern. Hinhalten, aus der Reserve locken, Taktik, Fangfragen, Gehaltspoker – die Wortwahl gibt eine Gesinnung wieder, das Verhalten wird sie erst recht spiegeln. Und das Gefühl Ihres Gesprächspartners, das „Barometer Bauch", reagiert. Auf welcher Seite Sie sich auch befinden: SIE entscheiden, ob gemauert, gepokert, geblufft wird oder ob sich ein fruchtbares Gespräch entwickelt.

Erstaunlich: Wie „am längeren Hebel" verhalten sich häufig die Vertreter der Arbeitgeberseite. Unsichere Interviewer stellen oft die schärfsten Fragen. Um die eigene Unsicherheit zu überspielen oder weil sie dies für professionell halten. Keine Überraschung, wenn hier die Bewerber im Nachhinein ein vernichtendes Urteil äußern: „Eisige Kälte, Verhörtechniken, selbst keine Ahnung". Mit nachhaltig negativem Effekt für das Arbeitgeber-Image. Transparente und gut durchgeführte Bewerbungsverfahren können andererseits sogar bei Absagen positiv bewertet werden: „Das Verfahren war hart, aber fair. Das gute Feedback hat mir wirklich weitergeholfen" hinterlässt einen guten Eindruck und bereitet den Boden für spätere Kontakte – eine interessante Option für die Zukunft.

Fazit: Es gibt kein Rezept für richtiges oder falsches Vorgehen. Prüfen Sie deshalb für Ihre spezifische Situation, welche Ziele Sie verfolgen. Entscheiden Sie bewusst, welche Variante Sie einsetzen, messen Sie Erfolg und Misserfolg. Beobachten Sie auch sich selbst. Wann haben Sie zuletzt auf dem Bewerberstuhl gesessen? So bleiben Sie kritisch bezüglich eigener Erfolgsformeln. Und holen Sie sich regelmäßig ehrliches und kritisches Feedback. Keine leichte Aufgabe – und unabdingbar.

4.6 Kommunikationstechniken

Um die wertvolle Zeit, die im Einstellinterview zur Verfügung steht, effizient zu nutzen, sollten Sie sich einen Werkzeugkoffer packen, mit dessen Hilfe Sie die von Ihnen benötigten Informationen schnell und zuverlässig erhalten können. Ferner geht es darum, dem Bewerber die notwendigen Informationen in einer verständlichen und anschaulichen Weise zu vermitteln, so dass auch dieser sein Informationsbedürfnis befriedigt bekommt.

Als kleiner Einstieg ein Spruch des Verhaltensforschers Konrad Lorenz:

Gesagt ist nicht gehört,
gehört ist nicht verstanden,
verstanden ist nicht einverstanden,
einverstanden ist nicht behalten,
behalten ist nicht angewandt,
angewandt ist nicht beibehalten.

4.6.1 Grundlagen der Kommunikation

Das einfachste Modell, das die Kommunikationswissenschaftler kennen, stellt einen Sender und einen Empfänger dar.

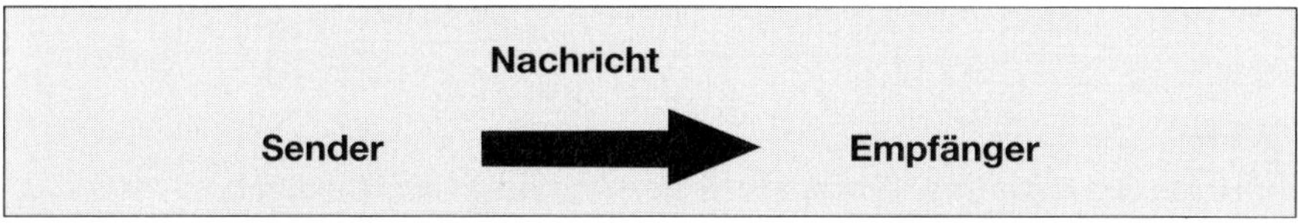

Abb. 17: Sender-Empfänger-Modell

Der Sender sendet eine Nachricht an den Empfänger. Diese kann aus dem gesprochenen Wort, aber auch aus nonverbaler Kommunikation (ein Blick, eine Geste) bestehen. Da Kommunikation keine Einbahnstraße ist, wird der Empfänger auch zum Sender und sendet seinerseits Informationen. Das klingt ja alles ganz einfach und nett. Wenn wir uns aber in der Praxis anschauen, wie häufig Kommunikation nicht klappt, wie oft Menschen aneinander vorbeireden, sich nicht verstehen, wird klar, dass der Kommunikationsprozess vielen Störungen ausgesetzt ist:

Hier einige Faktoren:

- Alter
- Geschlecht
- Soziale Herkunft
- Kultur
- Fachlicher Background
- Bildungsstand
- Denkmuster

Wenn wir diese Ursachen für Kommunikationsstörungen auf den Kommunikationsprozess im Vorstellungsgespräch beziehen, können sich die folgenden Situationen ergeben:

- Als Unternehmensvertreter benutzen Sie eine Fachsprache, die dem Bewerber nicht vertraut ist (Fachbegriffe, firmenspezifische Abkürzungen ...) und er versteht nur „Bahnhof".
- Sie setzen Kenntnisse und Erfahrungen voraus, die der Bewerber nicht besitzt. Daher werden ihm die geschilderten Zusammenhänge nicht klar.
- Der Bewerber kennt bestimmte Sachverhalte unter einem anderen Namen oder verbindet mit den Begriffen etwas anderes.
- Der Bewerber zieht aufgrund seines persönlichen Erfahrungshintergrundes andere Schlussfolgerungen aus dem von Ihnen Gesagten.
- Ironisch gemeinte Äußerungen werden nicht als solche erkannt und jeder nimmt die Aussage des anderen für bare Münze.

Um Störungen weit gehend zu vermeiden, ist es wichtig, dass Sie sich im Vorfeld Gedanken über Ihren Gesprächspartner machen und Ihre Aussagen spezifisch auf seine Person zuschneiden. Das Zauberwort heißt hierbei: Zielgruppenorientierte Kommunikation. Deshalb der alte Kommunikationstrainer-Spruch hier als Tipp.

Tipp

Holen Sie Ihren Gesprächspartner dort ab, wo er sich befindet.

Dies bedeutet, dass Sie z. B. bei einem Hochschulabsolventen nur sehr wenig voraussetzen dürfen, wenn es um betriebliche Abstimmungsprozesse und Verfahren geht, es sei denn, er hat bereits während seines Studiums im Rahmen eines Praktikums oder Werkstudentenvertrages einen tieferen Einblick in ein Unternehmen bekommen.

Stellen Sie sicher, dass Ihr Gesprächspartner Ihre Ausführungen auch tatsächlich verstanden hat. Hierzu können Sie ihm gezielt Fragen stellen wie beispielsweise

- Haben Sie den Zusammenhang verstanden oder soll ich auf einzelne Aspekte noch etwas detaillierter eingehen?
- Ist Ihnen die Einbindung unseres Bereiches innerhalb des Konzerns klar geworden?
- Kennen Sie den Begriff „fob"?

Geschickter als diese Frageform, bei der der Bewerber leicht das Gefühl bekommen kann, dass er durch eine Nachfrage sich blamiert und sein Unwissen preisgibt, ist das indirekte „Controlling". Hierbei bauen Sie eine Frage auf dem von Ihnen Gesagten auf, um festzustellen, ob der Bewerber tatsächlich die Zusammenhänge verstanden hat:

BEISPIEL:

„Ich habe Ihnen gerade die Einbindung unseres Bereiches innerhalb des Gesamtkonzerns geschildert. Welche Schlussfolgerung ziehen Sie daraus für die Vorgehensweise bei einem neuen Entwicklungsprojekt?"

4.6.2 Offene/geschlossene Fragen

Wer fragt, führt. Als Unternehmensvertreter und Gastgeber haben Sie die Gesprächsführung zumindest zu Beginn des Gespräches in der Hand und können durch das Stellen von Fragen ganz gezielt Ihren Informationsbedarf decken. Im Wesentlichen lassen sich zwei Frageformen unterscheiden:

a) Offene Fragen

b) Geschlossene Fragen

a) Offene Fragen

Eine **offene Frage** ist dadurch gekennzeichnet, dass sie sich nicht mit „ja" oder „nein" beantworten lässt.

Einige Beispiele für offene Fragen:

- Weshalb war Ihnen der Auslandsaufenthalt während Ihres Studiums so wichtig?
- Wie würden Sie an die Lösung der geschilderte Aufgabenstellung herangehen?
- Warum haben Sie während der Probezeit Ihr letztes Arbeitsverhältnis gekündigt?

Offene Fragen werden auch „W-Fragen" genannt, da Sie mit den Fragewörtern wie, warum, weshalb, wozu . . . beginnen. Sie sind dann sinnvoll, wenn Sie den Bewerber zum Sprechen bringen wollen. Sie möchten mehr über den Kandidaten erfahren und Begründungen für Entscheidungen oder Verhaltensweisen bekommen. Der Bewerber ist damit aufgefordert, Zusammenhänge zu erläutern und Sachverhalte zu erklären, damit Sie seine Beweggründe verstehen können. Ferner bietet Ihnen die Beantwortung offener Fragen auch die Chance, einen Eindruck über die Ausdrucksfähigkeit, das logische Denken und die Argumentationsstärke eines Bewerbers zu bekommen. Offene Fragen erhöhen den Gesprächsfluss und den Redeanteil des Bewerbers.

b) Geschlossene Fragen

Bei **geschlossenen Fragen** handelt es sich im Gegenzug um Fragen, die kurz und prägnant mit „ja" oder „nein" oder einem Faktum beantwortet werden können.

Beispiele für geschlossene Fragen:

- Sind Sie innerhalb Deutschlands mobil?
- Hatten Sie bereits Führungsverantwortung?
- Wann haben Sie das erste Mal ein Roll-Out-Projekt geleitet?

Geschlossene Fragen sollten Sie immer dann stellen, wenn der Bewerber einen Sachverhalt auf den Punkt bringen und sich zu etwas bekennen soll. Geschlossene Fragen haben häufig einen Entscheidungscharakter, sie fordern den Kandidaten auf, nicht um den heißen Brei zu reden, sondern Farbe zu bekennen.

Tipp

Setzen Sie offene und geschlossene Fragen ganz gezielt ein.

Einen „blumigen" Bewerber, der seine Antworten immer mit viel Beiwerk ausschmückt, können Sie mit geschlossenen Fragen zwingen, auf den Punkt zu kommen. Bei eher ruhigen Kandidaten werden offene Fragen dazu beitragen, dass der Bewerber mehr aus sich herausgeht.

4.6.3 Interviewtechnik

Sie wollen realistische Aussagen über das Wesen und die Verhaltensweise eines Bewerbers erhalten. Viele Interviewer setzen hierzu Konjunktivfragen nach dem Motto: „Wie würden Sie sich in einer bestimmten Situation verhalten?" ein.

Diese hypothetischen Fragen beinhalten den Nachteil, dass ein Bewerber zwar eine Behauptung aufstellen kann, jedoch keine Sicherheit besteht, ob er die beschriebene Verhaltensweise in der Realität auch tatsächlich praktizieren wird. Als Interviewer können Sie dem Bewerber tief in die Augen schauen und seinen Aussagen entweder glauben oder eben auch nicht. Vor diesem Hintergrund wurde die Interviewtechnik entwickelt, die auf dem Ansatz beruht, dass real gezeigtes Verhalten aus der Vergangenheit mit einer hohen Wahrscheinlichkeit auch in der Zukunft wieder praktiziert wird und damit zukünftiges Verhalten vorhersehbarer wird.

Die Interviewtechnik arbeitet mit der Frageform:

Schildern Sie uns doch bitte eine Situation aus der Vergangenheit, in der Sie ______________________ (beliebiges Kriterium) gezeigt haben?

Bei der Interviewtechnik beziehen sich die Fragen deshalb auf reale Situationen aus der Vergangenheit. Der Bewerber wird gebeten, eine Ausgangssituation zu beschreiben, anschließend soll das eigene Verhalten in dieser Situation erläutert werden. Zum Schluss wird das Frage-Dreieck durch die Angaben zur bewirkten Veränderung komplettiert. Dies wird im Dreieck als Ergebnis dargestellt (Abb. 18).

Beispiel:

Kriterium Selbstmotivation

Ist es Ihnen in der Vergangenheit einmal gelungen, aus einer ziemlich verfahrenen Situation sich wieder selbst zu motivieren und einen Erfolg zu erzielen?

Nennen Sie uns hierzu ein Beispiel.

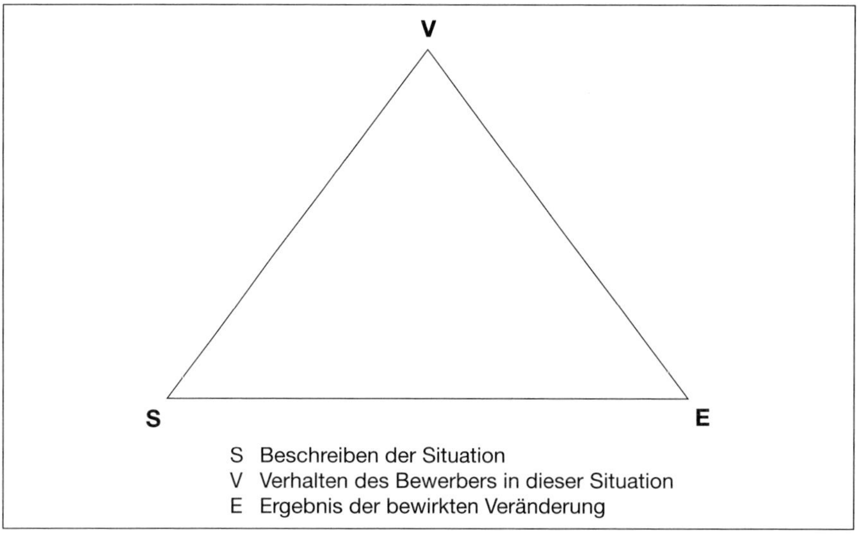

Abb. 18: Interview-Dreieck

Der Vorteil dieser Fragetechnik liegt darin, dass sie für die unterschiedlichsten Kriterien eingesetzt werden kann. Ob Durchsetzungsvermögen, Teamfähigkeit, Kreativität, Überzeugungsfähigkeit, oder Kompromissbereitschaft, immer geht es darum, anhand realer Beispiele aus der Vergangenheit Informationen über den Bewerber zu erhalten. Wenn der Bewerber eine Situation, sein eigenes Verhalten und das Ergebnis seines Verhaltens schildern kann, wird von einem geschlossenen Dreieck gesprochen. Dies bedeutet, dass der Bewerber zu dem hinterfragten Kriterium ein komplettes Beispiel nennen konnte.

In dieser Methodik erfahrene Interviewer malen in Ihren Gesprächsaufzeichnungen nur noch entsprechende Dreiecke für die behandelten Kriterien und ergänzen diese durch ein Stichwort, das auf das Beispiel hinweist. So lässt sich auch die Dokumentation im Gespräch deutlich vereinfachen.

Skeptiker mögen einwenden, dass es sich bei den Beispielen ja auch um frei erfundene Geschichten handeln könnte, die sich der Bewerber nur zurecht gelegt hat.

Die Erfahrung zeigt, dass Sie den Wahrheitsgehalt einer „Geschichte“ durchaus darin erkennen können, in welchem Detaillierungsgrad der Bewerber das Beispiel erwähnt. Kleine Feinheiten in der Erzählung und sein „Glänzen in den Augen“, wenn er über einen Erfolg spricht, sind für Sie wichtige Signale dafür, ob die Story frei erfunden ist oder vom Kandidaten wirklich erlebt wurde. Sollten Sie Zweifel haben, genügt in der Regel eine kurze Nachfrage bezüglich eines Details. Wer hier zögert, den Faden verliert oder ins Stottern kommt, hat meist etwas zu verbergen. Erfahrungsgemäß passiert es aber sehr selten, dass Bewerber sich mit den Beispielen aufs Glatteis begeben und ihrer Phantasie freien Lauf lassen.

4.6.4 Formulierung von Fragen

Ob eine Frage für einen Kandidaten verständlich ist, hängt sehr stark davon, wie sie formuliert wird. Auch der Aussagegehalt der Antworten wird häufig durch die Art der Frage bestimmt. Ein wesentlicher Aspekt besteht auch darin, ob Sie mit Ihrer Frage auf der Sachebene bleiben, oder persönlich werden. Nachfolgend ein paar Tipps (Merkblatt 9), die Ihnen helfen können:

Merkblatt 9
Fragen im Einstellinterview

✔

Vermeiden Sie zu lange und verschachtelte Fragesätze. ❐

Ist Ihnen das Aufgabengebiet, das sehr komplex und umfangreich ist und neben dem gesamten Wareneingang auch die interne Logistik und den Versand beinhaltet, anhand meiner Erläuterungen klar geworden oder gibt es noch spezielle Aufgabengebiete, auf die ich bisher noch nicht näher eingegangen bin, die Sie speziell interessieren?

Packen Sie nicht zwei Fragen in einen Satz. ❐

Wie wichtig ist Ihnen Ihr berufliches Fortkommen und was tun Sie für Ihre fachliche Weiterbildung?

Legen Sie dem Kandidaten die erwartete Antwort nicht durch die Formulierung Ihrer Frage in den Mund. ❐

Im Bedarfsfall sind Sie doch sicherlich bereit, Überstunden zu machen?

Stellen Sie keine Fragen, die den Kandidaten persönlich angreifen oder provozieren. ❐

Glauben Sie nicht, dass die beschriebene Aufgabe ein paar Nummern zu groß für Sie ist?

Verwenden Sie keine Verallgemeinerungen in Ihren Fragen. ❐

Warum haben Sie eigentlich in Ihrem Leben nie etwas zu Ende gebracht?

4.6.5 Unzulässige Fragen

Nicht alle Fragen, deren Antworten Sie interessieren würden, sind rechtlich gesehen zulässig. Als Interviewer sollten Sie deshalb zunächst wissen, welche Fragen nicht gestellt werden dürfen.

Beispiele für unzulässige Fragen:

- Konfession (außer bei Tendenzbetrieben wie Kirchen)
- Homosexualität
- Schwangerschaft, sofern sich Männer und Frauen im Auswahlverfahren befinden
- Krankheiten, sofern sie nicht unmittelbar im Zusammenhang mit der Aufgabenerfüllung stehen (Farbenblindheit bei einer visuellen Prüftätigkeit wäre zulässig)
- Intime Fragen (z. B. Sexualverhalten, konkrete Familienplanung)
- Gewerkschaftszugehörigkeit (außer bei Tendenzbetrieben wie Gewerkschaften)
- Parteizugehörigkeit (außer bei Tendenzbetrieben wie Parteien)
- Hobbys, Freizeitgestaltung
- Abstammung, Rasse
- Vermögensverhältnisse (außer bei Positionen mit umfangreichem Geldverkehr)

Natürlich können Sie sich ganz dumm stellen und diesbezügliche Fragen einfach stellen. Sie müssen allerdings wissen, dass ein Bewerber diese Fragen unwahrheitsgemäß beantworten kann, ohne dass ihm daraus ein Nachteil entstehen kann.

Und es macht auf den Bewerber sicherlich nicht den besten Eindruck, wenn Sie ihm Fragen stellen, die nicht zulässig sind.

4.6.6 Umgang mit kritischen Gesprächssituationen

Versuchen Sie, von Ihrer Seite aus das Gespräch fair und partnerschaftlich zu führen. Je mehr Sie einen Bewerber in die Enge treiben, umso fester wird er die Schotten dicht machen und nur noch das Allernötigste von sich geben. Wenn Sie jedoch eine angenehme Gesprächsatmosphäre schaffen, bei der auch Sie bereit sind, sich zu öffnen, wird der Bewerber entspannt und freizügig mit Informationen umgehen.

Was aber tun, wenn das Gespräch kippt, sich die Fronten verhärten, der Bewerber sich angegriffen fühlt oder er Sie aus Wut verbal angreift?

Das oberste Gebot heißt Deeskalation! Überlegen Sie zunächst, womit Sie den Kandidaten möglicherweise angegriffen haben könnten. Es gibt nun zwei Möglichkeiten: Sie sprechen die Situation direkt an. *„Ich habe den Eindruck, dass ich Ihnen mit die-*

ser Frage zu nahe getreten bin. Ist dieser Eindruck richtig?" Signalisiert der Bewerber, dass dies tatsächlich der Fall ist, so kann eine kurze Entschuldigung und der Wechsel zu einem anderen Thema für Entspannung sorgen. Oder Sie wechseln unmittelbar das Thema und sprechen einen eher unkritischen Bereich an. *„Lassen Sie uns noch auf Ihre derzeitige Tätigkeit ein wenig eingehen."*

Es hängt sicherlich sehr stark vom bisherigen Gesprächsverlauf ab, welche Vorgehensweise passender ist. Weiter zu bohren und den Kandidaten „nageln" zu wollen, nach dem Motto: Mal sehen wie er mit Stress umgeht, ist wenig Erfolg versprechend.

Es kann aber auch passieren, dass der Bewerber Sie aus der Reserve locken will, oder Sie zumindest diesen Eindruck gewinnen. Lassen Sie sich nicht provozieren. Natürlich ist das leichter gesagt als getan, aber die simple Überlegung, dass seitens des Kandidaten in der Regel keine echte Gefahr für Sie drohen kann, wird sicherlich dazu beitragen, dass Sie gelassener reagieren können als in sonstigen beruflichen Situationen.

Ratsam ist zunächst, durch eine Gegenfrage für mehr Klarheit zu sorgen. Bitten Sie um eine Erklärung oder Erläuterung. Häufig liegt auch nur ein Missverständnis zugrunde. *„Bitte erklären Sie mir, wie Sie zu dieser Einschätzung kommen!"* Oder *„Wie meinen Sie das?"*

Machen Sie Ich-Botschaften an Stelle von Vorwürfen oder Beschuldigungen.

„Ich empfinde diese Behauptung als nicht gerechtfertigt." Oder: *„Das klingt für mich wie ein Angriff."*

Insbesondere wenn es um das Thema Vergütung geht, können unterschiedliche Interessen und Einschätzungen aufeinander treffen und das Vorstellungsgespräch schwierig gestalten. Wenn Sie den Gehaltsforderungen des Bewerbers nicht entsprechen können, da sie Ihr Budget übersteigen, sollten Sie dies dem Bewerber auch kommunizieren und Lösungsansätze für einen Kompromiss aufzeigen.

„Ich verstehe Ihre Sicht und kann Ihre Argumente nachvollziehen. Die von Ihnen genannten Gehaltsvorstellungen kann ich nicht realisieren. Lassen Sie uns nochmals auf die Nebenleistungen eingehen, vielleicht ergeben sich dort Ansatzpunkte, die eine für beide Seiten akzeptable Regelung ermöglichen."

Tipp

Zeigen Sie Verständnis für die Argumentation des Gesprächspartners.

Indem Sie Ihrem Gesprächspartner das Gefühl geben, dass Sie seine Sichtweise der Dinge nachvollziehen können und verstehen, dass er so argumentiert, tragen Sie zu einer Entspannung der Situation bei. Sie stellen damit die Weichen hin zu einer einvernehmlichen Lösung, indem Sie sachlich Ihre Argumentation vortragen und Sachzwänge schildern, an die Sie gebunden sind.

4.7 Stressinterview

Der Begriff Stressinterview wird in Bewerbungsratgebern sehr häufig genannt. Bei den Schilderungen kommt einem unweigerlich das Bild eines Sadisten, der nur das Ziel hat, einen Bewerber fertig zu machen.

Natürlich gibt es solche und solche Interviewer. In der Regel haben Sie als Unternehmensvertreter aber weder die Zeit noch Lust, solche Spielchen zu spielen. Sicherlich ist es in manchen Fällen ratsam, insbesondere wenn Bewerber sehr dominant oder überheblich auftreten, einmal „auf den Zahn zu fühlen", um zu sehen, ob dieses Verhalten nur aufgesetzt ist.

Bewerber und Unternehmensvertreter haben oft eine sehr unterschiedliche Einschätzung, was ein Stressinterview ist. Ein unsicherer Bewerber empfindet schon die einfachsten Fragen zu seiner Person als „Stress". Was also als Stress wahrgenommen wird, muss nicht als solcher gezielt ausgeübt werden.

Unter einem echten Stressinterview versteht man eine Interviewform, bei der ein Bewerber ganz bewusst unter Druck gesetzt wird, um seine Belastbarkeit und Stressresistenz zu testen. Hierzu werden kritisch formulierte Fragen sehr zügig hintereinander gestellt. Der Effekt wird dadurch noch erhöht, indem zwei Interviewer abwechseln die Fragen stellen und eine Verhörsituation geschaffen wird.

Hierzu einige Beispiele:

- *„Sie wissen, dass wir von einer zügigen Einarbeitung ausgehen. Sehen Sie sich in der Lage, innerhalb von zwei Monaten ein erstes Maßnahmenpaket auf den Weg zu bringen?"*
- *„Was gibt Ihnen die Sicherheit, dass Sie den gestellten Aufgaben gewachsen sein werden?"*
- *„Die bisherigen Argumente waren aus meiner Sicht noch nicht überzeugend. Ich kann Ihnen sagen, dass Sie damit bei unseren Kunden keinen Erfolg haben werden. Haben Sie nichts anderes zu bieten?"*
- *„Ihr Werdegang gibt uns keine Anhaltspunkte, dass Sie mit einer derartigen Situation bereits einmal fertig geworden sind. Wie kommen Sie zu der Einschätzung, dass Sie der Aufgabe gewachsen sein werden?"*

Indem Sie einen Bewerber unter Druck setzen, verlassen Sie bewusst eine entspannte Gesprächssituation. Es sollte wohl überlegt sein, wenn Sie diesen Weg einschlagen. Dem Bewerber senden Sie damit bestimmte Signale über die Umgangsform im Unternehmen. Wird das Interview zu einem Verhör, ist ein Bewerber wenig geneigt, sein zukünftiges Arbeitsumfeld als angenehm und fair zu beurteilen. Unter diesen Gesichtspunkten rate ich eher davon ab, Stressinterviews durchzuführen und die Belastbarkeit eines Bewerbers eher durch ergänzende Gesprächselemente wie Fallstudien oder Präsentationen zu testen, wie wir sie in Kapitel 4.4 vorgestellt haben. Der Vorteil dieser Übungen liegt darin, dass in einem fest umrissenen Szenario eine konkrete Aufgabe gestellt wird, die einen Bezug zu den Anforderungen der Position besitzt. Für den Bewerber ist es daher wesentlich nachvollziehbarer, dass er sein Verhalten in einer solchen Situation darstellen soll.

Tipp

Sehen Sie dennoch die Notwendigkeit, die Belastbarkeit eines Bewerbers mittels eines Stressinterviews zu testen, so sollten Sie diesen Gesprächsabschnitt zeitlich eindeutig begrenzen. Sprechen Sie den Bewerber im Anschluss hierauf gezielt an und begründen Sie ihm, warum Sie diese Gesprächsform eingesetzt haben.

4.8 Körpersprachliche Signale

Kommunikation vollzieht sich nicht nur über das gesprochene Wort. Ein Blick sagt mehr als 1000 Worte, heißt es nicht umsonst im Volksmund. Über die Körpersprache verraten sich die meisten Menschen, auch wenn mittels Worten versucht wird zu täuschen. Wer z. B. sagt, dass er sehr an der Stelle interessiert sei, dabei aber gelangweilt auf die Uhr schaut, wird wenig überzeugend wirken.

Tipp

Wenn Sie von Unternehmensseite zu zweit ein Interview führen, sollte jeweils einer der Beteiligten seine Aufmerksamkeit auf die Körpersprache des Bewerbers konzentrieren.

Worauf sollten Sie bei der Körpersprache achten?

- Ist das Auftreten des Bewerbers in sich stimmig und rund?
  (Unterstreicht die Körpersprache das gesprochene Wort oder widerspricht sich beides? Wirkt die Körpersprache natürlich oder einstudiert?)
- Wirkt der Bewerber gefestigt und gelassen?
  (Keine hektischen Bewegungen, Beine auf dem Boden, sitzt fest auf dem Stuhl und nicht nur vorne auf der Kante)
- Zeigt der Bewerber Dynamik und Aktivität?
  (Einsatz von Gestik, aktives Zuhören, wacher Blick, gutes Reaktionsvermögen)
- Hält der Bewerber Blickkontakt?
- Hat der Bewerber eine sympathische Ausstrahlung?
  (Lächeln, lebhafte Darstellung, Mimik)
- Können Sie sich den Kandidaten aufgrund seiner Gesamterscheinung als Repräsentant Ihres Unternehmens vorstellen?
  (Äußeres Erscheinungsbild, Umgangsformen)

Merkblatt 10 enthält ein kleines Lexikon der Körpersprache. Die Interpretationen sollen Ihnen eine Orientierung geben, jedoch nicht dazu verleiten, jede kleine Geste auf die Goldwaage zu legen. Entscheidend ist, ob sich bestimmte Verhaltensweisen über das gesamte Gespräch hinweg immer wieder zeigen. Die Eindrücke der Körpersprache sollten immer auch im Kontext des Gesamtgesprächseindrucks gesehen werden.

Merkblatt 10
Kleines Lexikon der Körpersprache

• Augenlider schnell und häufig bewegen	Nervosität
• Arme vor der Brust verschränken	Abwehrhaltung, Ablehnung
• Arme vor sich ausgestreckt mit hochgestellten Handflächen	Abwehrhaltung, Ablehnung
• Begrüßung erfolgt mit weit ausgestrecktem Arm	Distanz, Ablehnung
• Beine parallel gestellt und fest aneinander gepresst	Innere Anspannung, Verkrampfung
• Beine übereinander schlagen zum Gesprächspartner hin	Aufbau eines Sympathiefeldes
• Beine übereinander schlagen vom Gesprächspartner weg	Ablehnung, Unwillen
• Blickkontakt wird vermieden	Desinteresse, Unsicherheit, Konzentration
• Blick zur Decke	Nachdenken, Konzentration
• Blick in Richtung Boden	Niedergeschlagenheit, Mutlosigkeit
• Blick wandert über die Person	Ab- und Einschätzung des Gesprächspartners
• Brille hochschieben	Versuch Zeit zu gewinnen
• Fingerkuppen aneinander gepresst	Präzision
• Finger zeigt auf andere Person	Angriff, Schuldzuweisung
• Haare durchfahren	Innere Anspannung, Eitelkeit
• Finger zum Mund führen	Verlegenheit
• Füße um die Stuhlbeine	Verlegenheit, Unsicherheit
• Gesten weit ausladend	Sicherheit
• Hände vor der Brust kreuzen	Demut, Ergebenheit
• Hände formen ein Spitzdach	Arroganz oder Abwehr von Einwänden
• Hände beim Sitzen unter die Oberschenkel geschoben	Unsicherheit und Angst
• Hände umklammern die Stuhllehne	Angst, Verkrampfung
• Hände im Nacken verschränkt	Entspannung, Zufriedenheit
• Hand ist zur Faust geballt	Angriff, Anspannung, Untermauern des eigenen Standpunktes

• Hand vor den Mund nehmen	Erschrecken über die eigene Aussage, Worte sollen zurückgehalten werden
• Hände reiben	Selbstgefälligkeit, Zeichen des Erfolges
• Jacket öffnen	Entspannung
• Kleidung mit der Hand abstreifen	Eitelkeit, man möchte auf die Kleidung aufmerksam machen
• Kopfkratzen	Verlegenheit, Unsicherheit
• Oberkörper nach vorne gebeugt	Interesse
• Oberkörper nach vorne neigen und Mund öffnen	Will unterbrechen, setzt an, etwas zu sagen
• Schultern hochziehen und die leeren Hände zeigen	Ratlosigkeit, Demonstration der Machtlosigkeit
• Stirn hochziehen	Anspannung
• Zeigefinger erhoben	Belehrung anderer, Rechthaberei

4.9 Interviewnachbereitung

Der Kandidat ist gerade zur Tür raus, Sie schauen auf die Uhr. Oh je, es ist schon wieder so spät! Sie stürzen sich sofort auf die noch zu erledigenden Aufgaben. –

Die Gesprächsauswertung? – Na, das kann noch warten, das mache ich gleich morgen früh, aber jetzt erst die wichtigeren Dinge!

Wenn Sie nach diesem Handlungsmuster vieler Führungskräfte vorgehen, werden Ihnen wichtige Aspekte des Interviews verloren gehen, die für eine fundierte Auswahlentscheidung aber wichtig wären.

Tipp

Machen Sie sich unmittelbar nach dem Interview an die Gesprächsnachbereitung.

Dies bedeutet auch, dass Sie nicht mehrere Gespräche unmittelbar hintereinander führen sollten. Planen Sie mindestens 30 Minuten Abstand zwischen den Gesprächen ein.

Sie können entweder bereits während des Gespräches Ihre Eindrücke in die Struktur eines Auswertebogens eintragen, oder „freie" Notizen machen und diese im Rahmen der Nachbereitung auf ein Formular übertragen. Die zweite Vorgehensweise hat den Vorteil, dass Sie zur Übertragung nochmals den gesamten Gesprächsverlauf anhand Ihrer Notizen Revue passieren lassen. Im Hinblick auf die Vergleichbarkeit mehrerer Kandidaten ist es empfehlenswert, in jedem Fall ein einheitliches Auswerteschema vorliegen zu haben.

Nachfolgend ein Beispiel (Formblatt 8) für einen Auswertebogen.

Formblatt 8
Auswertebogen Einstellinterview (Beispiel)

Name des Kandidaten: *Sabine Lambrecht*					
Gespräch am: *28.3.03*					
	Bewertung				
Wesentliche Anforderungskriterien	++	+	0	–	--
Muss-Anforderung 1: Berufserfahrung *5 Jahre Erfahrung in technischen Unternehmen im Vertriebsinnendienst*	**X**				
Muss-Anforderung 2: Englischkenntnisse *sehr gut, spricht fließend Englisch, Fallstudie gut auf Englisch bearbeitet*	**X**				
Muss-Anforderung 3: Bereitschaft, bis 19 Uhr zu arbeiten *ja, arbeitet lieber abends, entspricht mehr ihrem Lebensrhythmus, bisher jedoch im Beruf noch nicht gefordert*		**X**			
Kann-Anforderung: Branchenerfahrung *zwar auch technisches Umfeld, aber nicht in der Branche, technisches Denken vorhanden, Beispiel: Platine*			**X**		
Kann-Anforderung: SAP/R3-Erfahrung *nur R2-Erfahrung, ABAP-Grundkenntnisse vorhanden*		**X**			
Kann-Anforderung: Erfahrung im Telefonmarketing *nein, nur Kundenbetreuung, nicht Neukundengewinnung*				**X**	
Fallstudie: *zeigt sehr gute fachliche Kenntnisse, Lösungsweg in sich logisch und effizient, Kundenorientierung sehr gut, denkt mit und kann andere überzeugen*	**X**				
Defizite: *fängt bei Telefonmarketing bei null an*					
Gehaltsvorstellung: *€ 3.600.– bei 37-Stundenwoche + Übernahme der Umzugskosten*					
Frühester Eintrittstermin: *01.07.03*					
Gesamteindruck: *aufgeweckte junge Frau, weiß sich zu behaupten. Wirkt sehr engagiert und hat viele Ideen. Sympathisches Auftreten, SAP/R3-Schulung wäre notwendig. Insgesamt sehr guter Eindruck. Umzug sei kein Problem.*					
Vereinbartes weiteres Vorgehen: *Frau Lambrecht meldet sich bis übermorgen, ob sie an dem Job interessiert ist, unsere Entscheidung erfolgt innerhalb 5 Tagen.*					
Datum und Unterschrift: *28.03.03 Franz Müller*					

Neben Einzelkriterien, die sich am Anforderungsprofil orientieren, sollte auch der Gesamteindruck, den der Bewerber hinterlassen hat, schriftlich festgehalten werden. Hierzu zählt auch das bereits angesprochene „Bauchgefühl", das der Bewerber bei Ihnen hinterlassen hat. Gerade unter diesem Aspekt ist es wichtig, unmittelbar nach dem Gespräch, wenn die Eindrücke und Gefühle noch frisch sind, diese festzuhalten.

Den idealen Bewerber wird es in der Regel nicht geben. Wichtig ist, dass Sie die im Rahmen des Gespräches identifizierten Defizite sich zunächst bewusst machen. In Form einer Gap-Analyse heißt es dann, die Abweichungen schriftlich zu fixieren und realistisch zu bewerten, ob die Defizite in einem angemessenen Zeitrahmen überhaupt behebbar sind und welcher Aufwand damit verbunden wäre. Diese Überlegung ist im Hinblick auf die Einarbeitungsplanung wichtig, wenn Sie sich endgültig für einen Kandidaten entscheiden. „Ach das werden wir schon hinkriegen!", mit diesen Worten weisen viele Führungskräfte derlei Überlegungen einfach beiseite. Wenn Sie Defizite nicht ernst nehmen und hier keine realistische Analyse vornehmen, kann das neue Arbeitsverhältnis schon von vorneherein zum Scheitern verurteilt sein.

Sofern Sie mit anderen Unternehmensvertretern gemeinsam das Gespräch geführt haben, sollten Sie zunächst jeder für sich die Nachbereitung vornehmen. Erst im Anschluss empfiehlt sich der gegenseitige Austausch der Eindrücke und eine entsprechende Diskussion. Neben dem Auswertebogen sollten die Gesprächsnotizen ergänzend verwendet werden. Diese helfen insbesondere, getroffene Beurteilungen anhand von Beispielen sachlich zu belegen. Sicherlich wird es bei den einzelnen Kriterien unterschiedliche Einschätzungen seitens der verschiedenen Gesprächsteilnehmer geben. Diese können nicht zuletzt darauf zurückzuführen sein, dass die Gespräche teilweise getrennt geführt wurden und damit abweichende Beurteilungsgrundlagen vorliegen.

Zur Interviewnachbereitung gehört es auch, den Kontakt zum Bewerber zu halten. Wenn Sie nach dem Gespräch zu der Überzeugung kommen, dass der Bewerber auf keinen Fall in Frage kommt, sollten Sie ihn nicht lange auf die Folter spannen, sondern so schnell wie möglich Ihre Entscheidung mitteilen. Mehr darüber im Kapitel 5.4 („Absagen richtig gestalten").

Für alle anderen Kandidaten empfiehlt es sich, dass Sie im Nachgang nochmals ein Telefonat mit ihnen führen, bevor Sie Ihre Auswahlentscheidung treffen. Bitten Sie den Bewerber, sich nach ein bis zwei Tagen nochmals zu melden, um Ihnen seine Gesprächsauswertung mitzuteilen. Dieses Telefonat kann zusätzliche weitere Informationen bringen, die im Hinblick auf Ihre Auswahlentscheidung hilfreich sein können:

- Ist der Bewerber noch an der Position interessiert?
- Hat er den Eindruck, sich im Gespräch realistisch präsentiert zu haben?
- Was hat ihm gut gefallen?
- Was hat ihm nicht so gut gefallen?

- Wo sieht er bei sich selbst Qualifikationslücken und Defizite, die zu schließen wären?
- Ist er bereit, sich aktiv an den Qualifizierungsmaßnahmen zu beteiligen, ggfs. auch in der Freizeit?
- Hat der Bewerber noch Fragen, die sich erst im Nachgang ergeben haben?
- Steht der Bewerber unter Entscheidungsdruck, d. h. muss er sich im Hinblick auf ein anderes Stellenangebot bis zu einem bestimmten Termin entscheiden?

Natürlich haben Sie keine Garantie, dass der Bewerber, wenn er sich nach wie vor an der Position interessiert zeigt, letztendlich ein Vertragsangebot auch annehmen würde. Personalberater berichten, dass gerade in wirtschaftlich schwierigen Zeiten viele Kandidaten, die sich aus einem festen Anstellungsverhältnis heraus beworben haben, noch im letzten Moment wieder abspringen. Dahinter steckt die Angst, einen sicheren Arbeitsplatz leichtfertig aufzugeben und sich des Risikos der Probezeit im neuen Job aussetzen zu müssen. Sie können aber zumindest die Kandidaten aus Ihren weiteren Überlegungen ausschließen, die klar Abstand nehmen.

Tipp

Fragen Sie Bewerber, die nach dem Vorstellungsgespräch nicht mehr an der Position interessiert sind, nach ihren Gründen.

Diese sind eine wichtige Rückmeldung an Sie, ob Sie am Auswahlprozess Änderungen vornehmen sollten oder Ihren Gesprächsstil einer kritischen Prüfung unterziehen müssen. Sicherlich sollte nicht die Aussage eines einzelnen Bewerbers auf die Goldwaage gelegt werden, wenn aber immer wieder die gleichen Gründe genannt werden, ist es schon angebracht, darüber nachzudenken.

Bei Bewerbern, die sich nach dem Gespräch noch interessiert zeigen, ist besonders deren Selbstbild im Abgleich zu Ihrem Fremdbild wichtig. Gute Bewerber zeichnen sich in der Regel durch ein realistisches Selbstbild aus. Sie kennen ihre Stärken und ihre Defizite.

5 Der Entscheidungsprozess

Jetzt ist es bald geschafft! Die Entscheidung naht. Wie heißt es auch so schön: Sie haben die Qual der Wahl. Einfach ist die Sache, wenn nur ein Bewerber bei der Stange geblieben ist. Wirklich? Seien Sie nicht zu voreilig im Verschicken eines Vertragsangebotes. Prüfen Sie auch hier sehr genau, ob Sie diesen Bewerber tatsächlich einstellen möchten. Verhaltensweisen, die Sie bereits im Vorstellungsgespräch gestört haben, können im Arbeitsalltag Tag für Tag, Woche für Woche, Monat für Monat, Jahr für Jahr zur echten Qual werden. Ich kenne zu viele Führungskräfte, die nach dem Motto „besser den Mitarbeiter als nochmals von vorne beginnen" faulen Kompromissen zugestimmt haben und dies im Arbeitsalltag dann bitterlich bereuten. Ich möchte Ihnen nicht Angst machen, letztendlich wird sich immer erst in der konkreten Arbeitssituation herausstellen, ob die Zusammenarbeit klappt. Mir geht es darum, Ihnen die Tragweite Ihrer Entscheidung vor Augen führen. Natürlich können Sie sich in der Probezeit wieder von dem Mitarbeiter trennen, aber der Aufwand und der Ärger, der damit verbunden ist, wird um einiges höher sein, als dies zum jetzigen Zeitpunkt der Fall wäre.

In der Regel werden jedoch mehrere Kandidaten nach dem Vorstellungsgespräch noch zur Auswahl stehen. Sie kommen also um den Entscheidungsprozess in diesem Fall nicht herum.

5.1 Instrumente der Entscheidungsfindung

Häufig werden Sie bereits ein Bauchgefühl haben, welchem der Kandidaten Sie den Vorzug geben möchten. Es ist dennoch sinnvoll, zunächst nochmals unvoreingenommen die vorhandenen Bewerberinformationen zu sichten und den Prozess der Entscheidungsfindung Schritt für Schritt zu gehen. Welche Instrumente stehen Ihnen zur Verfügung?

Sie haben die schriftlichen Unterlagen:

- Bewerbungsunterlagen der Bewerber
- Ihre Aufzeichnungen während der Gespräche
- Ihre Auswertebögen

und möglicherweise

- Aufzeichnungen und Auswertebögen Ihrer Kollegen
- AC-Ergebnisse und Ergebnisse sonstiger Auswahlinstrumente wie Persönlichkeitstests oder grafologische Gutachten
- Arbeitsproben
- Referenzen

Es gibt unzählige Verfahren der Entscheidungsfindung vom Würfeln über den Ausschluss durch K.-o.-Kriterien bis hin zu komplexen Nutzwertanalysen und Entscheidungsmatrizen.

Eine praktikable Vorgehensweise besteht darin, im ersten Schritt zu prüfen, ob bei einzelnen Kandidaten K.-o.-Kriterien vorliegen. Dies ist sehr häufig der Fall, wenn Bewerber Muss-Anforderungen nicht erfüllen und der Aufwand, der zur Erlangung der notwendigen Qualifikation notwendig wäre, nicht zu rechtfertigen ist.

Im zweiten Schritt können Sie für die übrig gebliebenen Kandidaten eine Entscheidungsmatrix erstellen, bei der Sie die unterschiedlichen Kriterien zunächst gewichten und dann entsprechende Punkte vergeben. Als Kriterien kommen zum einen die Anforderungsmerkmale aus dem Anforderungsprofil zum Tragen, es können jedoch noch zusätzliche Aspekte mit aufgenommen werden, die für Sie Entscheidungsrelevanz haben.

Formblatt 9 zeigt ein Beispiel. Die Gewichtungsfaktoren reichen von 0 bis 10, die zu vergebenden Punkte sind ebenfalls von 0 bis 10 möglich.

Formblatt 9
Entscheidungsmatrix Kandidatenauswahl

Entscheidungsmatrix Kandidatenauswahl							
Kriterium	Gewichtung	Kandidat 1		Kandidat 2		Kandidat 3	
		Punkte	gew. Punkte	Punkte	gew. Punkte	Punkte	gew. Punkte
Berufserfahrung	10	5	50	7	70	9	90
Englischkenntnisse	10	2	20	9	90	6	60
Bereitschaft, bis 19 Uhr zu arbeiten	10	7	70	4	40	7	70
Branchenerfahrung	5	10	50	0	0	5	25
SAP/R3-Erfahrung	7	10	70	7	49	3	21
Erfahrung im Telefonmarketing	5	0	0	2	10	4	20
Gehaltsvorstellung passt in Rahmen	5	8	40	4	20	6	30
Potenzial zur Mitarbeiterführung	4	3	12	7	28	9	36
Bereitschaft, sich in Technik einzuarbeiten	4	9	36	3	12	4	16
Kundenorientierung	7	4	28	6	42	9	63
Denkt logisch und arbeitet selbstständig	5	4	20	6	30	9	45
Effiziente Arbeitsweise	5	3	15	7	35	9	45
Verlässlichkeit der Aussagen	10	3	30	7	70	9	90
Referenzen	5	0	0	6	30	10	50
Summe			441		526		661

Sie sehen, dass durch die Einbeziehung zusätzlicher Faktoren wie z. B. der Verlässlichkeit der Aussagen, also die Glaubwürdigkeit und Stimmigkeit zwischen Unterlagen, Aussagen im Vorstellungsgespräch und Referenzen Dritter, der Beurteilungsrahmen erweitert werden kann.

5.2 Subjektive Kriterien bei der Bewerberauswahl

Die Einschätzung einer Person erfolgt nur zu einem geringen Teil auf rein sachlichen Argumenten, wie wir bereits mehrfach angesprochen haben. Auch Sympathie oder Vorurteile und nicht zuletzt die Ausstrahlung einzelner Wahrnehmungen auf das Gesamtbild beeinflussen unsere Auswahlentscheidungen. Die Forderung, die subjektiven Einflussfaktoren komplett auszuschließen, ist meiner Meinung nach unrealistisch. Schließlich wird auch im täglichen Umgang miteinander Sympathie eine wichtige Rolle spielen. Menschen, die „miteinander können", „auf der gleichen Wellenlinie sind" und wo die „Chemie stimmt", werden in der täglichen Zusammenarbeit auch bessere Ergebnisse erzielen, als wenn Missgunst und Misstrauen jegliches Teamspiel verhindert.

Analysieren Sie auch, wie der potenzielle neue Mitarbeiter sich in das Abteilungsgefüge integrieren würde. Nicht nur das Verhältnis zu Ihnen als Chef, sondern auch zu den Kollegen und Kunden spielt eine wichtige Rolle und ist für die Erreichung Ihrer Bereichsziele von zentraler Bedeutung. Und schließlich sollte sich der Bewerber auch mit den Unternehmenszielen und der Unternehmenskultur identifizieren können.

Überprüfen Sie eine auf sachlichen Argumenten begründete Einstellentscheidung auch unter diesen Aspekten. Schließlich sollte eine Einstellentscheidung mit Herz und Verstand getroffen werden.

Marc Bollinger, Director Human Resources der Landesbank Sachsen gibt in dem folgenden Praxis-Statement zum Thema Einstellentscheidung noch ein paar Denkanstöße.

Praxis-Statement:
Selbstverantwortung und der Blick für das Ganze

von Marc Bollinger, Director Human Resources, Landesbank Sachsen, Leipzig (www.sachsenlb.de)

Häufig hört man folgende Erfolgsformel für eine sichere Auswahlentscheidung: jung, dynamisch, flexibel, zielorientiert, teamfähig, analytisch im Denken, führungserfahren, praxiserprobt, prozessorientiert, auslandsbewandert, Prädikatsexamina mit kürzest möglicher Studiendauer, sozial, emotional und intelligent.

Diese Aufzählung kann, je nach Wunschdenken des Personalentscheiders, seitenlang weitergeführt werden, ohne den Kern des Bewerbers wirklich zu treffen. Nämlich den Menschen selbst, das was Bewerber voneinander abhebt und jeden einzigartig macht.

Ich verfolge eine andere Sicht der Dinge, als mich sklavisch an vorgegebene Profile, Bewertungsbögen und Feindiagnosen zu halten. Dies auch nicht als Vision, sondern als erklärte Strategie: Selbstverantwortung und ein Blick für das Ganze. Was bedeutet das?

Auch ich suche Mitarbeiter, die sich in ihrer Ausbildung ein fundiertes Wissen angeeignet haben. Noten und Zeugnisse sind hierbei nachrangig. Mir ist wichtig, im Gespräch zu erkennen, dass der Kandidat zu unterscheiden weiß, was er in der Praxis mit seinem theoretischen Wissen anfangen kann, und gelernt hat, mit theoretischen Sachverhalten in der Praxis umzugehen. So suche ich nach Anhaltspunkten bei meinem Gegenüber, die zeigen, dass Wissen kein alleiniger Erfolgsgarant ist, jemand eher an sich selbst gereift ist und der Berufs-/Lebenserfahrung ein mindestens gleicher Stellenwert in der Vita zukommt.

Meines Erachtens hat man dann Erfolg in seinem Beruf, wenn man gesuchter und gefragter Ansprechpartner ist. Das wird dauerhaft nicht kraft Hierarchie oder Reputation, sondern nur dadurch möglich, dass man seine Neigungen, das Besondere und Einzigartige an sich erkannt hat, es in den Vordergrund stellt und nutzt. Schwächen und Defizite hat ein jeder. Hierzu sollte man – auch in einem Bewerbungsverfahren – stehen, darlegen, dass man um diese weiß, und aufzeigen, wie man sie umschifft bzw. mit ihnen umgeht. Das bitte aber glaubwürdig und nicht mittels Phrasen, wie sie in vielen Bewerbungsratgebern vorgebetet werden. Eine gesunde Neugierde und die Bereitschaft, immer neue Aufgaben und Herausforderungen zu suchen, runden ein Profil ab.

Warum dieser Blick fürs Ganze? Die Anforderungen an den geeigneten Kandidaten haben sich in der Arbeitswelt in den letzten Jahren sehr verändert. Das Berufs- und Arbeitsleben ist viel stärker als früher von Veränderungen und Umstrukturierungen geprägt. Es werden Mitarbeiter gesucht, die sich in diesen Veränderungsprozessen bewegen und bewähren können. Das bedeutet, dass dem reinen Spezialistentum nur noch sequenziell Bedeutung zukommt und immer mehr breit aufgestellte Generalisten benötigt werden, die vielseitig einsetzbar sind. Das Gerechtwerden dieser Anforderung ist nicht erlernbar oder studierbar und auch nicht in einem herkömmlichen Auswahlverfahren zu quantifizieren. Vielmehr tritt die persönliche Note in den Vordergrund, offen, selbstbewusst, eigenständig und lernbereit zu sein. Klassische Soft Skills sind gefragt, und das macht Auswahlentscheidungen umso schwieriger und Probezeiten für beide Seiten umso wichtiger. Denn hier kristallisiert sich erst heraus, ob eine Entscheidung richtig oder falsch war. Die reine Auswahlentscheidung wird somit zwar immer noch im Laufe des Bewerbungsverfahrens getroffen, die Einstellungsentscheidung an sich verschiebt sich aber immer mehr nach hinten.

Da fachliche, methodische, soziale und persönliche Kompetenzen in der Kürze der Zeit eines herkömmlichen Auswahlverfahrens nicht exakt und objektiv zu bestimmen sind, kann es auch keinen Gleichbehandlungsgrundsatz und keine Gerechtigkeit in der Auswahlentscheidung geben. Wenn man wie ich versucht, objektive Vergleichskriterien in den Hintergrund treten zu lassen und auf den Menschen selbst bzw. generalistische Fertigkeiten abstellt, gerät die Auswahlentscheidung sehr rasch zu einem subjektiven Moment. Das sollte jedem Beteiligten an einer Auswahlentscheidung bewusst sein. Das Wissen hierumsollte mit in die Gespräche genommen werden und man sollte sich nicht in eine Traumwelt hineinbegeben.

Bei Auswahlprozess und Auswahlentscheidung spielen Menschen die wesentliche Rolle und nicht ideelle Systeme. Also liegt es auf der Hand, dass Sympathie und Antipathie, Ästhetikempfinden, persönliche Wertvorstellung, Tagesform, Launen und innerbetriebliche Zwänge Schicksal spielen. Alles Unwörter, die viele Personaler scheuen das Weihwasser, weil sie sich selbst nicht eingestehen, dass sie nur allzu menschlich handeln mit ihrer Entscheidung.

Natürlich kann man sich immer wieder zur Neutralität zwingen, man muss es auch. Doch wie mit so vielen Vorsätzen verhält es sich auch hier. Man selbst ist schwach und wenn sie als Entscheider „Himpelmusel" hassen wie die Pest, dann wird keiner, der etwas von „Himpelmusel" an sich hat, wirklich eine Chance erhalten. Oder wenn „Marylin Monroe" vor ihnen sitzt, dann wird „Puttchen Brammel" zwangsläufig das Nachsehen haben. So geht das Spiel.

Wenn ich so etwas proklamiere, dann bedeutet dies bitte nicht, dass man eine Auswahlentscheidung gewinnt, wenn dem Ideal „Marylin Monroe" entsprochen wird. Das versprechen nämlich viele unseriöse Ratgeber mit ihren angeblichen Patentrezepten. Es darf nicht vergessen werden, dass wir es hier mit Menschen zu tun haben. Auf beiden Seiten – ja, auch der Entscheider ist nur ein Mensch und kein Übergott, ein auf gleicher Stufe stehender Partner. Und jeder Mensch definiert für sich selbst seine Werteskalen. Was für den einen „Marylin Monroe" ist, ist es für den anderen noch lange nicht. Der eine mag „Himpelmusel" nicht und der nächste Entscheider im folgenden Auswahlverfahren dafür umso mehr. Darum kann nur davon abgeraten werden, den angeblichen Klischees nachzueifern bzw. diese nachzuahmen. Maßstab sollte eher sein, so viel wie möglich an Authentizität und Ehrlichkeit einzufordern, zuzulassen bzw. an den Tag zu legen. Und letzten Endes geht es immer auch ein wenig darum, zur richtigen Zeit am richtigen Ort zu sein.

Ich werde oft im Falle von Absagen nach dem Warum gefragt. Manchmal fällt die Antwort leicht, da sich das subjektive Momentum dadurch entschärft, dass mehrere Entscheider an der Auswahlentscheidung beteiligt sind, und man so doch ein objektiveres Kriterium erhält. Häufig fällt sie schwer, nämlich dann, wenn der Funke nicht übergesprungen war, man den Kandidaten einfach nicht mochte oder im Persönlichkeitsbild zu viele Defizite offensichtlich waren. Doch was ist daran schlimm? Warum soll es im Berufsleben anders funktionieren als im Privaten?

Ähnlich verhält es sich mit der Frage, was kann ich anders, was kann ich besser machen. Eine Antwort ist leicht dahergesagt, denn jeder Schüler bekommt frühzeitig eingebläut, wie ein Anschreiben, ein Lebenslauf, eine Bewerbungsmappe und Antworten auf „die Personalerfragen" auszusehen haben. Doch wie langweilig ist es, wenn nur noch Stromlinienförmigkeit vorherrscht, und wie sehr sticht eine Bewerbung heraus, die anders ist. Wer bitte hat erfunden, dass ein Anschreiben nicht länger sein darf als eine Seite oder dass in Deutschland sämtliche Zeugnisse mit eingereicht werden sollen? Völliger Quatsch. Wenn einer etwas zu erzählen hat, dann soll er es tun, auch wenn dabei ein Buch herauskommt. Wenn es mich fesselt und nicht als Ammenmärchen daherkommt, dann bin ich gefangen. Viel besser, als wenn ich mir hundertmal den gleichen Sermon anhören oder hundert Schreiben mit identischem Aufbau und Inhalt lesen muss. Und die Zeit, um mannigfache Zeugnisse und Unterlagen zu würdigen, fehlt mir eh. Sollte ich skeptisch werden und einen Beleg für das Erzählte haben wollen, so können diese immer noch nachgefordert werden.

Das Auswahlverfahren ist eine (beiderseitige) Marketingveranstaltung. In der Bewerbungsphase fehlt es dem Bewerber jedoch an Möglichkeiten, seine Marketingstrategie durch Recherche auf die Gesprächspartner auszurichten. So muss vor allem er durch sich selbst bei der Präsentation überzeugen. Die Auswahlentscheidung ist dann eine Folge des Positioning.

Wenn Sie die Auswahlentscheidung im Team treffen, sollte es Ihr Ziel sein, dass alle Beteiligten die Entscheidung mittragen. Eine Einstellentscheidung, die gegen den massiven Widerstand eines Beteiligten dennoch getroffen wird, birgt große Risiken und Gefahren in sich. Nichts ist so schön, als einem Kollegen nachzuweisen, dass „sein" Kandidat tatsächlich nichts bringt, wie man es ja bereits im Vorfeld vorausgesagt hat. In vielen Unternehmen herrscht daher der Grundsatz, dass ein Vertragsangebot nur unterbreitet wird, wenn alle am Auswahlprozess Beteiligten, in der Regel Personal- und Fachbereich, die Einstellentscheidung befürworten.

Wenn Sie eine Einstellentscheidung getroffen haben, sollten Sie den Kandidaten Ihrer Wahl so zügig wie möglich informieren und ein Vertragsangebot zuschicken. Sofern in Ihrem Hause ein Betriebsrat vorhanden ist, bedarf es dessen formaler Zustimmung, bevor Sie verbindlich eine Zusage machen und den Vertrag versenden können. Es ist deshalb ratsam, dem Kandidaten Ihre Entscheidung mitzuteilen und diese mit dem Zusatz – vorbehaltlich der Zustimmung des Betriebsrates – zu ergänzen.

Teilen Sie den Bewerbern, die nicht zum Zuge gekommen sind, auch möglichst schnell mit, dass Sie sich anderweitig entschieden haben.

Wenn Ihre Auswahlentscheidung sehr knapp ausgefallen ist und Sie noch ein bis zwei Kandidaten haben, die aus Ihrer Sicht den gestellten Anforderungen auch entsprechen könnten, diese also echte Alternativen darstellen, sollten Sie die Absagen an diese Kandidaten noch zurückhalten, bis Ihr „Favorit" Ihr Vertragsangebot unterschrieben zurückgeschickt hat.

So behalten Sie sich eine Alternative in der Rückhand, ohne den „Ersatzkandidaten" das Gefühl zu geben, nur die zweite Wahl zu sein.

5.3 Der Entscheidungsprozess aus Bewerbersicht

Nicht nur Sie als Unternehmensvertreter treffen eine Entscheidung. Auch für den Bewerber ist der Schritt in einen neuen Job, oder vielleicht sogar den ersten Job, eine weit reichende Entscheidung, die gründlich überlegt sein will.

Bewerbern stehen in der Regel eine Reihe von Informationsquellen zur Verfügung, die sie für ihre Entscheidung heranziehen:

- Unternehmensauftritt im Internet
- Presseberichte
- Unternehmensimage (Produkte, Größe, Marktposition ...)
- Arbeitgeberimage (Entwicklungsmöglichkeiten, Freiräume, Gehaltsniveau ...)
- Firmenbroschüren
- Gespräche mit Personen, die das Unternehmen kennen (Kunden, Lieferanten, Nachbarn, Wettbewerber oder Mitarbeiter)
- Ablauf des Bewerbungsprozesses (Zeitdauer, Professionalität, Kommunikation)
- Verlauf des Vorstellungsgespräches und Informationen, die dabei gegeben werden (Arbeitsplatzbeschreibung, Unternehmenspositionierung, Produkte, Gehalt, Nebenleistungen)
- Verhalten der handelnden Personen im Unternehmen (Freundlichkeit, Kommunikation untereinander, Identifikation mit dem Unternehmen)
- Erscheinungsbild der Arbeitsplätze (Lage, Ausstattung, Sauberkeit)

Lassen Sie uns auf einige Aspekte etwas näher eingehen, die unmittelbar mit dem Bewerbungsprozess zu tun haben:

Die Art und Weise, wie der Bewerber das Unternehmen während des Bewerbungsprozesses kennen lernt, hat für seine Einstellung eine sehr hohe Relevanz. Besonders im Blickpunkt steht dabei die Zeitdauer, also die Geschwindigkeit, mit der das Unternehmen auf die Bewerbung reagiert und wie lange der Prozess vom Erstkontakt bis zu einer Entscheidung dauert. Aber auch der Professionalität und der Kommunikation messen Bewerber einen hohen Stellenwert bei.

- Hat das Unternehmen eine Eingangsbestätigung für die Bewerbungsunterlagen geschickt?
- Hat das Unternehmen einen Zwischenbescheid gegeben?
- Wird der Bewerbungsprozess transparent dargestellt?
- Sind die einzelnen Schritte des Verfahrens in sich stimmig?
- Ist die Kommunikation partnerschaftlich und offen?
- Wurde seitens des Unternehmens auf Fragen gezielt eingegangen?
- Werden die entstandenen Bewerbungskosten unbürokratisch erstattet?

Der Erfahrungsbericht von Thomas Runge stellt die angesprochenen Aspekte aus Bewerbersicht dar.

Praxis-Statement: **Erfahrungen in der Bewerbungsphase**

von Thomas Runge

Geschafft: Im November hatte ich endlich mein Diplom in der Tasche. Voller Tatendrang hatte ich schon im September die ersten Bewerbungen abgeschickt – an eine Industrie- und Handelskammer, eine Sparkasse und eine große deutsche Bank.

Die Bewerbung an die Industrie- und Handelskammer bekam ich umgehend zurück. Auf meine Nachfrage, warum sie keine Berücksichtigung fand, teilte der Geschäftsführer mit, dass er einen Bewerber mit fundierten Rechtskenntnissen gesucht hatte. Aus der sehr allgemein gehaltenen Stellenanzeige war dies jedoch nicht ersichtlich. Aber immerhin gab er mir einen Grund für die Absage.

Die Bank lud mich für Ende Oktober zu einem Vorstellungsgespräch ein, das sehr angenehm verlief. Meinen Gesprächspartner kannte ich bereits durch meine frühere Berufstätigkeit bei diesem Unternehmen, und er sicherte mir zu, eine Einsatzmöglichkeit zu prüfen. Anfang Dezember hatte ich noch keine Rückmeldung. Deshalb rief ich an und erfuhr, dass man mir voraussichtlich einen negativen Bescheid geben müsse. Endgültig sollte ich dies aber in der Woche vor Weihnachten erfahren. Dies geschah leider nicht. Erst auf meine erneute Nachfrage im Januar des Folgejahres erfuhr ich definitiv, dass man sich aufgrund massiven Personalabbaus nicht im Stande sah, mir eine Stelle anzubieten.

Auch die Sparkasse ließ sich Zeit mit einem Termin für ein Vorstellungsgespräch. Dieses kam erst am 8. November in Gegenwart der Personalreferentin und eines Gruppenleiters zustande. Zu Beginn erfuhr ich, dass die Position, auf die ich mich ursprünglich beworben hatte, bereits intern vergeben war. Grundsätzlich hätte man aber Interesse an mir. Auch dieses anderthalbstündige Gespräch, in dem mir fachliche Fragen und Fragen zu meinem Werdegang gestellt wurden, verlief aus meiner Sicht positiv. Zum Schluss vereinbarten wir, dass sich jede Seite Gedanken machen sollte, ob eine Zusammenarbeit vorstellbar wäre. Bevor ich meine Überlegungen der Personalreferentin mitteilen konnte, ereilte mich jedoch auf meinem Anrufbeantworter eine Absage. Es hieß, dass man sich wohl doch für einen Kandidaten mit mehr Berufserfahrung in dem relevanten Bereich entscheiden würde, man aber insgesamt einen positiven Eindruck von mir gewonnen hätte. An dieser Stelle sei angemerkt, dass die Stelle, um die es in meinem Vorstellungsgespräch ging, zu diesem Zeitpunkt noch nicht offiziell beworben wurde. Erst durch einen späteren Austausch mit einem Bekannten, der bei dieser Sparkasse arbeitet und über den ich von dem ursprünglichen Stellenangebot erfahren hatte, erfuhr ich, dass der Gruppenleiter im Gespräch mehr Interesse an der Tätigkeit von mir erwartet hatte. Dabei war dieses Gespräch von der Personalabteilung als allgemeines Vorstellungsgespräch deklariert worden, ohne dass vorab Bezug auf eine bestimmte Stelle genommen wurde. So wurde ich z. B. auch ganz allgemein gefragt, in welchen Bereichen ich mir eine Tätigkeit vorstellen könnte. Dies ist ein gutes Beispiel für eine mangelhafte Abstimmung zwischen Personal- und Fachabteilung.

Die Bewerbung für ein Traineeprogramm bei einem regionalen Versorgungsunternehmen bekam ich genau einen Monat nach dem Versand mit dem lapidaren Hinweis wieder zurück, dass meine Bewerbung aus dem Bewerberkreis ausgeschieden sei. Auf meine telefonische Anfrage nach dem Grund erklärte die Personalsachbearbeiterin, dass von den ca. 70 eingegangenen Bewerbungen etwa 50 ohne nähere Prüfung wieder zurückgeschickt worden seien und dass der Geschäftsführer grundsätzlich keine Auskunft über die näheren Ablehnungsgründe erteile. Diese Praxis betreibt offensichtlich auch ein großer Lebensmittel-Discounter, und dabei fing alles so gut an: Bereits zwei Tage nach dem Versand meiner Bewerbungsunterlagen bekam ich eine Einladung zu einem Vorstellungsgespräch, das eine Woche später und damit Mitte Dezember stattfand. Das Gespräch mit dem Niederlassungsleiter begann für mich mit einer halben Stunde Warten. Es war jedoch sehr interessant und endete damit, dass ich noch eine Schriftprobe für ein grafologisches Gutachten anfertigen sollte. Außerdem vereinbarten wir, dass ich ihnen innerhalb einer Woche mitteile, ob ich weiterhin Interesse habe. Nachdem wohl auch mein Gesprächspartner einen positiven Eindruck von mir gewonnen hatte, wurde ich für Anfang Januar zu einem zweiten Gespräch mit dem Verkaufsleiter und einem anschließenden Schnuppertag eingeladen. Wieder sollte ich innerhalb einer Woche Bescheid geben, ob ich Interesse habe. Dabei entstand der Eindruck, dass es jetzt nur noch von meinem positiven Bescheid abhängt, ob ich die Stelle bekomme. Da hatte ich mich allerdings gründlich getäuscht, denn nach ein paar Tagen, in denen ich eigentlich nur auf einen Termin zur Besprechung des Einstiegstermins und der näheren Modalitäten wartete, lagen die Bewerbungsunterlagen völlig unerwartet wieder in meinem Briefkasten. Natürlich waren die im Begleitschreiben genannten Gründe für die Absage nicht sehr aufschlussreich, aber mein diesbezügliches Telefonat brachte mich auch nicht weiter: Die Sekretärin des Niederlassungsleiters erklärte mir, dass ihr Haus generell keine näheren Auskünfte über die Ablehnungsgründe erteile.

Zusammenfassend lässt sich sagen, dass es immer die gleichen Punkte sind, die den Bewerbungsprozess so zermürbend und unfruchtbar machen. Da ist zum einen der enorme Zeitraum, der zwischen Bewerbungsschreiben und positivem oder negativem Bescheid liegt. Das Bewerbungsschreiben an einen großen Automobilkonzern datiert vom 26. November, die Absage vom 14. Februar des Folgejahres. Daneben werden nach einem Gespräch Zusagen hinsichtlich des Termins einer Entscheidung nicht eingehalten. Von einem Berufsverband und einer Körperschaft des öffentlichen Rechts habe ich fast zwei Wochen nach dem versprochenen Termin noch keine Nachricht erhalten. Folglich ist jedem Berufseinsteiger zu raten, so früh wie möglich mit den Bewerbungen zu beginnen.

Sehr ärgerlich ist es weiterhin, keine Auskunft über die Ablehnungsgründe zu erhalten. Dabei wäre das sehr wichtig, um es beim nächsten Mal vielleicht besser zu machen. Die Bedeutung einer Rückmeldung wird außerdem von vielen Büchern, die Tipps zur Bewerbung geben, immer wieder betont – die Realität für den Bewerber sieht leider anders aus. Irritierend ist auch, wie wenig die Unternehmen teilweise von einem Bewerber wissen wollen. Die Standardfragen – beispielsweise zu Stärken und Schwächen und weshalb man sich selbst für den idealen Kandidaten hält – wurden in den seltensten Fällen gestellt. Dass das Auswahlverfahren insgesamt extrem subjektiv ist, erfuhr ich definitiv, als ich mich in zwei unterschiedlichen Niederlassungen eines Unternehmens bewarb. Im einen Fall wurde ich zu einem Vorstellungsgespräch eingeladen, im anderen Fall nicht.

Die Art und Weise, wie Sie mit dem Bewerber umgehen, ist nicht nur im Hinblick auf die Auswahlentscheidung seitens des Kandidaten wichtig. Selbst wenn Sie zu dem Ergebnis kommen, dass Sie den Bewerber nicht einstellen wollen, sollten Sie unter Personalmarketinggesichtspunkten darauf achten, dass der Bewerber einen positiven Eindruck von Ihrem Unternehmen mitnimmt.

5.4 Absagen richtig gestalten

Das Thema Absagen verdient ein Extrakapitel, da hier in der Praxis viele unnötige Fehler gemacht werden.

Sicherlich gehört es auch für Sie nicht zu den bevorzugten Aufgaben, einem Bewerber eine Absage zu erteilen, insbesondere dann, wenn ein persönliches Vorstellungsgespräch mit ihm stattgefunden hat. Schlechte Nachrichten überbringt man nicht gern. An der Tatsache, dass Sie bei mehreren vorliegenden Bewerbungen auch Kandidaten ablehnen müssen, können Sie nun mal nichts ändern. Es liegt jedoch in Ihrem Ermessen, wie Sie das tun. Und auch hier gilt: Der Ton macht die Musik.

Wenn es darum geht, bereits auf der Grundlage der schriftlichen Bewerbungsunterlagen eine Absage zu erteilen, ist es sicherlich schwer, individuell auf den Bewerber einzugehen. Dies ist besonders dann problematisch, wenn Sie mit einer sehr großen Zahl an Bewerbungen und demzufolge auch entsprechend vielen Absagen fertig werden müssen. Vermeiden Sie in Ihrem Absageschreiben geschwollene Formulierungen und Platitüden. Versuchen Sie dem Bewerber so offen wie möglich Ihre Situation und die Gründe für die Absage mitzuteilen.

Warum legen Sie der Absage nicht ein kleines „Giveaway“ bei, um die Enttäuschung etwas zu dämpfen? Dies kann ein Streuartikel aus Ihrem Produktmarketing sein oder falls sich hier nichts anbietet, ist eine kleine Süßigkeit zumindest eine nette Geste, mit der Sie sich von anderen Unternehmen positiv absetzen können.

Auf Seite 253 finden Sie ein Beispiel für ein solches Absageschreiben (Abb. 19).

Wenn Sie mit einem Bewerber ein Vorstellungsgespräch geführt haben, er also zum engeren Kreis der Kandidaten zählte, sollte es ein Gebot der Fairness sein, dass Ihre Absage etwas spezifischer ist und das Feedback dem Kandidaten eine Hilfestellung im Hinblick auf weitere Bewerbungen bietet. Auch wenn es mit mehr Aufwand verbunden ist als ein „Standardschreiben“, ist ein Telefonat, bei dem Sie ihm die Gründe für die Absage nennen, eine von Seiten der Bewerber sehr positiv honorierte Geste und ein Zeichen der Wertschätzung. Freilich sollte das Feedback so geartet sein, dass es den Bewerber nicht persönlich verletzt. Konstruktive Hinweise, die ihm vielleicht im nächsten Vorstellungsgespräch zugute kommen, sind das Beste, was Sie für ihn nach einer Absage noch tun können. Selbstverständlich sollten Sie auch bei einer telefonischen Absage die Bewerbungsunterlagen mit einem entsprechenden Begleitschreiben an den Bewerber zurückschicken. Sofern es sich um einen sehr guten Kandidaten gehandelt hat, besteht natürlich auch die Möglichkeit, ihn um sein Einverständnis zu bitten, seine Unterlagen im Hinblick auf eine zukünftige Stellenbesetzung behalten zu dürfen.

Nachfolgend ein Beispiel (Abb. 20) für ein Absageschreiben für eine Kandidatin, die bei Ihnen zum Vorstellungsgespräch war und mit der Sie kein telefonisches Feedbackgespräch geführt haben.

Symmantek
Electronics

Symmantek Electronics
In den Auen 35

70211 Stuttgart

Herrn
Thomas Weber
Adlerstraße 25

70771 Leinfelden-Echterdingen

Bearbeiter	Zeichen	Datum
Müller	Mü/re	28.03.2003

Ihre Bewerbung vom 18.03.2003

Sehr geehrter Herr Weber,

als Sie den DIN A4-Umschlag von uns in der Post sahen, haben Sie sich sicherlich schon gedacht, dass dies nichts Gutes bedeuten kann.

Wir müssen Ihnen leider mitteilen, dass wir Sie aufgrund der zahlreichen Bewerbungen nicht in die engere Wahl nehmen konnten.

Möglicherweise ist es ein Fehler, Sie nicht persönlich kennen gelernt zu haben. Vielleicht hätten Sie uns im persönlichen Gespräch begeistern können? Aber es ist uns einfach nicht möglich, mit allen Kandidaten in dieser intensiven Form in Kontakt zu treten. Aufgrund der Bewerbungsunterlagen – und diese stellen nun mal das erste Vorauswahlinstrument bei uns dar – haben uns andere Bewerber mehr von der Passgenauigkeit ihrer Qualifikation in Bezug zu unserem Anforderungsprofil überzeugen können.

Wir bedanken uns ausdrücklich bei Ihnen für Ihr Interesse an unserem Unternehmen und die Mühe, die Sie sich mit Ihrer Bewerbung gemacht haben. Gleichzeitig wünschen wir Ihnen viel Glück bei der Suche nach einer neuen beruflichen Herausforderung.

Das beigefügte „süße Trostpflaster" soll Ihnen ein wenig über die sicherlich vorhandene Enttäuschung hinweghelfen.

Mit freundlichen Grüßen

i. V. Franz Müller

Symmantek Electronics

Abb. 19: Absageschreiben 1

Symmantek
Electronics

Symmantek Electronics
In den Auen 35
70211 Stuttgart

Frau
Sabine Lambrecht
Ludwigstraße 51
69469 Weinheim

Bearbeiter	Zeichen	Datum
Müller	Mü/re	28.03.2003

Ihre Bewerbung vom 18.03.2003

Sehr geehrte Frau Lambrecht,

an dieser Stelle möchten wir uns bei Ihnen zunächst für das offene und informative Gespräch in unserem Hause bedanken.
Die letzten Tage waren durch einen sehr intensiven Entscheidungsprozess geprägt, der auch eine detaillierte Auswertung unserer Gesprächseindrücke beinhaltete. Wir hatten letztendlich drei sehr interessante und qualifizierte BewerberInnen, die in der engsten Wahl standen. Ich denke, wir müssen nicht extra betonen, dass Sie zu diesem Kreis zählten.
Sie dürfen mir glauben, dass uns die Entscheidung nicht leicht gefallen ist. Wir haben schließlich einer Kandidatin den Vorzug gegeben, die auf dem Gebiet des Telefonmarketings bereits über einschlägige Erfahrung verfügt und damit im Hinblick auf die zukünftige Ausrichtung der Stelle ein wichtiges Qualifikationsmerkmal besitzt.
Dennoch möchten wir nicht versäumen, Ihnen unsere Anerkennung aussprechen, da Sie uns eine hohe fachliche und soziale Kompetenz vermitteln konnten. Sie verfügen über ein verbindliches Auftreten und überzeugen nicht zuletzt auch durch Ihren Weitblick und Ihre kundenorientierte Denk- und Handlungsweise.
Gute Bewerberinnen wie Sie laufen einem nicht alle Tage über den Weg, deshalb würden wir gerne Ihre Bewerbungsunterlagen behalten und – Ihr Einverständnis vorausgesetzt – Sie im Personalleiterkreis des Arbeitgeberverbandes unserer Region ins Gespräch bringen.
Betrachten Sie das beigefügte Modell als kleines „Dankeschön“ und Zeichen unserer Wertschätzung. Gerne stehe ich Ihnen bei zukünftigen Bewerbungen als Referenz zur Verfügung.
Wir wünschen Ihnen viel Erfolg im Hinblick auf Ihre weitere berufliche Ausrichtung. Vielleicht melden Sie sich mal und sagen uns, wo Sie „gelandet“ sind.

Mit freundlichen Grüßen nach Weinheim

i. V. Franz Müller
Symmantek Electronics

Abb. 20: Absageschreiben 2

5.5 Der Arbeitsvertrag

Der beste Vertrag ist der, den man einfach in der Schublade lassen kann, so eine alte Weisheit. Auch wenn ein Arbeitsvertrag mündlich geschlossen werden kann, sollten Sie immer die Schriftform wählen, um für beide Seiten eine verbindliche und klare Basis für das Arbeitsverhältnis zu haben.

5.5.1 Formen des Arbeitsvertrages

Grundsätzlich sind zu unterscheiden:

a) Unbefristete Arbeitsverträge

b) Befristete Arbeitsverträge

a) Unbefristeter Arbeitsvertrag

Sofern keine Aussagen über eine Befristung gemacht werden, ist zunächst von einem unbefristeten Arbeitsverhältnis auszugehen. Beide Seiten können das Arbeitsverhältnis beenden, indem sie den Arbeitsvertrag entweder einseitig kündigen oder einvernehmlich aufheben. Hierzu sollten Regelungen im Arbeitsvertrag enthalten sein, ansonsten gelten die gesetzlichen Kündigungsfristen.

Ein von Dr. Frank Wetzling (Fachanwalt für Arbeitsrecht und Unternehmensberater, Ginsheim-Gustavsburg, wetzling@t-online.de) ausgearbeiteter Mustervertrag für unbefristete Arbeitsverhältnisse ist in Muster 1 wiedergegeben.

Muster 1
Unbefristeter Arbeitsvertrag

Zwischen

Der Firma ______________________________
(Firma)

Frau/Herrn ______________________________
(Mitarbeiter)

wird folgender Arbeitsvertrag geschlossen:

§ 1 (Gegenstand des Vertrags)

Der Mitarbeiter wird ab ____________ als ____________________ auf unbestimmte Zeit eingestellt.

Ihr/ihm sollen – nach einer Einarbeitungszeit von ca. ____ Monaten – diejenigen Aufgaben zur selbstständigen Bearbeitung übertragen werden, welche in der überreichten Aufgabenbeschreibung vom ____________ erfasst sind.

§ 2 (Bezugnahme auf Tarifvertrag)

Für das Arbeitsverhältnis gilt der Mantel- sowie der Entgeltstarifvertrag der _______ Industrie in der jeweils gültigen Fassung, soweit nicht im folgenden Text anderes vereinbart ist.

§ 3 (Probezeit)

Die ersten 3 (oder 6) Monate gelten als Probezeit, während der das Arbeitsverhältnis mit einer abgekürzten Kündigungsfrist von ____ Wochen zum ___________ gekündigt werden kann.

§ 4 (Anderweitige Tätigkeit)

Der Firma bleibt vorbehalten, dem Mitarbeiter eine andere zumutbare Tätigkeit innerhalb des Betriebs zuzuweisen, welche den Kenntnissen und Fähigkeiten des Mitarbeiters entspricht.

§ 5 (Arbeitszeit)

Die Arbeitszeit richtet sich nach den für den Betrieb geltenden tariflichen und betrieblichen Bestimmungen.

Beginn und Ende der täglichen Arbeitszeit und der Pausen richten sich nach den mit dem Betriebsrat abgestimmten Vereinbarungen oder der Übung des Betriebs.

Der Mitarbeiter erklärt sich bereit, im Rahmen des Gesetzes oder tariflicher Zulässigkeit Nacht- bzw. Schichtarbeit sowie Über- oder Mehrarbeitsstunden zu leisten.

Die Firma ist berechtigt, aus dringenden betrieblichen Gründen Kurzarbeit einzuführen. Die Ankündigungsfrist beträgt vier Wochen. Für die Dauer der Kurzarbeit wird das Entgelt im Verhältnis zur ausgefallenen Arbeitszeit vermindert.

§ 6 (Vergütung)

Der Mitarbeiter erhält ein monatliches Bruttogehalt in Höhe von Euro ________

Die Vergütung ist jeweils zum Letzten eines Monats fällig.

Zusätzlich wird ein leistungs- bzw. erfolgsabhängiger Entgeltsbestandteil gezahlt, der sich in der Höhe nach der jährlichen Zielvereinbarung zwischen dem Mitarbeiter und seinem Vorgesetzten bemisst. Diese Zusatzleistung, welche auch an das Ergebnis der Firma gebunden ist, soll sich durchschnittlich jährlich auf ca. 10–15 % des Jahresgehalts belaufen. Die Auszahlung dieses Entgeltsteils wird zum Ende des Geschäftsjahrs fällig.

Die Gewährung der vorgenannten zusätzlichen Entgeltsbestandteile erfolgt freiwillig. Auch bei mehrmaliger Zahlung entsteht daraus kein Rechtsanspruch für die Zukunft.

Der Mitarbeiter wird seine Entgeltsansprüche vereinbarungsgemäß weder verpfänden noch abtreten.

§ 7 (Nebenleistungen)

Für Reisen, die im Interesse der Firma erforderlich sind, erhält der Mitarbeiter Fahrt- und Übernachtungskostenerstattung nach der jeweils firmeninternen Spesenregelung.

§ 8 (Arbeitsverhinderung)

Der Mitarbeiter wird evtl. Dienstverhinderungen und ihre voraussichtliche Dauer so rechtzeitig – nach Möglichkeit vor Dienstbeginn – persönlich anzeigen, dass seine Vertretung rechtzeitig organisiert werden kann, zumindest jedoch 1 Stunde vor Dienstbeginn. Die Meldung der Arbeitsunfähigkeit erfolgt an den Vorgesetzten oder an einen von diesem Beauftragten. Bei anstehenden Terminsachen hat der Mitarbeiter auf die vordringlich zu erledigenden Arbeiten hinzuweisen.

Eine ärztliche Bescheinigung über die Arbeitsunfähigkeit geht vor Ablauf von 3 Kalendertagen nach Beginn der Arbeitsunfähigkeit der Firma zu.

Der Mitarbeiter wird der Firma die Bewilligung einer Kur frühestmöglich anzeigen, damit auch hier die Vertretung bestmöglich erreicht werden kann.

Darüber hinaus erklärt sich der Mitarbeiter im Fall der Arbeitsunfähigkeit bereit, geeignete andere Tätigkeiten zu leisten, sofern hierdurch der Genesungsverlauf nicht beeinträchtigt wird. Im Falle lang andauernder oder häufig wiederkehrender Erkrankungen ist der Arbeitgeber berechtigt, vom Mitarbeiter eine Untersuchung durch einen vom Arbeitgeber benannten Arzt/Betriebsarzt zu verlangen.

§ 9 (Entgeltsfortzahlung im Krankheitsfall)

Im Falle der Erkrankung des Mitarbeiters wird firmenseitig – sofern nicht gesetzliche Ausschlüsse vorliegen – die Entgeltsfortzahlung für den Zeitraum von 6 Wochen erbracht.

§ 10 (Urlaub)

Dem Mitarbeiter steht ein Erholungsurlaub von jährlich insgesamt 6 Wochen zu.

§ 11 (Verschwiegenheits- und Rückgabeverpflichtung)

Der Mitarbeiter verpflichtet sich, über alle vertraulichen Angelegenheiten und Vorgänge, die ihm im Rahmen der Tätigkeit zur Kenntnis gelangen, auch nach dem Ausscheiden aus dem Arbeitsverhältnis Stillschweigen zu bewahren.

Bei Beendigung des Arbeitsverhältnisses sind alle Notizen, Schriftstücke, Bücher, Muster, Modelle, Werkzeuge, Materialien und sonstiges Firmeneigentum unaufgefordert zurückzugeben. Ein Zurückbehaltungsrecht ist vereinbarungsgemäß ausgeschlossen.

§ 12 (Wettbewerbsverbot)

Der Mitarbeiter wird für die Dauer von einem Jahr nach Beendigung des Arbeitsverhältnisses in der Bundesrepublik (und folgenden weiteren Ländern: ________________) nicht für ein Konkurrenzunternehmen tätig werden, weder unmittelbar noch mittelbar an der Gründung oder im Betrieb eines solchen Unternehmens mitwirken.

Für die Dauer des Wettbewerbsverbots zahlt die Firma dem Mitarbeiter 50 % der zuletzt bezogenen vertragsgemäßen Leistungen, sofern nicht vor Beendigung des Vertragsverhältnisses eine Kündigung dieser Vereinbarung erfolgt.

§ 13 (Diensterfindungen)

Für die Behandlung von Diensterfindungen gelten die Vorschriften des Gesetzes über Arbeitnehmererfindungen vom 30. 7. 57 in der jeweiligen Fassung sowie die hierzu ergangenen Richtlinien für die Vergütung von Arbeitnehmererfindungen im privaten Dienst.

Für die Behandlung von Verbesserungsvorschlägen gelten die für den Betrieb abgeschlossene Betriebsvereinbarung in der jeweiligen Fassung.

§ 14 (Nebenbeschäftigung)

Der Mitarbeiter darf eine Nebenbeschäftigung während der Laufzeit des Arbeitsverhältnisses nur mit vorheriger schriftlicher Einwilligung der Firma übernehmen.

Ihm ist gestattet, Fachvorträge zu halten oder unter eigenem Namen zu veröffentlichen. Die Verpflichtung zur Verschwiegenheitspflicht bleibt hiervon unberührt.

§ 15 (Vertragsstrafe)

Im Falle der schuldhaften Nichtaufnahme oder vertragswidrigen Beendigung der Tätigkeit verpflichtet sich der Mitarbeiter, der Firma eine Vertragsstrafe in Höhe eines Gesamtmonatseinkommens zu zahlen. Das Gesamtmonatseinkommen wird nach dem Durchschnitt der Bezüge der letzten 12 Monate oder, im Falle einer kürzeren Beschäftigungsdauer, nach dem Durchschnitt während der Beschäftigungszeit oder, sofern die Tätigkeit nicht aufgenommen wurde, der vereinbarten Vergütung errechnet. Die Firma ist berechtigt, einen weitergehenden Schaden geltend zu machen.

Handelt der Mitarbeiter dem vereinbarten Wettbewerbsverbot zuwider, so kann die Firma unbeschadet ihrer sonstigen Rechte, für jeden Fall der Zuwiderhandlung oder im Falle der Eingehung eines Beschäftigungsverhältnisses für jeden Monat der Beschäftigung eine Vertragsstrafe in Höhe von ________ Euro verlangen. Unberührt bleibt hiervon die Möglichkeit, einen weitergehenden Schaden geltend zu machen.

§ 16 (Beendigung des Arbeitsverhältnisses)

Das Arbeitsverhältnis endet spätestens mit Ablauf des Monats, in welchem der Mitarbeiter seinen 65. Geburtstag feiert.

Das Arbeitsverhältnis des Mitarbeiters endet im Übrigen mit Ablauf des Monats, in dem ihm der Bescheid eines Rentenversicherungsträgers zugestellt wird, durch den festgestellt wird, dass der Mitarbeiter berufs- oder erwerbsunfähig ist.

Die Kündigungsfrist beträgt 4 Wochen zum Ende eines Kalendermonats. Im Übrigen sind die tariflichen und gesetzlichen Bestimmungen bindend. Tritt aufgrund gesetzlicher Vorschrift eine Verlängerung der Kündigungsfrist ein, so gilt die verlängerte Kündigungsfrist für beide Seiten.

Im Falle der Kündigung oder bei Abschluss eines Aufhebungsvertrags steht es dem Unternehmen frei, den Mitarbeiter unter Fortzahlung seiner Vergütung von den dienstlichen Pflichten freizustellen.

§ 17 (Ausschlussfrist für die Geltendmachung von Ansprüchen)

Alle Ansprüche aus diesem Vertrag und solche, die mit dem Arbeitsverhältnis in Verbindung stehen, verfallen, wenn sie nicht innerhalb von 3 Monaten nach Fälligkeit gegenüber der anderen Vertragspartei schriftlich erhoben werden. Lehnt die Gegenpartei den Anspruch ab oder erklärt sie sich nicht innerhalb von 2 Wochen nach Geltendmachung des Anspruchs, so verfällt dieser, wenn er nicht innerhalb von 1 Monat nach der Ablehnung oder des Fristablaufs gerichtlich geltend gemacht wird.

§ 18 (Personalfragebogen)

Die Angaben im Personalfragebogen/Einstellungsfragebogen sind Bestandteil des Arbeitsvertrags. Die unwahre Beantwortung der Fragen berechtigt zur Anfechtung oder Kündigung des Arbeitsvertrags.

§ 19 (Vertragsänderungen)

Änderungen des Arbeitsvertrags sowie Nebenabreden bedürfen ausdrücklich der Schriftform. Mündliche Absprachen sind unwirksam.

Sind einzelne Bestimmungen dieses Vertrags unwirksam, so wird hierdurch die Wirksamkeit des übrigen Vertrags nicht berührt. In diesem Fall werden beide Vertragspartner alsbald zusammentreten, um eine zulässige Regelung zu vereinbaren, welche der unwirksamen Regelung am nächsten kommt.

§ 20 (Sonstige Rechte und Pflichten)

Für das Beschäftigungsverhältnis gelten außer den Bestimmungen dieses Vertrags die gesetzlichen und tariflichen Regelungen, die Arbeitsordnung und sonstige Betriebsvereinbarungen, welche im Personalbüro jederzeit eingesehen werden können.

Der Mitarbeiter wird Änderungen seiner Anschrift umgehend der Firma mitteilen.

§ 21 (Gerichtsstand)

Für Rechtsstreitigkeiten aus dem Arbeitsverhältnis, seiner Beendigung und Abwicklung ist das Arbeitsgericht des jeweiligen Erfüllungsortes der streitigen Verpflichtung in ____________________ zuständig.

____
(Ort/Datum)

______________________________ ______________________________
(Arbeitgeber) (Mitarbeiter)

b) Befristeter Arbeitsvertrag

Sie wollen sich nicht gleich so festlegen oder haben nur einen zeitlich befristeten Bedarf? Dann sollten Sie über den Abschluss eines befristeten Arbeitsvertrages nachdenken, bei dem das Arbeitsverhältnis nach Ablauf einer bestimmten Zeit von selbst endet, ohne dass eine besondere Aufhebung erforderlich ist. Das Arbeitsverhältnis endet also automatisch mit Ablauf der Frist.

Eine Befristung muss ausdrücklich im Arbeitsvertrag vereinbart werden und ist nur unter bestimmten Voraussetzungen zulässig, wenn sie durch einen sachlichen Grund (Befristungsgrund) gerechtfertigt ist.

Mögliche Gründe sind beispielsweise:

- der betriebliche Bedarf an der Arbeitsleistung besteht nur vorübergehend
- die Befristung erfolgt im Anschluss an eine Ausbildung oder ein Studium, um den Übergang des Arbeitnehmers in eine Anschlussbeschäftigung zu erleichtern
- der Arbeitnehmer wird zur Vertretung eines anderen Arbeitnehmers beschäftigt
- die Befristung erfolgt zur Erprobung

Ausgenommen davon sind befristete Verträge bis zu einer Laufzeit von zwei Jahren. Diese können auch ohne sachlichen Grund abgeschlossen werden. Wird der Zeitvertrag für eine kürzere Laufzeit als zwei Jahre abgeschlossen, kann er maximal dreimal verlängert werden. Die Gesamtlaufzeit (Grundvertrag und Verlängerungen) darf zwei Jahre allerdings nicht überschreiten und muss lückenlos sein. Die Befristung ist unzulässig, wenn der Arbeitnehmer schon einmal bei Ihnen im Unternehmen beschäftigt war. Sie können also nicht befristet einstellen, wieder entlassen und wieder befristet einstellen.

Ein von Dr. Frank Wetzling (Fachanwalt für Arbeitsrecht und Unternehmensberater, Ginsheim-Gustavsburg, wetzling@t-online.de) ausgearbeitetes Mustervertragsteil für befristete Arbeitsverhältnisse ist in Muster 2 wiedergegeben.

Muster 2
Sachlich befristeter Arbeitsvertrag

Zwischen der Firma ______________________________

und

Frau/Herrn ______________________________

wird folgender Arbeitsvertrag geschlossen:

§ 1 Beginn und Dauer der Tätigkeit

Die Mitarbeiterin wird – stellvertretend für die Mitarbeiterin ____________ – ab ____________ eingestellt.

Die Befristung beruht auf dem sachlichen Grund der krankheitsbedingten Abwesenheiten der genannten Mitarbeiterin.

§ 2 Übertragene Tätigkeit

Die Mitarbeiterin wird – wie verabredet – alle entsprechend der ausgehändigten/beigefügten Tätigkeitsbeschreibung gekennzeichneten Arbeiten als ____________ verrichten.

§ 3 Arbeitsort

Arbeitsort ist ______________________________

Die erforderliche Verlängerung des sachlich befristeten Vertrags

Nicht selten tritt die Frage auf, wie ein sachlich befristeter Vertrag im Bedarfsfall zu verlängern ist. Folgendes Muster bietet sich an:

Zwischen ____________ und ____________ wird nachfolgender Verlängerungsvertrag geschlossen:

Der Arbeitsvertrag vom ____________, der bis zum ____________ befristet war, wird bis zum ____________ verlängert.

Der Grund für die Befristung liegt in dem Umstand, dass das Projekt Z – bedingt durch umfassende Nach-Recherchen und Analysen – sich nicht zu dem ursprünglich vorgesehenen Zeitpunkt beenden lässt. Zu diesem Zeitpunkt wird er beendet, ohne dass es einer Kündigung bedarf.

5.5.2 Die wichtigsten Inhalte des Arbeitsvertrages

Im Arbeitsvertrag sollten die wesentlichen Rahmendaten des Arbeitsverhältnisses fixiert werden. Diese sind:

a) Tätigkeit
b) Eintrittstermin
c) Vergütung
d) Arbeitszeit
e) Arbeitsort
f) Urlaub
g) Nebenleistungen
h) Geheimhaltung
i) Kündigungsfristen

a) Tätigkeit

Beschreiben Sie das Tätigkeitsgebiet und die Stellung des Mitarbeiters in der betrieblichen Hierarchie, dies bedeutet, dass im Vertrag fixiert ist, an wen der Mitarbeiter berichtet. Sofern der Mitarbeiter Handlungsvollmacht oder Prokura erhält, sollte dies ebenfalls im Vertrag mit angegeben werden.

Tipp

Fassen Sie das Tätigkeitsgebiet nicht zu eng, sondern lassen Sie einen Spielraum, damit Sie dem Mitarbeiter auch andere Aufgaben übertragen können.

Daher nehmen viele Unternehmen den Passus: „*Wir behalten uns vor, Ihnen auch im Rahmen Ihrer Vorbildung und Ihrer Kenntnisse eine andere Tätigkeit zu übertragen und das Aufgabengebiet und die Unterstellung aus organisatorischen Gründen zu ändern.*“

b) Eintrittstermin

Der Eintrittstermin wird in der Regel mit einem bestimmten Datum fixiert. Sofern noch nicht sicher ist, wann der Bewerber konkret zur Verfügung stehen wird, da er z. B. diesbezüglich mit seinem bisherigen Arbeitgeber noch in Verhandlungen eintreten muss, kann auch eine Formulierung wie: „*Eintrittstermin ist der 1. 7. 2003 oder früher*“ gewählt werden.

c) Vergütung

Die Vergütung beinhaltet sowohl das Monatsgehalt sowie zusätzliche Zahlungen wie Weihnachtsgeld, Urlaubsgeld oder vermögenswirksame Leistungen. Häufig wird dabei auf die geltenden Tarifverträge verwiesen, die Regelungen zum Weihnachts- und Urlaubsgeld beinhalten. Sofern Leistungen gezahlt werden, die nur individuell vereinbart wurden, sind diese selbstverständlich im Arbeitsvertrag zu definieren. In außertariflichen Positionen wird in der Regel ein Jahresgehalt angegeben.

Zur Vergütung gehören auch variable Bestandteile, die insbesondere im Vertrieb üblich sind. Hier sollte definiert werden, was die Grundlage für die Bemessung der variablen Vergütung ist.

d) Arbeitszeit

Die regelmäßige wöchentliche Arbeitszeit sowie die Regelungen bei Mehrarbeit sollten im Arbeitsvertrag festgehalten werden. Im außertariflichen Bereich ist es eher unüblich, dass Überstunden separat vergütet werden. Die Obergrenzen der Arbeitszeit werden im Arbeitszeitgesetz (www.jurcom5.juris.de/bundesrecht/arbzg/) geregelt.

e) Arbeitsort

Hier sollte der Dienstsitz genannt werden. Sofern die Möglichkeit einer regionalen Veränderung nicht ausgeschlossen sein sollte, empfiehlt sich eine entsprechende Formulierung im Vertrag: *„Dienstsitz ist Stuttgart. Der Mitarbeiter erklärt sich jedoch einverstanden, innerhalb der Bundesrepublik auch an einem anderen Standort zu arbeiten, sofern dies aus betrieblichen Gründen notwendig wird.“*

Sofern der Mitarbeiter von einem Home Office aus arbeitet, sollten die damit verbundenen Regelungen (Kosten für PC-Anschluss, anteilige Raummiete, Spesen ...) fixiert werden.

f) Urlaub

Der Urlaubsanspruch richtet sich vorwiegend nach tarifvertraglichen Regelungen. 4 Wochen sind gesetzliches Minimum, in der Praxis haben sich 6 Wochen in den meisten Tarifverträgen etabliert.

g) Nebenleistungen

Zu den Nebenleistungen zählen z. B. ein Firmenwagen, der auch privat genutzt werden kann, Versicherungsschutz, betriebliche Altersversorgung. Insbesondere die betriebliche Altersversorgung ist eine für Sie als Arbeitgeber sehr teure Nebenleistung, die insbesondere von jüngeren Bewerbern nicht entsprechend gewürdigt wird. Empfehlenswert ist bei den Nebenleistungen ein so genanntes „Cafeteria-System“, bei dem sich der Mitarbeiter aus einer Vielzahl von Angeboten die für seine individuelle Lebensumstände interessantesten Bausteine aussuchen kann. Sofern Sie Nebenleistungen in Betriebsvereinbarungen festgelegt haben, ist es empfehlenswert, die wichtigsten Regelungen hierzu dem Mitarbeiter mit Vertragsabschluss auszuhändigen.

ICH HÄTTE WISSEN MÜSSEN, DASS ETWAS FAUL IST, ALS SIE MIR DIE UNEINGESCHRÄNKTE NUTZUNG DES FIRMENFLUGZEUGES ZUSAGTEN.
© BEIER

Tipp

Fertigen Sie ein kleines Faltblatt an, auf dem die wichtigsten „Benefits“ beschrieben sind. Das schafft Klarheit und ist auch im Rahmen der Einstellinterviews gut als Marketinginstrument einsetzbar.

h) Geheimhaltung

Verpflichten Sie den Mitarbeiter, betriebliche Daten vertraulich zu behandeln. Die Regelung sollte auch über das Arbeitsende hinaus gelten.

i) Kündigungsfristen

Generell gelten die gesetzlichen Regelungen als Mindeststandard. Diese sind während der Probezeit zwei Wochen, danach vier Wochen jeweils zum 15. oder zum Monatsende. Die firmenseitigen Kündigungsfristen verlängern sich mit der Betriebszugehörigkeit. Beide Seiten können das neue Arbeitsverhältnis in den ersten sechs Monaten ohne Nennung von Gründen beenden, da erst nach Ablauf dieser Frist das Kündigungsschutzgesetz greift (www.arbeitsrecht.de/abisz/kommentare/kommentar6.htm).

j) Probezeit

Die Probezeit kann maximal sechs Monate betragen. Sie kann auch von z. B. drei Monaten auf sechs Monate verlängert werden, wenn Sie zu der Erkenntnis kommen, dass Sie eine abschließende Beurteilung, ob der Mitarbeiter den gestellten Erwartungen gewachsen sein wird, noch nicht treffen können.

Neben diesen Grundbestandteilen sollten Sie darüber nachdenken, noch die folgenden Themenbereiche in den Arbeitsvertrag mit aufzunehmen:

k) Regelungen bezüglich Nebentätigkeiten

Wenn Sie über Nebentätigkeiten Ihres Mitarbeiters informiert werden möchten, sollten Sie dies ausdrücklich formulieren. In der Rechtsprechung wurde jedoch entschieden, dass Sie Nebentätigkeiten eines Mitarbeiters nur untersagen können, wenn diese „die arbeitsvertraglich geregelten Pflichten des Arbeitnehmers einschränken“.

l) Erfindungen und Patente

Erfindungen und Patente, die im Rahmen der betrieblichen Tätigkeit erfolgen, sollten Sie sich vertraglich sichern.

m) Wettbewerbsverbot

Sofern Sie ausschließen möchten, dass Ihr Mitarbeiter nach Ausscheiden aus Ihrem Unternehmen direkt beim Wettbewerber arbeitet, können Sie ein so genanntes nachvertragliches Wettbewerbsverbot für die Zeit nach Beendigung des Arbeitsverhältnisses vereinbaren. Neben einer klaren Fixierung der zeitlichen und inhaltlichen Regelungen müssen Sie mindestens 50 % der Grundvergütung für die Dauer des Wettbewerbsverbots Ihrem Mitarbeiter als „Karenzentschädigung" weiter bezahlen. Wettbewerbsverbote werden vorwiegend bei Vertriebsmitarbeitern vereinbart, um zu verhindern, dass diese mit dem ganzen Kundenstamm zum Wettbewerber ziehen. Sofern Sie eine diesbezügliche Regelung planen, sollten Sie sich rechtlich eingehend beraten lassen.

TIPP

Wenn Sie im Arbeitsvertrag auf tarifvertragliche Regelungen verweisen, sollten Sie dem Bewerber zu dessen besserer Orientierung einen Auszug dieser Vereinbarungen dem Vertrag beilegen.

Insbesondere für Berufsstarter sind die tarifvertraglichen Regelungen nicht bekannt und damit besteht bei vielen Kandidaten ein Unwohlgefühl, auf was sie sich da einlassen. Da sie nicht den Eindruck des Unwissens oder der Kleinkrämerei erwecken wollen, sprechen sie in der Regel nicht Unternehmensvertreter, sondern eher die Gewerkschaften darauf an, ob sie entsprechende Unterlagen bekommen könnten. Warum handeln Sie also nicht gleich serviceorientiert und liefern dem neuen Mitarbeiter in spe die wichtigsten Regelungen gleich mit?

6 Der Blick nach vorn

Geschafft! Der Wunschkandidat hat den Vertrag unterschrieben, jetzt ist doch eigentlich alles in trockenen Tüchern. Die Praxis zeigt, dass viele Probleme noch auf Sie zukommen können.

Die Tatsache, dass Sie nun einen neuen Mitarbeiter unter Vertrag haben, sagt noch nichts darüber aus, ob es Ihnen gelingt, das volle Potenzial des neuen Teammitglieds auch tatsächlich auszuschöpfen. 21 % aller neuen Mitarbeiter verlassen nach den ersten 90 Tagen geistig bereits wieder das Unternehmen, auch wenn sie physisch noch lange bleiben, so die Ergebnisse einer Kienbaumstudie.

Mit der Neueinstellung verfolgen Sie sicherlich das Ziel, mehr Kapazität zur Erreichung Ihrer Ziele zur Verfügung zu haben. In der Praxis bedeutet dies jedoch in der ersten Zeit zunächst einen beachtlichen Mehraufwand an Arbeit auch für Sie und Ihre übrigen Mitarbeiter. „Der Neue" muss lernen, sich in den unbekannten Rahmenbedingungen zurecht zu finden und sich mit den an ihn gestellten Erwartungen vertraut zu machen. Erst wenn er die „Spielregeln" kennt, kann er damit beginnen, als Teil des Systems seinen produktiven Beitrag zu leisten und damit Ihren Erwartungen als Führungskraft gerecht zu werden. Dieser Prozess stellt sich in der Regel bei Berufseinsteigern als besonders schwierig dar, da sie sich im Vergleich zu Schule oder Universität mit einem völlig neuen Wertesystem vertraut machen müssen. Können Sie sich noch daran erinnern, welche Startschwierigkeiten Sie damals hatten?

Der neue Mitarbeiter braucht also besondere Unterstützung und Begleitung in dieser ersten Phase. Als Führungskraft kommt Ihnen beim Einarbeitungs- und Integrationsprozess des neuen Mitarbeiters eine zentrale Rolle zu:

- Sie vereinbaren Maßnahmen im Rahmen der Einarbeitungsphase.
- Sie sind Coach und in der Regel disziplinarischer Vorgesetzter.
- Sie übernehmen Verantwortung für den neuen Mitarbeiter.
- Sie setzen Ziele und verfolgen deren Erreichung.
- Sie bestimmen das Arbeitsumfeld, in dem der neue Mitarbeiter sich bewegt.
- Sie legen die Aufgabenverteilung innerhalb Ihres Verantwortungsbereiches fest und bestimmen damit das Arbeitsgebiet des neuen Mitarbeiters.
- Sie geben Hilfestellungen und beobachten die Entwicklungsschritte.
- Sie beobachten das Umfeld, wie der neue Mitarbeiter mit den Kollegen zurechtkommt.
- Sie treffen am Ende der Probezeit eine Entscheidung, ob das Arbeitsverhältnis fortgesetzt wird.
- Sie begleiten die weitere Entwicklung des Mitarbeiters.

6.1 Erfolgsfaktoren der Einarbeitung

Aus meiner Sicht stellen

a) Einfühlungsvermögen und

b) Feedback

die beiden wesentlichen Aspekte dar, damit am Ende für beide Seiten die Einarbeitung als erfolgreich betrachtet werden kann.

a) Einfühlungsvermögen

Versetzen Sie sich in die Rolle des neuen Mitarbeiters. Die von ihm getroffene Entscheidung für Ihr Unternehmen hat weit reichende Konsequenzen. Oft ist damit ein Umzug verbunden, nicht selten verlässt eine ganze Familie das vertraute Terrain und lässt soziale Beziehungen und Kontakte zurück. Der neue Mitarbeiter steht also unter Druck. Nicht nur Ihnen gegenüber, dass er Ihre Erwartungen erfüllen soll, sondern auch die eigenen und die seines sozialen Umfeldes. Er stellt sich demnach insbesondere in der Anfangsphase immer wieder die Frage, ob seine Entscheidung richtig war, ob es sich gelohnt hat, diesen Wechsel zu vollziehen. Unachtsamkeiten, die sich in der Hektik des Alltags einstellen können, wie das Nichtvorhandensein eines vorbereiteten Arbeitsplatzes zum Arbeitsbeginn oder das Fehlen eines Einarbeitungsplanes, werden häufig von neuen Mitarbeitern als Zeichen der Ablehnung interpretiert. Wie gesagt, ein neuer Mitarbeiter reagiert sehr sensibel auf kleine Zeichen, ob diese nun bewusst oder unbewusst gesendet werden.

b) Feedback

Ihr neuer Mitarbeiter ist auf Rückmeldungen angewiesen. Rückmeldungen, wie sein Verhalten gesehen wird, ob er sich mit seinen ersten eigenständigen Aktivitäten in die richtige Richtung bewegt und er Ihren Erwartungen innerhalb der Probezeit gerecht wird. Schließlich haben Sie die Entscheidung zu treffen, ob Sie den Mitarbeiter weiter beschäftigen möchten oder nicht. Dieses Feedback sollte ihm auch eine Orientierung darüber geben, welche Zusammenhänge im Unternehmen bestehen und wie er seine gewonnenen Eindrücke zu interpretieren hat. Dies erfordert in der Anfangsphase intensive Gespräche, ja, diese kosten Zeit. Wenn Sie jedoch hier nicht bereit sind, diese Zeit zu investieren, wird sich dies bitter rächen und kann sogar soweit führen, dass der neue Mitarbeiter das Handtuch wirft und Sie einen neuen Suchprozess starten müssen.

Feedback sollte aber auch in der anderen Richtung erfolgen. Geben Sie dem Mitarbeiter die Möglichkeit, Ihnen zu sagen, ob sich seine Erwartungen im Hinblick auf das Tätigkeitsgebiet, die Einarbeitung und das soziale Umfeld erfüllt haben, oder er seinerseits Probleme sieht. Nur durch den gegenseitigen Austausch der Erwartungen und den Abgleich mit der Realität, lassen sich in der Anfangsphase noch Korrekturänderungen vornehmen. Warten Sie nicht, bis der „Karren in den Dreck gefahren ist".

6.2 Die Planung des Einstiegs

Oh je, heute kommt unser neuer Mitarbeiter und wir haben noch nichts vorbereitet! Dieser panische Ausruf zeugt von schlechter Planung und hinterlässt bei Ihrem neuen Mitarbeiter einen denkbar schlechten Eindruck.

Es ist deshalb sinnvoll, dass Sie bereits unmittelbar nach Vertragsabschluss die Vorbereitung des Einstiegs planen.

6.2.1 Vorbereitungen im Vorfeld

Wenn Sie einen neuen Mitarbeiter einstellen, so steht sein Eintrittstermin und damit sein erster Arbeitstag in der Regel bereits längerfristig fest. Deshalb sollten Sie im Vorfeld eine Reihe von Maßnahmen einleiten, die den Start für alle Beteiligten einfacher machen.

Machen Sie sich im Vorfeld Gedanken, wie die Einarbeitung erfolgen soll. Grundlage sollte nicht ein Standardprogramm sein, sondern ein auf die individuellen Bedürfnisse des Mitarbeiters ausgerichtetes Paket. Wenn Sie bereits im Vorstellungsgespräch die GAP-Analyse mit dem Bewerber vorgenommen haben, also wissen, wo es noch Qualifikationsdefizite bezogen auf das Anforderungsprofil der Stelle gibt, sollte auch die Behebung dieser Defizite sich im Einarbeitungsprogramm wiederfinden. Einarbeitung ist nicht nur eine Bringschuld des Unternehmens. Fordern Sie den Mitarbeiter, indem Sie sein Commitment einholen, dass er aktiv die gebotenen Maßnahmen unterstützt. Wichtig ist nur, dass Sie bereits vor der Arbeitsaufnahme die notwendigen Schritte einleiten und damit vom ersten Tag an „loslegen" können.

Hier einige Anregungen, woran Sie im Hinblick auf die **fachliche Einarbeitung** denken sollten:

- Unternehmensinformationen
- Überblick über organisatorische Abläufe
- Produktschulungen
- Abteilungsdurchläufe
- Kundenbesuche
- Lieferantengespräche
- Unternehmensspezifische fachliche Weiterqualifizierung und Schulung

Empfehlenswert ist es, dass Sie einen Einarbeitungsplan entwerfen und darin bereits Schulungen und Abteilungsdurchläufe im Vorfeld koordinieren. Dieser Einarbeitungsplan stellt dann die Grundlage für die weitere Feinplanung zusammen mit dem Mitarbeiter dar. Lassen Sie Freiräume, damit der neue Mitarbeiter eigene Schwerpunkte noch setzen kann.

Sie als Führungskraft, aber auch ihre Mitarbeiter stellen die zentralen Ansprechpartner des neuen Mitarbeiters dar. Wählen Sie einen Mitarbeiter aus, der dem

Neuen speziell zur Verfügung steht und damit eine Patenrolle einnimmt. Um es nochmals deutlich zu sagen: Dies befreit Sie nicht von Ihrer Verantwortung, dem Mitarbeiter auch für Fach- und Feedbackgespräche zur Verfügung zu stehen.

Einarbeitung und Integration vollzieht sich nicht nur auf der fachlichen Ebene. Die **soziale Integration** stellt einen weiteren Bestandteil dar. Sie entscheidet darüber, ob sich der Mitarbeiter wohl fühlt und sich als Teil einer Gemeinschaft empfindet.

Hier einige Anregungen zur Förderung der sozialen Integration:

- Informelle Veranstaltungen (das Bier nach Feierabend ...)
- Einführungsveranstaltung mit anderen Neueinsteigern
- Pate, der auch für „die kleinen Sorgen und Nöte“ da ist
- Mitarbeit in Projektgruppen
- Regelmäßige Feedbackgespräche

Besonders der Kontakt zu anderen Neueinsteigern ist für den Mitarbeiter hilfreich. Dabei kann er feststellen, dass nicht nur er mit Startschwierigkeiten zu kämpfen hat. Häufig ist ein Wohnortwechsel mit dem neuen Job verbunden. So können sich mehrere neue Mitarbeiter zusammenfinden, um sich in der neuen Umgebung zu orientieren und auch die Freizeitgestaltung zu planen.

Die Mitarbeit in Projektgruppen verhilft dem Mitarbeiter, Kontakt zu einer Vielzahl von Kollegen innerhalb und außerhalb des eigenen Bereiches zu finden und sich damit ein Kontaktnetzwerk aufzubauen.

Und schließlich geht es auch um die werteorientierte Integration im Unternehmen. Der neue Mitarbeiter sollte sich mit den Werten und der Unternehmensphilosophie vertraut machen können. Dies kann zwar formal durch die Lektüre von Unternehmensleitsätzen erfolgen. Wirkliche werteorientierte Integration wird jedoch nur mittels gelebter Werte seitens der Vorgesetzten und Kollegen möglich sein. Sie haben als Führungskraft eine Vorbildfunktion. Predigen Sie nicht Werte, sondern leben Sie diese!

6.2.2 Die Planung des ersten Tages

Dem ersten Arbeitstag kommt dabei eine besondere Bedeutung bei. Der neue Mitarbeiter verbindet mit seinem „Empfang“ die Grundhaltung, mit der ihm im neuen Unternehmen begegnet wird. Ähnlich wie im Vorstellungsgespräch, bei dem oft die ersten Sekunden und Minuten entscheidend sind für die gegenseitige Meinungsbildung, so stellt auch der erste Arbeitstag die Weichen für den weiteren Verlauf der Zusammenarbeit. Planen Sie deshalb den ersten Arbeitstag mit besonderer Sorgfalt.

Das Merkblatt Nr. 10 soll Ihnen helfen, den ersten Arbeitstag des neuen Mitarbeiters optimal zu gestalten.

Merkblatt 10
Erster Arbeitstag

		✔
(1)	Stellen Sie sicher, dass Sie an diesem Tag selbst anwesend sind.	❐
(2)	Planen Sie sich Zeit für den neuen Mitarbeiter ein.	❐
(3)	Stimmen Sie sich ggfs. mit der Personalabteilung ab, was diese zur Gestaltung des ersten Arbeitstages beiträgt.	❐
(4)	Informieren Sie Ihre Mitarbeiter vorab, dass ein neuer Kollege kommt.	❐
(5)	Überlegen Sie sich ein kleines Begrüßungsgeschenk (z. B. Blumen, ein Buch, eine Tasche mit Firmenaufdruck) als Zeichen, dass Sie den neuen Mitarbeiter freudig erwarten und ihn in die Gemeinschaft aufnehmen wollen.	❐
(6)	Überlegen Sie sich, wem Sie den neuen Mitarbeiter am ersten Arbeitstag vorstellen möchten (z. B. nächsthöherem Vorgesetzten, Betriebsrat ...)	❐
(7)	Bereiten Sie einen Aushang oder eine Mail vor, mit dem Sie den neuen Mitarbeiter im Unternehmen vorstellen (möglichst ein Foto von ihm vorab anfordern, um es mit aufnehmen zu können).	❐
(8)	Stellen Sie Unterlagen zusammen, die dem neuen Mitarbeiter die Orientierung im Unternehmen erleichtern.	❐

Als sehr hilfreich hat sich ein „Starter-Set“ erwiesen, das aus den wichtigsten Unterlagen für den Mitarbeiter besteht.

Einige wichtige Bestandteile des Starter-Sets finden hier zusammengestellt. Diese sollten Sie individuell ergänzen bzw. austauschen:

- Abkürzungsverzeichnisse
- Telefonverzeichnis
- Organigramm des Bereiches
- Name der wichtigsten Ansprechpartner
- Unternehmenspräsentation
- Projektmanagementhandbuch
- Standortverzeichnis
- Weiterbildungsangebote

Diese Materialien können entweder als Mappe oder in Form eines elektronischen Verzeichnisses vorliegen. Wichtig ist nur, dass Sie dabei den Mitarbeiter nicht nur allgemein auf das Intranet verweisen, sondern die wichtigsten Unterlagen bereits übersichtlich zusammengestellt haben, um dem neuen Mitarbeiter die Orientierung zu erleichtern.

6.2.3 Der Arbeitsplatz

Das offensichtlichste Zeichen der Vorbereitung ist für einen neuen Mitarbeiter sein Arbeitsplatz. Neben der rein funktionalen Bedeutung hat der eigene Arbeitsplatz meist noch eine wichtige Zusatzfunktion: Es ist sein sicherer Hafen, sein eigenes Reich, in das er sich zurückziehen kann, wenn Unbekanntes auf ihn einstürzt. Daher sollten Sie sicherstellen, dass dem Mitarbeiter bereits vom ersten Arbeitstag an ein komplett ausgestatteter Arbeitsplatz zur Verfügung steht.

Die Checkliste 14 zeigt, worauf Sie alles bei der Vorbereitung des Arbeitsplatzes achten sollten.

Checkliste 14
Arbeitsplatz

		ja	nein
(1)	Steht der Arbeitsplatz fest?	❒	❒
(2)	Ist die neue Sitzordnung mit den Kollegen abgestimmt?	❒	❒
(3)	Sind ergonomische Belange sowie die Arbeitsplatzsicherheit berücksichtigt?	❒	❒
(4)	Ist der Arbeitsplatz mit Mobiliar ausgestattet?	❒	❒
(5)	Ist der Arbeitsplatz technisch ausgestattet?		
	– Drucker	❒	❒
	– PC mit Software und User-ID	❒	❒
	– Internetzugang	❒	❒
	– ggfs. Werkzeuge und Arbeitskleidung	❒	❒
	– Schreibtischausstattung	❒	❒
	– Telefon mit Nummernfreischaltung	❒	❒
	– ggfs. Laptop mit Software und User-ID und Modem	❒	❒
	– ggfs. Handy mit Freischaltung	❒	❒
(6)	Sind Namensschilder vorbereitet (Tür, Schreibtisch)?	❒	❒

TIPP

Versuchen Sie, den neuen Mitarbeiter auch räumlich in das Arbeitsteam zu integrieren.

Es empfiehlt sich daher, den Arbeitsplatz nicht völlig abseits von den Kollegen zu wählen. Schließlich möchte sich der neue Mitarbeiter nicht abgeschoben vorkommen und die Möglichkeit haben, einfachen Zugang zu Ihnen und den Kollegen zu finden. Wer auch nach außen hin ein Teil des Teams ist, kann wesentlich schneller das wichtige Wir-Gefühl entwickeln.

TIPP

Lassen Sie als Bildschirmschoner den Schriftzug *„Herzlich willkommen (Name), am neuen Arbeitsplatz"* einrichten.

6.3 Kontaktpflege vor dem ersten Arbeitstag

Wenn zwischen dem Vertragsabschluss und dem ersten Arbeitstag mehrere Wochen oder sogar Monate liegen, empfiehlt es sich, mit dem Mitarbeiter in dieser Zeit in regelmäßigem Kontakt zu stehen, um ihn bereits an das Unternehmen heranzuführen.

Nutzen Sie diese Möglichkeit, um ihn bereits in Grundsatzentscheidungen, die sein zukünftiges Arbeitsgebiet betreffen, einzubeziehen. Sofern Sie Hochschulabsolventen einstellen, besteht häufig auch die zeitliche Flexibilität, um z. B. bestimmte Schulungen schon vor dem eigentlichen Eintritt zu besuchen. Dies spart Ihnen nicht nur Zeit während der eigentlichen Einarbeitung, sondern auch Geld, da er sich noch nicht auf Ihrer „payroll" befindet.

Durch diesen Kontakt spürt der zukünftige Mitarbeiter auch, dass Sie an ihn denken und bereits als Teil des Teams verstehen. Das ist besonders unter dem Aspekt der sozialen Integration hilfreich.

Hier noch einige Anregungen, welche Maßnahmen sich für die Phase zwischen Vertragsabschluss und Arbeitsbeginn anbieten:

- Einbeziehung in den internen Mail-Verteiler
- Versand der Firmenzeitschrift
- Einladung zu wichtigen Meetings oder Tagungen
- Einladung zu Betriebs- oder Abteilungsfeiern
- Schulungen und Seminare

7 Nachwort

Wir sind am Ende unserer Reise angekommen. Eigentlich geht für Sie und Ihren neuen Mitarbeiter die gemeinsame Wegstrecke erst los. Aber das ist ein neues Buchthema.

Ich hoffe, dass Ihnen die Tipps und Anregungen aus der Praxis einen guten Einblick in das Feld der Mitarbeiterrekrutierung und -auswahl geben konnten. Nehmen Sie diesen Leitfaden als Ausgangsbasis für Ihre individuelle Gestaltung dieses Prozesses. Drücken Sie den vorgestellten Maßnahmen Ihren persönlichen Stempel auf. Nichts ist so überzeugend wie Individualität und der persönliche Touch. Ihre Kandidaten und zukünftigen Mitarbeiter werden es Ihnen danken.

Für Anregungen und natürlich auch Kritik bin ich Ihnen sehr dankbar. Schließlich will ich dieses Buch zu einem lebendigen und sich entwickelnden Leitfaden werden lassen.

Ich freue mich über Ihre Kontaktaufnahme entweder über den Verlag oder über meine Homepage unter www.dorisbrenner.de.

Ihnen und Ihren neuen Mitarbeitern viel Erfolg.

8 Anhang

Weitere Luchterhand-Titel zum Thema Personalbeschaffung

Zum Thema Personalauswahl

Assessment Center professionell
Worauf es ankommt und wie Sie vorgehen
von Michael Paschen/Anja Weidemann/Daniela Turck/Christian Stöwe
2003, 333 Seiten, gebunden, 38,00 EUR, ISBN 3-472-05057-8

Assessment Center sind in den Unternehmen aus der Personalarbeit nicht mehr wegzudenken. Da die Herangehensweisen jedoch sehr unterschiedlich sind, wird die Methodik immer wieder kontrovers diskutiert.
Dieses Buch hilft, bestehende Assessment Center vor dem Hintergrund eines professionellen Güteanspruchs differenziert zu bewerten und zu optimieren. Anhand ganz konkreter Anleitungen und Vorgehensempfehlungen kann der Leser hochwertige Assessment Center selbst erstellen und durchführen. Hierfür stehen Schritt-für-Schritt-Anleitungen und konkrete Praxisinstrumente für alle wichtigen Phasen eines Assessment Center-Projektes zur Verfügung. Das Material reicht von Anleitungen zur Konzeption und Übungserstellung bis hin zu ausführlichen Argumentationshilfen für die interne Kommunikation, Einladungsschreiben für Teilnehmer oder fertige Konzepte für Beobachtertrainings.
Die in diesem Buch zusammengefassten Vorgehensweisen und Empfehlungen sind allesamt durch die Autoren in unzähligen Assessment Center-Projekten für verschiedenste Unternehmen umgesetzt und optimiert worden. Auf diese Weise profitieren Sie direkt von den umfangreichen Praxiserfahrungen von vier der renommiertesten AC-Berater Deutschlands.

Einstellungsgespräche führen
Bewerber aus der Reserve locken
von Eberhardt Hofmann
3. Auflage 2002, 176 Seiten, broschiert, 27,00 EUR, ISBN 3-472-05024-1

Werden Stellensuchende zu einem Vorstellungsgespräch eingeladen, sind sie durch Literatur und Bewerbertrainings bestens gerüstet. Die Antworten werden nicht mehr so spontan, sondern taktisch und überlegt abgegeben, so dass für Arbeitgeber eine sichere Entscheidung für die Stellenbesetzung sehr schwer ist. Das Buch schildert Führungskräften und Personalmanagern, wie sie den geeigneten Bewerber in Einstellungsgesprächen herausfiltern. Interviewtechniken und die Beurteilung der Antworten werden in diesem verständlich geschildert. Gesprächspläne, Auswertungsbögen und Checklisten erlauben die direkte Umsetzung in die alltägliche Praxis

Professionelles E-Recruiting
Strategien-Instrumente-Beispiele
von Christoph Beck
2002, 278 Seiten, gebunden, 39,00 EUR,
ISBN 3-472-04958-8

Auch wenn viele Internetvisionen auf ein bescheidenes Maß reduziert wurden, das Internet hat die Personalbeschaffung in den Unternehmen grundlegend verändert. E-Recruiting hat und wird die traditionelle Personalbeschaffung zwar nicht ersatzlos ablösen, es ist aber auf dem besten Weg zum »Normalfall« zu werden. Hier werden erstmals die Möglichkeiten des E-Recruiting umfassend und differenziert dargestellt: von den Jobbörsen, den eigenen HR-Homepages bis zum digitalen Workflow beim Bewerbermanagement

Das Interview-Buch
Auswahlgespräche mit Fach- und Führungskräften
von Jochen Gabrisch
2003, ca. 140 Seiten, kartoniert, inkl. CD-ROM, ca. 30,00 EUR,
ISBN 3-472-05570-7

Unprofessionell geführte Vorstellungsgespräche führen zwangsläufig zu Fehlentscheidungen bei der Personalauswahl. Der damit verbundene Schaden steigert sich um ein Vielfaches, wenn Interviews mit Kandidaten für Spitzenpositionen als Plauderstunden vertan werden. Dieses Buch hilft, die Eignung von Kandidaten für qualifizierte Fach- und Führungspositionen und deren Managementkompetenzen durch kritische und intelligente Fragen offen zu legen. Den Kern des Buches bildet ein strukturierter Interviewfahrplan mit Fragenkatalog anhand dessen die fachlichen Qualifikationen und Leistungen, die Passung zur Organisation, die Wechselmotive und die Karriereplanung erfragt und beurteilt werden können. Ein zusätzlicher, kommentierter Fragenkatalog dient dazu die wichtigsten Managementkompetenzen zu beleuchten und so ein klares Bild von den Führungsqualitäten zu erhalten. Alle Fragen sind ausführlich erläutert (Hintergrund, Erwartungshorizont sowie Anschluss- und Vertiefungsfragen).

Alle Fragen stehen auch auf einer CD-ROM zur Verfügung und können zu einem individuellen Interviewkonzept aufbereitet werden. Zusätzliche Checklisten zur Vor- und Nachbereitung sind ebenfalls auf der CD zu finden. Damit wird aus dem Buch ein ganz persönliches Arbeitsmittel.

Zum Thema Gestaltung von Arbeitsverhältnissen

Außerbetriebliche Arbeitsverhältnisse
Heim- und Telearbeit
von Martin Fenski
2., überarbeitete Auflage 1999, 304 Seiten, gebunden, 42,00 EUR,
ISBN 3-472-02966-8

Seit der ersten Auflage dieses Buches im Jahre 1994 ist das Rechtsgebiet Heimarbeit durch zahlreiche Gesetzesänderungen umgestaltet worden. Hierzu zählen nicht nur die inzwischen schon wieder geänderten Regelungen im Entgeltfortzahlungsrecht oder der neue § 7 Abs. 4 SGB IV, sondern auch die neuen Bestimmungen der Insolvenzordnung, die am 01.01.1999 voll in Kraft getreten ist. Außerdem gewinnt das Telearbeitsrecht in der Praxis des Wirtschaftslebens immer größere Bedeutung.
Der Autor behandelt in diesem Buch alle wichtigen Arten außerbetrieblicher Rechtsverhältnisse unter Beachtung arbeits-, sozial- und steuerrechtlicher Aspekte in der Heimarbeit und bei den Gestaltungsmöglichkeiten der Telearbeit. Betriebsvereinbarungen über außerbetriebliche Arbeitsstätten werden mit Beispielen ebenso erläutert wie Tarifverträge zur Telearbeit. Der Verfasser klärt in seiner Darstellung die rechtliche Zuordnung der Beschäftigten in den Betrieben zu den in Heim- und Telearbeit Tätigen, den selbständig Arbeitenden sowie den Arbeitnehmern und leitet daraus deren Rechte und Pflichten von der Einstellung bis zum Ausscheiden aus den Diensten des Unternehmens ab.
Viele praktische Beispiele, in denen auch mögliche Katastrophen wie etwa die Insolvenz des Unternehmens berücksichtigt sind, machen das Buch nicht nur für Rechtsanwälte und Richter, sondern auch für Personalleiter und Personalsachbearbeiter, für Mitarbeiter der Gewerbeaufsicht und für Mitarbeiter der arbeitsrechtlichen Berufsverbände unverzichtbar.

Zum Thema Unternehmenskultur

Unternehmenskultur
Analysieren – Entwickeln – Verändern. Mit Checklisten, Fragebogen und Fallstudien
von Sonja Sackmann
2002, 278 Seiten, kartoniert, 42,00 EUR, ISBN 3-472-05049-7

Durch welche grundlegenden Überzeugungen werden die Führungskräfte und Mitarbeiter in ihrem Denken und Handeln gesteuert? Können mit den so entstandenen kollektiven Denkmustern überhaupt Veränderungen im Markt erkannt werden? Unterstützen die vorhandenen »geheimen Spielregeln« und Routinen die Erreichung der Unternehmensziele oder sind sie eher kontraproduktiv? Wie können qualifizierte Mitarbeiter gewonnen und im Unternehmen gehalten werden? Werden neue Herausforderungen rechtzeitig erkannt und gemeistert oder stürzen sie das Unternehmen in eine Krise?
Dieses Buch analysiert, beschreibt und zeigt was im Sinne eines kulturbewussten Managements verändert und entwickelt werden kann.

Diversity Management
Vielfalt als Erfolgsfaktor
von Michael Stuber
2003, ca. 200 Seiten, gebunden, ca. 40,00 EUR,
ISBN 3-472-05396-8

Die Vielfalt in der Gesellschaft nimmt kontinuierlich zu. Damit steigt die Unterschiedlichkeit in den Belegschaften und Märkten und verändert die Rahmenbedingungen für Unternehmen nachhaltig. Doch wird die wachsende Individualität von Mitarbeitern und Kunden (an)erkannt und zur Erzielung von Shareholder-Value genutzt? Oder orientieren sich die Wirtschaft – bewusst oder unbewusst – an tradierten Vorstellungen einer einheitlichen, normierten Leitkultur? Dieses erste auf Deutschland bezogene Praxis-Fachbuch beschreibt die vielfältigen Verbesserungspotenziale in Organisationen und stellt erfolgreiche Strategien der Umsetzung vor.

Trennungs-Kultur
Handbuch für ein professionelles wirtschaftliches und faires Kündigungs-Management
von Laurenz Andrzejewski
2002, 276 Seiten, gebunden, 49,00 EUR, ISBN 3-472-04820-4

Kündigungen auszusprechen gehört für Führungskräfte und Personalmanager zu den heikelsten Managementaufgaben. Die Auseinandersetzung mit der Thematik wird allerdings häufig verdrängt und Anleitungen zu einem professionellen Trennungs-Management fehlen. Die Folgen: Es kommt zu Managementfehlern in Trennungsprozessen, die ein Unternehmen viel Geld kosten, die Produktivität senken und das Betriebsklima belasten. Das vorliegende Buch zeigt erstmals auf, wie Trennungen professionell, wirtschaftlich, aber auch fair und menschlich gestaltet werden können. Dazu gehören die Vorbereitung der kündigenden Führungskräfte, sinnvolle Transfermaßnahmen für die Gekündigten sowie Methoden zur Bindung und Motivation der im Unternehmen Verbleibenden. Zur praktischen Umsetzung einer ganzheitlichen »Trennungs-Kultur« im Sinne der Organisationsentwicklung enthält das Buch zahlreiche Checklisten, Argumentationsleitfäden und Praxis-Übungen, die Führungskräfte und Personalmanager bei der Vorbereitung und Durchführung von Kündigungen und Trennungen unterstützen.

Weitere Veröffentlichungen der Autorin

Beurteilungsgespräche souverän führen
Wie Sie als Führungskraft Beurteilungsgespräche für sich und Ihre Mitarbeiter positiv gestalten
Brenner/Brenner
Verlag Deutscher Wirtschaftsdienst, 2002, 59 Seiten, broschiert, 7,40 EUR, ISBN 3-87156-541-5

Inplacement – neue Mitarbeiter erfolgreich einarbeiten und integrieren
Wie Sie das Potenzial neuer Mitarbeiter erschließen und für Ihr Unternehmen nutzbar machen
Brenner/Brenner
Verlag Deutscher Wirtschaftsdienst, 2002, 39 Seiten, broschiert, 7,40 EUR, ISBN 3-87156-448-6

Einstellinterviews sicher und zielgerichtet führen
Wie Sie als Führungskraft Einstellinterviews optimal vorbereiten und professionell durchführen
Brenner/Brenner
Verlag Deutscher Wirtschaftsdienst, 2001, 46 Seiten, broschiert, 7,40 EUR, ISBN 3-87156-377-3

Individuell bewerben
Karrierestart für den Fach- und Führungsnachwuchs
Staufenbiel, Institut für Studien- und Berufsplanung
Brenner/Giesen
4. Auflage 2000, 328 Seiten, DIN A5, 15,00 EUR, ISBN 3-922132-13-8

100 clevere Tipps – Jobsuche –
Brenner/Riedel
Humboldt Verlag, 1. Auflage 2001, 128 Seiten, 6,90 EUR, ISBN 3-7081-9980-4

100 clevere Tipps – Lebenslauf und Anschreiben –
Brenner/Riedel
Humboldt Verlag, 2. Auflage 2003, 128 Seiten, 6,90 EUR, ISBN 3-7081-9983-9

100 clevere Tipps – Probezeit –
Brenner/Brenner
Humboldt Verlag 1. Auflage 2001 128 Seiten, Preis: 6,90 EUR, ISBN 3-7081-9982-0

100 clevere Tipps – Gehaltsverhandlung –
Brenner/Gatz
Humboldt Verlag, Auflage 2001, 128 Seiten, 6,90 EUR, ISBN 3-7081-9981-2

Bewerbungsset
Für eine erfolgreiche Bewerbung
Verlag Dürr & Kessler, 32 Seiten, DIN A4, 8,70 EUR, ISBN 3-8181-6437-1

Ziel: Ausbildungsplatz
Bewerbungstraining für die Klassen 8-10 und 11-13 mit Lehrerheften und CD-ROM
1999, 64 Seiten
ISBN 3-589-21231-4, 3-589-21229-2, 3-589-21230-6, 3-589-21232-2, 3-589-21233-0
Schülerhefte 7,95 EUR
Lehrerinformation 3,00 EUR
CD-ROM 19,95 EUR

Beiträge in Publikationen:
Handbuch der Personalberatung
Realität und Mythos einer Profession
Hrsg: Thomas Sattelberger in Zusammenarbeit mit dem BDU
Beitrag: „Assessment Center"
C.H. Beck Verlag, 420 Seiten, gebunden, 66,00 EUR, ISBN 3-406-44267-6

Der Sprung ins Berufsleben
Hrsg. Nico Fickinger und Lucas Weber
Beiträge: Bewerbungsschreiben und Vorstellungsgespräch sowie Assessment Center
Lexika Verlag in Kooperation mit F.A.Z. Beruf und Chance

240 Seiten, 19,90 EUR ISBN 3-933180-31-7

Handbuch Personalentwicklung und Training
Hrsg: Geißler/v. Landsberg/Reinartz
Verlagsgruppe Deutscher Wirtschaftsdienst
Loseblattsammlung, Beitrag: „Neue Rekrutierungswege für Hochschulabsolventen", ISBN 3-87156-116-9

Regelmäßige Artikel der Autorin in der Frankfurter Allgemeinen Zeitung (F.A.Z.)[1]

Personalentwicklung trotz schwieriger Zeiten
Die internationale Vermögensverwaltung des Allianz-Konzerns fördert die globale Zusammenarbeit junger Mitarbeiter
F.A.Z., Beruf und Chance vom 15.2.2003

Eine gute Selbstpräsentation ist schwer
Häufige Fehler beim Vorstellungsgespräch
F.A.Z., Beruf und Chance vom 8.2.2003

Unternehmen lassen sich Familienfreundlichkeit zertifizieren
F.A.Z., Beruf und Chance vom 17.08.2002

Die Angst des Vorgesetzten vor dem Trennungsgespräch
Unter einer Kündigung leiden alle Beteiligten/Führungskräfte sind häufig überfordert
F.A.Z., Beruf und Chance vom 9.3.2002

Als Bewerbungsbestandteil verlieren Arbeitszeugnisse an Bedeutung
Vielen Unternehmen sind Referenzen und Gespräche wichtiger/ Fachleute raten zuaktiver Gestaltung
F.A.Z. Beruf und Chance vom 12.01.2002

Auch der Unternehmensvertreter zittert beim Einstellinterview
Der partnerschaftliche Dialog muss häufig erst gelernt werden/Angst vor Fehlbesetzungen
F.A.Z., Beruf und Chance vom 13.10.2001

Ein Gespür für Themen, die Führungskräfte nicht schlafen lassen
Um Konferenzmanager zu werden, brauchen Hochschulabsolventen Organisationstalent, Neugierde und gute Ideen
F.A.Z., Beruf und Chance vom 20.01.2001

Auf Dauer gehtś nur gut, wenn die Chemie stimmt
F.A.Z., Beruf und Chance vom 5.8.2000

Die Arbeitsämter wollen das verstaubte Behördenimage ablegen
F.A.Z., Beruf und Chance vom 10.6.2000

Im Fusionsfieber nicht die Mitarbeiter vergessen
F.A.Z., Beruf und Chance vom 14. August 1999

Mit Mentoren durch den Dschungel der ersten hundert Tag
F.A.Z.. Beruf und Chance vom 10. Juli 1999

Computer und neue Medien erobern auch das Assessment Center
F.A.Z., Beruf und Chance vom 19. Dezember 1998

1 Die Artikel sind online beziehbar über das F.A.Z. Archiv (www.faz.de)

Möglichst hautnah die Gesetze des Big Business lernen
F.A.Z., Beruf und Chance vom 26. September 1998

Multimedia: Chancen für Autodidakten
F.A. Z., Beruf und Chance vom 15. August 1998

Gut vorbereitet und im richtigen Zwirn seine Stärken verkaufen
F.A. Z., Beruf und Chance vom 18. Juli 1998

Wenn der Chef von seinen Mitarbeitern Noten bekommt
F.A. Z., Beruf und Chance vom 09. Mai 1998

Den Ratsuchenden erst einmal die Stammtisch-Ideen austreiben
F.A. Z., Beruf und Chance vom 21. Februar 1998

Bei der Karriereplanung ist der Rat gut und teuer
F.A. Z., Beruf und Chance vom 29. November 1997

Neue Trends in der Personalentwicklung
F.A. Z., Beruf und Chance vom 9. August 1997

Auf dem High-Tech-Arbeitsmarkt der Vereinigten Staaten haben sich Career Fairs fest etabliert
F.A.Z., Beruf und Chance vom 3. Mai 1997

Den akademischen Nachwuchs direkt am Campus anheuern
F.A.Z., Beruf und Chance vom 11. Januar 1997

Stichwortverzeichnis